室町・戦国時代の法の世界

日本史史料研究会〔監修〕
松園潤一朗〔編〕

吉川弘文館

目　次

第Ⅱ部 法の諸領域

凡例

一、各章の内容については執筆者の判断に委ねている。年次や参考文献の表記などは統一した。

一、各章において以下の文献について略称を用いる場合、次のように表記する。

○『中世法制史料集』（岩波書店）

佐藤進一・池内義資編『中世法制史料集　第一巻　鎌倉幕府法』（初版一九五五年）は『鎌倉幕府法』

佐藤進一・池内義資編『中世法制史料集　第二巻　室町幕府法』（初版一九五七年）は『室町幕府法』

佐藤進一・池内義資・百瀬今朝雄編『中世法制史料集　第三巻　武家家法Ⅰ』（初版一九六五年）は『武家家法Ⅰ』

佐藤進一・百瀬今朝雄編『中世法制史料集　第四巻　武家家法Ⅱ』（一九九八年）は『武家家法Ⅱ』

佐藤進一・百瀬今朝雄編『中世法制史料集　第五巻　武家家法Ⅲ』（二〇〇一年）は『武家家法Ⅲ』

佐藤進一・百瀬今朝雄・笠松宏至編『中世法制史料集　第六巻　公家法・公家家法・寺社法』（二〇〇五年）は『公家法・公家家法・寺社法』

池内義資編『中世法制史料集 別巻 御成敗式目註釈書集要』（一九七八年）は『御成敗式目註釈書集要』

○『日本思想大系　中世政治社会思想』（岩波書店）

石井進・石母田正・笠松宏至・勝俣鎮夫・佐藤進一校注『中世政治社会思想　上』（一九七二年）は『政治社会思想上』

笠松宏至・佐藤進一・百瀬今朝雄校注『中世政治社会思想　下』（一九八一年）は『政治社会思想下』

一、史料は原則として読み下し文とし、長文の場合は大意を示した。

序論　室町・戦国時代の法の世界

松園潤一朗

1　本書の課題

室町・戦国時代の範囲

本書は、室町・戦国時代の法を対象とする概説書・入門書である。

はじめに日本史上の室町・戦国時代の位置を示すと、一般に室町時代は室町幕府の将軍足利義満政権のもとでの南北朝の合一（明徳三年〈一三九二〉閏一〇月）以後の時期を指し、応仁元年（一四六七）五月に始まる応仁・文明の乱（または、細川政元が将軍足利義材を廃位した明応二年〈一四九三〉四月の明応の政変）以後が戦国時代に区分される。

戦国時代の終焉は、織田信長が将軍足利義昭を追放して室町幕府が滅亡した天正元年（一五七三）七月や豊臣秀吉が戦国大名北条氏を滅ぼした天正一八年（一五九〇）七月などさまざまに設定が可能だが、本書では織豊政権の成立前までの時期が中心的に扱われる。

法の歴史学

日本の伝統文化の形成や全国的な戦乱の展開を特徴とする室町・戦国時代について、本書は法に焦点を当てる。権力の制定した法や、裁判で判断の根拠とされる法などを想起していただきたい。

法の歴史を扱う学問分野を法学・歴史学では法制史学（法史学）と呼ぶが、日本の法制史学において中世（一般に院政期から織豊期前までを指し、織豊期以降を近世とすることが多い。南北朝時代以前を中世前期、それ以後は中世後期とされる）の法は鎌倉幕府法に代表され、概説書などの記述でも室町・戦国時代の法は必ずしも正面から取りあげられてこなかった。この時代の研究は近年大きく進展しているが、法については未解明な部分も多く、全体を平易に解説した書物も見当たらない。

そこで本書は、おもに歴史学を学ぶ大学生や一般の読者を念頭におきながら、室町・戦国時代の法の概要や史料のあり方、研究史、研究上の争点などについて紹介することを目的とする。

この序論では、室町・戦国時代の権力と法について、後述する『中世法制史料集』『中世政治社会思想』（略称は本書の凡例を参照）に収録された史料などを取りあげながら概観し、本書の課題や全体の構成を各章の補足的な論点も含めつつ述べていきたい。

2　室町・戦国時代の諸権力

中世から近世への移行

近世の権力（織豊政権・幕藩制国家）における兵農分離や村請制に注目し、中世と近世の権力の性質の相違・断絶性を強調してきた旧来の議論に対し、近年では、室町・戦国時代から近世初期（一五～一七世紀なかば）を、日本列島の各地域での領域的な権力の成立や、村や町が政治・経済の単位となる「村町制」の形成など、中世から近世へと国家体制が移行する一つの画期とみる学説が有力である（勝俣一九九六、藤木一九九七）。以下、近世への移行という論点をふまえてこの時代の権力の推移を概観したい。

地域的権力の成立

室町・戦国時代は権力の多元性・重層性を特色とし、室町幕府・守護(しゅご)、在地領主(ざいちりょうしゅ)、戦国大名のほか、朝廷、公家や寺社などの領主、さらに自治的な団体として村・町も存在した。

室町時代には全国的な政権として室町幕府の支配が行われたが、守護は使節遵行(しせつじゅんぎょう)権や段銭(たんせん)徴収権などを梃子に自律的な領国支配を展開し、奥羽や関東、九州は地方機関などを介した支配であった。各地域の有力領主である国人(こくじん)らも構成員の対等・平等を原則とした一揆(いっき)を結び、共同の権力機構を築いた。武士に限らず、農民や都市民、僧侶・神官などあらゆる階層で一揆が結成されていく。公家や寺社の荘園・公領の支配も部分的に存続した。

応仁・文明の乱を経て戦国時代になると、戦乱の拡大化にともなって、「地域公権力」のもと、「地域の再編成」と「領民の身分的編成」が進行する（池二〇〇九）。土地・人民を領域的に支配する戦国大名領国の成立である。

大名権力の中心的な機関として、主君とその家臣たる領主の一揆的結合による「家中」の成立が注目される。安芸国（現広島県）の国人領主であった毛利氏が戦国大名化する過程として、享禄五年（一五三二）の福原広俊以下連署起請文と天文一九年（一五五〇）の福原貞俊以下連署起請文（「毛利文書」、『武家家法Ⅱ』三一二・四〇〇号）がよく取りあげられるように、個々の領主が用水管理のような共通の問題の解決を目的に一揆を結成し、さらに相論（喧嘩、人返、所領、山野の用益）と戦争への対応のため主君（毛利元就）を推戴する形で大名の「家中」、さらに「公儀」権力が構築された（池二〇〇九）。

「家中」の語は武家領主の文書には一五世紀後半から見られ、惣領が庶子の上に立つ「家」支配の組織であったが、国人・土豪層を被官化する過程で地縁的な「家中」が各地の大名のもとで編成された。国人領主の「家中」が典型的に成立した中国・東海・北陸・関東の各地方に対し、惣村の形成など百姓の自立性が高く、幕府の影響力も残った畿内近国では、「同名中」という在地領主の一族に百姓上層も加えた擬制的同族集団による支配組織も成立した（近江国〈現滋賀県〉甲賀郡の山中氏など）。

身分集団の編成

上記のように地域により支配体制の稠密さの程度には差異があるが、戦国時代には社会的分業の政治的編成による諸身分の統合化や、身分・集団への「帰属の一元化」（久留島二〇〇一）も進行する。

大名の「家中」の形成にともない武家の主従関係の一元化がなされていく。百姓支配では、検地によって領内の田畠が調査されて年貢取得者（給人）や納入責任者（名請人）が確定され、百姓は年貢・公事を負担することでその身分と所有を認可された（伊達稙宗・「塵芥集」〈以下、分国法を制定者・名称で示す〉七六条。ほかに、武田晴信（信玄）・「甲州法度之次第」六条、三好氏・「新加制式」一四条など。以上、『武家家法Ⅰ』）。税負担の反対給付としての百姓の土地所有の認可は近世の土地制度に連続する。武家（給人）には知行地が給付されて軍役などが課された。

番匠以下多くの職人、商人をあげる「七十一番職人歌合」などからは商品経済の発展にともなう当時の社会的分業の発達がうかがえるが、商人には扱う商品に対する営業税、職人には製品の納入や労役の提供などが課され、ほかに、問屋には物資輸送のための伝馬役、湊の廻船業者には船役が課された。

以上のように武家・農民・商人・職人など諸身分が「役」という職能に対応した義務を果たすことによって身分や特権が保障される体制が築かれていく。

他方、先述したように、政治・経済の単位として村や町が位置づけられる。畿内を中心に、百姓中による意思決定の機関や村有財産の存在など法的主体性を有した惣村や、京都や堺のように町人が自治を行う都市が成立した。近年では、村・町の自律性を前提として近世の領主の支配体制が構築された側面が注目されている。

社会の構成単位としての「家」

上記の権力や諸身分・団体が「家」という単位で構成されていく動向も重要である。公家や武家において、家名や家業が代々の当主により継承される「家」が確立し、南北朝・室町時代以降、財産相続において諸子分割相続制から嫡子単独相続制への移行が顕著となる。相続人の決定は必ずしも被相続人の意思のみではなく、上位権力や家臣団の同意も要する公的な事項であった。幕府・朝廷では「家」を単位とした安堵（公家への家門安堵など）がなされ、足利義教・義政など将軍が守護（斯波・畠山両氏など）の家督の決定に関与することもあった。戦国大名のもとでも、家長の決定を原則としながらも、介入を想定している（「塵芥集」一二四条、結城政勝・「結城氏新法度」五三条〈『武家家法Ⅰ』〉）。

百姓層でも、特定の名の継承や単独相続制への移行、嫁入り婚の広がり、祖先祭祀の実施などが確認される。村の宮座は「家」を単位とする組織として確立し、農民各層にも「家」が形成されていく（近江国得珍保今堀郷など）。

社会諸階層における「家」の形成と編成は、近世社会の基礎単位としての、家業・家産・家名の三位一体の経営体である「家」の確立（水林一九八七）へと帰結する。

3　環境史上の室町・戦国時代

気候の寒冷化と災害

この時代の権力の置かれた固有の状況もみたい。

近年、政治・社会の変化を規定した歴史的な要因として、自然環境が注目されている（環境歴史学）。海水面の変動（寒冷期には氷結が進行して海退、温暖期には氷が解けて海進）の分析などにより長期的な気候変動が推測されている。それによると、気温の高い温暖期で開発の進行した中世初期（一一世紀後半～一二世紀）に対して、室町・戦国時代（一五世紀後半以降）はとくに低気温の続いた寒冷期であったとされる（峰岸二〇〇一）。

寒冷な気候条件により冷害が発生し、旱魃・長雨も多発した。作物の不作が飢饉を招き、飢餓により抵抗力の弱まった人びとは疫病にも苦しんだ。室町時代には応永（応永二七〈一四二〇〉・二八年）と長禄・寛正（長禄三年〈一四五九〉～寛正二年〈一四六一〉）に大飢饉が発生し、多くの難民が物流の中心であった京都に流入した。戦国時代にかけて洪水や地震などの災害も多発する。

温暖な気候条件のもと耕地が拡大した中世前期に対して、中世後期には各地で耕地の開発も限界を迎える（榎原二〇一六）。これも、所領拡大を前提とした諸子分割相続制から、嫡子単独相続制への移行の背景をなした。一四世紀後半以降は集落の遺構の発掘事例が減少するが、これは同じ土地に現代にまで続く集落が形成されたことを意味する。人びとは限られた資源を確保・防衛するためにも村落共同体

（惣）という形で地域的に団結するようになる。

戦乱の展開

厳しい自然環境に加えて、周知のように戦国時代には全国的な戦乱が展開した。それは大名同士による単なる覇権争いではなく、限られた資源をめぐる争いとしての側面を有する。戦争により作物や人などが略取されたのである（藤木一九九五）。大名が対外的な戦争で勝利するためには軍役賦課や喧嘩の禁止、武具の規定などを盛り込んだ軍法も重要であった。民衆の軍事動員は「国家」「御国」の防衛として正当化された。

農地の用水や土地の境界などをめぐる村落間の紛争も多発した。「自力」（武力）による紛争解決（自力救済）も正当な暴力行使と観念され、裁判は紛争解決の手段の一つにすぎなかった。たとえば、文安二年（一四四五）に起きた近江国菅浦と大浦の紛争では「若衆」を中心に多数が参加して武力衝突が生じ、菅浦が比叡山延暦寺花王院の協力のもと幕府に訴えて勝訴したが、紛争は鎮静化しなかった（文安六年の菅浦惣荘置書、「菅浦文書」、『政治社会思想下』「申状（菅浦大浦両庄）」一号）。山野河海の用益の事実とその正当性が、領主の所務を意味する語彙であった「知行」の語を用いて主張される（文明三年〈一四七一〉の菅浦惣事書、同前五号）。

用水や山野をめぐる紛争の裁定は大名権力にとっても重要な課題であり（「塵芥集」八四～九一条、六角承禎（義賢）と同義治・「六角氏式目」一三条〈『武家家法Ⅰ』〉など）、自力救済の抑止と裁判による解決が豊臣政権にかけて権力の課題になっていく（藤木一九九七）。

権力の正当性

上記の状況下で権力には災害対応や財産の保護などが求められ、災害時には徳政（とくせい）が実施された。徳政とは為政者が徳を示す行為であり、災害時や為政者の代替りには困窮した者を救済する目的で債務免除や訴訟制度の整備などの法令が出された。古代・中世には為政者の不徳により災害が発生するとの観念（天人相関説）が存在したので、徳政は災害対応（予防、攘災）をも意味した。

著名な永仁五年（一二九七）の鎌倉幕府の徳政令（「鎌倉幕府追加法」六五七条〈『鎌倉幕府法』〉）も災害予兆（彗星）を一つの契機とした立法であった。徳政の理念は中世後期の政権にも受け継がれ、立法の契機や内容に影響を与えている。室町幕府は応永の飢饉に際し訴訟制度の整備を行っており、戦国時代においても、たとえば東国で永禄元年（一五五八）から翌年にかけて発生したとみられる旱魃・長雨と凶作による飢饉・疫病に際し、北条氏は年貢納法の改革や訴訟制度の整備を行った（永禄三年の北条氏年貢納法改定徳政定書〈「三須文書」、『武家家法Ⅲ』五〇〇号〉など）。災害対応としては甲斐（現山梨県）の武田氏による治水事業なども名高い。

厳しい自然・社会の条件のもと、用水・交通・流通などの公共機能を掌握・編成しえた権力が統治の正当性を獲得し、「公方」「公儀」などとも称された。また、神仏の信仰や世俗道徳の遵守などを内容とする「天道（てんとう）」の観念が存在し、戦争での勝利をはじめ運命を決定する摂理として観念された（神田二〇一〇)。領国経営の安定や軍事的な成功をおさめた権力は超自然的な絶対者としての「天道」にかなう者としてその権力が正当化されたのである。

4 法の形式・内容・概念

法の形式

法を権力の物理的強制力によってその効力が最終的に保証される社会規範ととらえると、先述した権力の分立は法の多元性・重層性を意味することになる。近世にかけての国家体制の変化と同様の視点から、西欧近代法の継受の前提となる日本の固有法の形成の端緒をこの時代に認めることが可能であろう。その推移をみていきたい。

はじめに法の一般的な事項について整理すると、法の形式(法の源泉という意味で法源とも呼ばれる)には、今日、成文法と不文法の区別がある。裁判で判断規準とされる法に注目した区分であるが、成文法の代表は制定法(憲法、法律、命令など)であり、各種の自治法規も含まれる。文字化されていない不文法として、判例(諸説あり)や慣習法、法の一般原則たる条理、法学者による学説などがある。

室町・戦国時代の法は、制定法や自治的な法規、慣習法など多様である。制定法は権力の命令という形式をとることが多いが、法典・法令集の形式のほか、禁制、掟書、制札、高札、壁書、規式などさまざまな形態・呼称がある。法が直接対象とする階層が拡大したことにより庶民あてに読みやすい仮名交じりの読み下し文による法令も現れる。

一揆契状のように協約・合意によって定立される成文法もある。たとえば、明応三年（一四九四）の小倭衆連署起請文（案、「成願寺文書」、『武家家法Ⅱ』二二五号）では、伊勢国（現三重県）一志郡小倭の在地土豪層が「一家中」を構成し、「理非」にもとづく紛争処理などを在地寺院の成願寺に対し、各自が署名して誓約している。

分国法は、「家中」の形成にともない、一揆契状に表現された規範を包摂・吸収して成立したものとする理解が示されている（勝俣一九七九、石母田一九八九）。「六角氏式目」の末尾を見ると、重臣たちが起草して六角氏がこれを承認し、主君六角氏と家臣がともに遵守する旨を誓約している。「結城氏新法度」も家中（重臣）に諮問して制定された様子がうかがえ（八二条）、主君の判断をも拘束する協約という性格が顕著である。一揆的結合による社会関係の広汎な展開を背景とした、協約による立法もこの時代の法の特徴である。

不文法として慣習法も社会の秩序を広く規律した。先述したように「自力」を有する村落間では「大法」「御法」「習い」などと呼ばれる紛争解決の「習俗」が存在した（藤木一九九七）。被官人殺害における主人の仇討権や売買物追奪の場合の担保法、人買商人の慣習法なども「大法」と称された（中田一九六四）。「自力」を領主・諸身分・団体が分有する状況のなか権力の制定法以外に広汎な慣習法の領域が存在していたのである。

成文化の動向

南北朝の内乱に日本史上の大きな転換をみる網野善彦氏は、室町時代に入る頃には平仮名を中心とした文字の顕著な普及・実用化が進み、村落上層や商人に使用されるようになることを指摘した。これにより身分集団ごとに法が記述される動向も生じる。

一六世紀頃以降、畿内を中心に、「古実」「古法」などと呼ばれた商人の慣習法が他の商人との訴訟などを契機として成文化され（山門領近江国得珍保を拠点に座を構成した保内商人ら湖東の商人が連合した山越衆による大永七年〈一五二七〉の近江山越商人衆中掟〈『日吉神社文書』、『政治社会思想下』「掟書」四二号〉など）や商工業者の座法（「座中法度」）が成文化された。

戦国時代には海事慣習法たる「廻船式目（廻船大法）」（住田正一編『海事史料叢書一巻』巌松堂書店など）が成立しており、天正四年（一五七六）に真継宗弘が「鋳物師職座法之掟」（「真継文書」一八二号〈名古屋大学文学部国史研究室編『中世鋳物師史料』法政大学出版局〉）を定めたとされる。諸身分の統合と帰属の一元化が進行するなか、以上のような法の成文化も法形式の変化として注目されよう。

武家法の内容

室町・戦国時代の法の内容は自律的な領主・諸身分・団体による紛争解決の法としての性格を強く持つ。法制定の主体ごとに概観したい。

室町幕府では制定法を収録した法令集として「建武以来追加」（追加集）が編纂されたが、裁判手続の法や徳政令をはじめ債権債務関係に関する法などが見られる（『室町幕府法』）。

在地領主による一揆契状の内容は、「道理」「理非」による紛争解決、軍事行動、逃亡した農民などの人返し、所務（年貢収取）や土地の境界をめぐる訴訟の処理、喧嘩抑止などが中心である。その法形式を引き継ぐとされる分国法にはこれら以外にも刑事・民事・裁判・軍事・家中統制・領内支配など領国経営上のさまざまな事項が規定される。

戦国大名の単行法令としては、段銭、棟別銭などの税制、徳政令や撰銭令、伝馬・関所や道・橋の整備などの交通政策、楽市令、禁制、災害対策や軍法などが見られる。

公家法の内容

体系的な制定法である律令の系譜を引く公家法（朝廷法）では、武家法との内容的な相違（たとえば、夫婦同財の原則。武家法は夫婦別財）がある。慣習・先例に加え、明法勘文などに示される律令解釈の学説（「法意」）も法源になる点が特徴である。

明経道（儒学）を家業とする清原家の活動も注目される。室町・戦国時代にも「御成敗式目」（『鎌倉幕府法』）は法として通用していたが、武家・公家でその註釈学が盛んとなる。清原家の註釈が権威を持ち、式目各条に律令格式や神話、儒教道徳にもとづく註釈が加えられた。たとえば、「清原宣賢式目抄」（『御成敗式目註釈書集要』）は式目二七条の未処分所領の規定に関して、嫡子単独相続を「近年之非法」と非難して諸子分割相続を正当とし、過去の法令との整合性を追究する。有効性を失った法や道徳などを含み込んだ、法に関する学知のあり方が知られる。

寺社法の内容

寺社の法では、法会・神事などの宗教行事の運営以外に、荘園支配や寺社内部の人員や刑罰、酒宴の禁止などが規定される。たとえば暦応五年（一三四二）の東寺鎮守八幡宮供僧中評定式目（案、「東寺百合文書ヤ」、『公家法・公家家法・寺社法』「寺社法」七六号。康正三年〈一四五七〉に再度制定）に会議の日程などが規定されるように、供僧による合議が運営されていた。

他方、寺社に対する政治権力の法では、権力や法を基礎づけるような特定の宗教・宗派の保護ではなく、どの宗旨も優劣なく共存させる政策がとられ、分国法には喧嘩闘争を惹起しやすい宗論の禁止などが規定される程度である（神田二〇一〇）。

村法・町法の内容

村法（村掟）には村の意思決定の方法や神事（座・頭役）、構成員やその財産の処分、森林の用益などが規定される。織豊政権は「町」を都市支配の基礎単位として公認していくが、豊臣政権期頃から確認できる京の町法（町掟・町式目）では、家屋敷の売買（町の構成員の決定・加入）、町内での成年・婚姻・相続・隠居などの諸儀礼、町の自治機関などが規定されていく。

先述したように社会諸成員の帰属集団が固定化されていくことで、内外の区別と内部の格差という身分規定が重要な意味を持つようになる。

慣習的な紛争解決法

以上は成文法の内容だが、慣習法をみると、先述した村落間の「大法」には山野の領有権を主張する行為として「鎌を取る」という山道具の差押え慣行などがあった。

紛争解決の方式として、中人（ちゅうにん）（地域の有力者や紛争当事者が合意した第三者）を介して調停がなされる場合もあった。肥後国（現熊本県）の戦国大名相良（さがら）氏のもとでは、所衆談合と呼ばれる在地の裁判権を前提に、そこで解決できない場合の上級の機関として相良氏の法廷が存在した（勝俣一九七九）。在地での慣習的な紛争解決のルールを基礎に戦国大名の法や裁判が存立していたのである。

西欧における法

ここで、史料上の「法」の概念に注目したい。その特質を知るために西欧の伝統的な法概念――現代の法概念の前提――と対比すると、そこでの法は元来は権利義務関係を示す慣習法の形式をとり、正義の観念と結合していた。広く社会規範の総体を意味した法に対し法律（権力の制定法）は劣位するものとして区別され（フランス語の droit と loi、ドイツ語の Recht と Gesetz など）、法は権力の作用を基礎づけ、評価づける規範としての意義を持った。政治などの社会制度や習俗・道徳・宗教などの社会規範から峻別され、法律専門職によって法学（法解釈学）の体系が構築される。

「法」の概念

これに対し室町・戦国時代の「法」はどのような特徴を持つのであろうか。今川義元の制定した「仮名目録追加」二〇条（『武家家法Ⅰ』）には「只今はをしなべて、自分の力量をもつて、国の法度を申し付け、静謐する事なれば」とある。この「法度」は権力の制定法との観念が明瞭である。「法度」は儒教の古典に由来する語だが、戦国時代には多くの史料に見られる。北条氏の発給文書では、寺社や村・宿への規制（制札）、押買狼藉、被官化の禁止、軍法、撰銭令などをそう称している（『武家家法Ⅱ・Ⅲ』）。近世の「法度」は禁制、禁止のニュアンスが強いが、戦国時代の観念もこれに通じる。

勝俣鎮夫氏によると、戦国大名の法には「『法』の権威の絶対視の観念」がみられ、その受容基盤は、諸階層が自ら「法」を制定し、その行為を規制していこうとする意識があった（「解題　武家家法」〈『政治社会思想上』〉）。これはおもに「法」という形式の持つ社会的な意義の問題だが、当然内容にも関係する。

すなわち戦国時代には「法」の概念が拡大し、分国法では武家法・公家法・民間慣習が統合されたとの学説がある（中田一九六四）。権力の制定法だけではなく、さまざまな階層が用いていた慣習法も「大法」と称された点は先述した。

「天下の大法」と呼ばれていく、紛争当事者双方の死刑を規定する喧嘩両成敗法は応永二一年（一四一四）の五島住人等一揆契状（「青方文書」、『武家家法Ⅱ』一三五号）に見られるが、衡平感覚や相殺主義にもとづく紛争解決の慣行が分国法（今川氏親・「今川仮名目録」八条〈『武家家法Ⅰ』〉など）のなかに立法されたものであった。ほかに「今川仮名目録」二六条では、難破漂着した船舶は船主が不在であれば在所の寺社の修造に充てると規定されており、「廻船式目」一条の内容と概ね一致する。分国法は慣習が地域性や社会構造に応じて選択され、権力の支配との関係で再構成されたものと言われる。

しかし、分国法を制定・運用したのは一部の大名にとどまる。北条氏の「国法」（人返令、年貢・公事賦課関係など）の意味や実体をめぐる議論などもあるように、「法」の形式・内容は不確定性を帯びる。分国法自体でも、「今川仮名目録」の末尾には「天下の法度」（社会に定着した法や慣習法）や「私にも先規よりの制止」（先行する単行法令）は収録していないと述べられ、それは法を網羅したものではなく、体系性を欠く。

「法」と「理」の観念

分国法の制定は、制定した大名が結果的に滅亡していることから、権力の強弱に還元して論じられる場合もあるが、上記のように「法」の観念をめぐる議論も重要と考える。

鎌倉幕府の執権北条泰時が「道理」（「理」）を裁判規範としての性格の強い「御成敗式目」の立法の規準としたように（貞永元年〈一二三二〉の北条泰時消息〈『鎌倉幕府法』〉）、中世前期には「理」の優位が強調された。「理」とは人びとが社会通念上正しいと観念する判断やその根拠を意味し、その正しさは案件ごとに見出される性質のものである。ところが、とくに戦国時代には「理」に優位する、権力の命令としての「法」の観念が形成され、「塵芥集」三九条に「たとい至極の理運たりとも、法度を背き候うへ、成敗を加ふべきなり」とあるように、「法度」への違反は刑罰（「成敗」）の対象であり、個別の案件における「理」に対する優位が示される。

式目註釈書にも、式目六条に見える「道理」の「道」は「法」、「理」は「治」とする註釈や「法」は「理」を破るといった記述がある（「御成敗式目抄　岩崎本」〈『御成敗式目註釈書集要』〉など）。「廻船式目」の末尾や文学作品（『太平記』巻三三〈梵舜本〉など）などにも「法」の優位を示す表現がある。

命令としての「法」が「理」に優位するとの観念は近世に確立すると言われ、戦国時代にその法観念の端緒を認めることが可能であろう（水林一九八七）。しかし、先述したように人びとが自ら帰属する集団の法（掟）を定立し、秩序維持を図る動向が確認できる。人びとの立法の意識を読み込むと、命令に還元されない法の性格を認めることも可能かもしれない。

近世には、各集団の一定の自治と自律性を前提に、幕府法、藩法、旗本・領主の法、寺社法、公家法などが存在し、序列や地域差、法のおよぶ範囲の相違をともないながら、公儀の法度と、人びとの日常生活の基準である、町村や仲間などの掟との重層的な構造が見出される（朝尾二〇〇四）。ただし、西欧とは異なり、領主権力の制定法が法源のなかで圧倒的に優越し、諸集団の規範相互間に決定的な相違が存続しない点は注意が必要であろう（石井紫郎一九八六）。

5　中世法の基本史料集

『中世法制史料集』・『中世政治社会思想』の構成

ここまで権力と法の推移を概観した。提示した史料をはじめ中世の法を集めた代表的な史料集が『中世法制史料集』（岩波書店）である。第一巻＝佐藤進一・池内義資編『鎌倉幕府法』（初版一九五五年）、第二巻＝佐藤進一・池内義資編『室町幕府法』（初版一九五七年）、第三巻＝佐藤進一・池内義資・百瀬今朝雄編『武家家法Ⅰ』（初版一九六五年）、第四・五巻＝佐藤進一・百瀬今朝雄編『武家家法Ⅱ・Ⅲ』（一九九八・二〇〇一年）、第六巻＝佐藤進一・百瀬今朝雄・笠松宏至編『公家法・公家家法・寺社法』（二〇〇五年）、別巻＝池内義資編『御成敗式目註釈書集要』（一九七八年）、という構成である。

多くの伝本の対校によって法文が考証され、補註・解題も付されたもので、増刷時には改訂版として訂正・補訂や補遺も加えられている。第一巻から第六巻の刊行まで実に五〇年間にわたり、中心的な編者である佐藤進一氏のライフワークの一つでもあった。日本思想大系（岩波書店）に収録された、石井進・石母田正・笠松宏至・勝俣鎮夫・佐藤進一校注『中世政治社会思想　上』（一九七二年）と、笠松宏至・佐藤進一・百瀬今朝雄校注『中世政治社会思想　下』（一九八一年）に一部条文の註釈や「解題」「解説」が収録されており、いずれもこの分野の研究の最も基本的な文献となっている。

上記史料集では法を制定する主体から「法の系列」が分類された。『中世法制史料集』の監修者（第一～三巻と別巻）である牧健二氏による「序」（第一巻）を見ると、佐藤氏と池内義資氏は当初、同史料集の第一部を幕府法、第二部を分国法および織田豊臣二氏の法制、第三部を公家法・本所法・座法・村法という構成を予定したようである。結果として、織豊期の法制は天正一〇年（一五八二）までの織田政権の法令が収録され、本所法は寺社法と公家家法のうちに一部が含まれている。座法・村法は収録されず、商人の掟や近世初頭までの村法・町法が『政治社会思想下』の「掟書」の項に採録された。

収録史料の特徴

上記の基本史料集の刊行による中世法制史の研究の進展は計り知れないが、史料集としての特徴にも留意したい。

法の制定主体によって法の内容や効力の範囲が異なるため、それを基準にした分類は重要である。しかし、さまざまな領域において各権力に共通する内容の法もあり、その全体を当時の社会的文脈のもとで検証していく作業が必要になる。

武家法については「武家家法」の名称が付されている。法の基本的性格は法権の主体と法の規制対象との関係によって決定されるとし、(A)一族子弟を規制対象とする「家長の法」、(B)従者を規制対象とする「主人の法」、(C)領域内の被支配者を規制対象とする「領主の法」に分類される（「解題」〈『武家家法I』〉）。家法は一族内の倫理的な訓戒を内容とした家訓と区別されるが、家訓の範疇に属しながらも、若干の領主法的規定を含むものもあるという（「朝倉孝景条々」〈『武家家法I』〉など）。

「武家家法」の呼称はこのような「家」支配の発展上に分国支配を位置づけているためと解されるが、

家法には二種類の「制定法規」があるとして、分国法など「家」の「基本法規」と、随時必要に応じて制定された「個別法規」とに分類される。

後者は、「中世武家諸氏が制定発布した法規・法令及び武家法の実質を含む制誡・免許・盟約等」（「例言」〈『武家家法Ⅱ』〉）として、一揆契状、置文、寺社や市場への禁制など先述した戦国大名の単行法令などが含まれ、「法規・法令としての形式」が基準とされる。しかし、裁判での法運用を示す裁許状、免許以外の安堵状なども除外されているため、定義・分類・収録対象は必ずしも明確ではない。年次も天正一〇年（一五八二）までとなっている。

また、中世において制定法は規律する領域が狭く、紛争解決法としての性格を強く帯びた。上記史料集は制定法を中心に編集されているが、紛争解決や取引などの場で広く用いられた慣習法への注目が近年の研究でとくに進展が見られる分野の一つであろう。

それゆえ制定法の基盤をなす慣習・観念や、諸身分の慣習法を問題にする必要がある。そのためには、諸記録における法の陳述、習俗・慣習などを記述する文学作品――御伽草子などの物語、謡曲・狂言など――も法制史の研究の素材たりうる。つまり、法制史料の範囲をより広く見出す必要があるのである。

法の輪郭の不明瞭さと多様性

以上に述べたように、室町・戦国時代において法と法ではないものの輪郭は不明瞭である。法の体系的解釈を講じる法学が成立しない点も先述したが、式目註釈書の主要な八本が『御成敗式目註釈書集要』

に収録された。それらは法そのものを体系化する営為とは言いがたいが、律令や鎌倉幕府追加法なども引用される。実務とは無関係との評価が一般的だが、同時代の室町幕府の法務では盛んに「法」の探知が行われており、「法」に対する需要の側面からその関係性を問う視点も一定の意義があろう。

「法」たりうる素材は如何に生み出されて、裁判をはじめとする紛争解決、学知の形成、身分制、家族制度、社会経済、戦争、宗教、災害などの諸領域で機能していたのだろうか。法の形式・内容・機能をはじめ多様な論点から、総じて、室町・戦国時代の法の持つ特質が認識され、政治から分節されない法の構造を理解することも可能になる。室町・戦国時代は法の形式や機能など法の持つ多様性を知ることのできる時代なのである。

6　本書の構成

各章の構成・課題

本書は、以上に述べた室町・戦国時代における法制定の主体の多元性や法の領域の多様性を念頭にして、「第Ⅰ部　諸権力の法」と「第Ⅱ部　法の諸領域」の二部構成をとり、各章は当該分野の専門の研究者によって具体的なテーマ（副題）を設定して論じられる。歴史的な前提として鎌倉・南北朝時代も扱われる。

「第Ⅰ部　諸権力の法」では、自律的な諸権力（幕府、守護、在地領主、戦国大名、公家、寺社、村、町）

によって制定・運用された法の形式や内容を検討する。構成は、第一章＝松園潤一朗「室町幕府法―法と裁判の特質―」、第二章＝藤井崇「守護の法―周防国大内家の法を中心に―」、第三章＝呉座勇一「在地領主法―「領主制論」的視角の成果と限界―」、第四章＝平井上総「戦国大名の分国法―大名領国のための法典―」、第五章＝久保健一郎「戦国大名の法規・法令―「型」と正当性―」、第六章＝水野智之「公家法―公武政権と社会の慣習―」、第七章＝小池勝也「寺社法―聖と俗の狭間で―」、第八章＝銭静怡「村法―惣村文書と村掟―」、第九章＝河内将芳「町法―京都の事例から―」、である。

「第Ⅱ部　法の諸領域」では、法と密接な関係を有する社会制度・隣接領域・社会状況について、とくに学問、身分、家族、経済、軍事、宗教、災害、慣習を取りあげ、その諸相から室町・戦国時代の法と社会の特質を考える。構成は、第一章＝田中尚子「学問と法―清原宣賢と式目注釈―」、第二章＝三枝暁子「身分と法―身分の体系化と可視化―」、第三章＝菅原正子「家族と法―相続と婚姻を中心に―」、第四章＝川戸貴史「経済と法―徳政令と撰銭令―」、第五章＝則竹雄一「軍事と法―軍隊の編成と規律―」、第六章＝生駒哲郎「宗教と法―法華宗の京都進出と為政者の宗教政策―」、第七章＝西川広平「災害と法―戦国大名による災害対応―」、第八章＝松園潤一朗「慣習と法―民間慣習の成文化―」、である。

参考文献の案内

各章のテーマ・素材は多様に成り立つが、論点の拡散を避けるため、『中世法制史料集』『中世政治社会思想』に収録された史料を取りあげて論じることを原則としている。が、とくに第Ⅱ部では同書以外の史料も扱い、法制史料の枠組みの拡大をも図る。本書が上記史料集をはじめ室町・戦国時代の法制史料を参照する際の手引書になればと考える。

各章には参考文献が示され、引用文献のほか、テーマに関係する基本的な文献やより深く学びたい方向けの書物もあげられている。末尾には法令などの年次を示す関連年表を付した。当時の政治・社会の状況も法と密接に関係するが、より詳細はまず各社から刊行されている『日本の歴史』の通史シリーズの該当巻や日本中世史の概説書などを参照していただきたい。

本書を通じて多くの読者の方々が室町・戦国時代の法の世界に分け入っていただけることを願いたい。

【参考文献】

碧海純一『法と社会―新しい法学入門―』（中央公論社、一九六七年）
秋山哲雄・田中大喜・野口華世編『増補改訂新版　日本中世史入門―論文を書こう―』（勉誠出版、二〇二一年）
朝尾直弘『朝尾直弘著作集　第六巻　近世都市論』（岩波書店、二〇〇四年）
網野善彦『網野善彦著作集　第一五巻　列島社会の多様性』（岩波書店、二〇〇七年）
池　享『日本中世の歴史六　戦国大名と一揆』（吉川弘文館、二〇〇九年）
石井紫郎『日本国制史研究Ⅱ　日本人の国家生活』（東京大学出版会、一九八六年）
石井良助『法制史論集　第五巻　日本相続法史』（創文社、一九八〇年）
石母田正『石母田正著作集　第八巻　古代法と中世法』（岩波書店、一九八九年）
榎原雅治『シリーズ日本中世史三　室町幕府と地方の社会』（岩波書店、二〇一六年）

笠松宏至『日本中世法史論』（東京大学出版会、一九七九年）
勝俣鎮夫『戦国法成立史論』（東京大学出版会、一九七九年）
勝俣鎮夫『戦国時代論』（岩波書店、一九九六年）
神田千里『宗教で読む戦国時代』（講談社、二〇一〇年）
北原糸子・松浦律子・木村玲欧編『日本歴史災害事典』（吉川弘文館、二〇一二年）
久留島典子『日本の歴史一三　一揆と戦国大名』（講談社、二〇〇九年［学術文庫版。初版二〇〇一年］）
桜井英治『日本中世の経済構造』（岩波書店、一九九六年）
桜井英治『日本の歴史一二　室町人の精神』（講談社、二〇〇九年［学術文庫版。初版二〇〇一年］）
清水克行『喧嘩両成敗の誕生』（講談社、二〇〇六年）
田中成明『法学入門［新版］』（有斐閣、二〇一六年［初版二〇〇五年］）
中田　薫『法制史論集　第四巻　補遺』（岩波書店、一九六四年）
藤木久志『新版　雑兵たちの戦場―中世の傭兵と奴隷狩り―』（朝日新聞社、二〇〇五年［初版一九九五年］）
藤木久志『村と領主の戦国世界』（東京大学出版会、一九九七年）
水林　彪『封建制の再編と日本的社会の確立』（山川出版社、一九八七年）
水林彪・大津透・新田一郎・大藤修編『新体系日本史二　法社会史』（山川出版社、二〇〇一年）
峰岸純夫『中世 災害・戦乱の社会史』（吉川弘文館、二〇一一年［歴史文化セレクション。初版二〇〇一年］）
村上淳一『新装版〈法〉の歴史』（東京大学出版会、二〇一三年［初版一九九七年］）

第I部

力の権法

第一章　室町幕府法——法と裁判の特質——

松園潤一朗

1　法の構成と形式

本章の課題

室町・戦国時代の室町幕府の法のなかで一般によく想起されるのは、徳政令（とくせいれい）などの経済関係の法令であろうか。しかし、そのなかに裁判に関する法が占める比重も小さくはない。

室町幕府の法や裁判に関する研究史を振り返ると、石井良助氏による訴訟法全体の研究や、笠松宏至氏による判決手続（「意見」制）の研究が基礎をなす。また、佐藤進一氏が論じた、将軍が管領（かんれい）らを排除する「専制」によって将軍親裁という裁判方式が生まれたとする学説が有力であった。しかし、研究の進展によって訂正されるべき論点も多く、より広い政治的、社会的背景のもとで法と裁判の展開をとらえる必要がある。

本章では室町時代と戦国時代（応仁（おうにん）・文明（ぶんめい）の乱（らん）以降）の室町幕府法を裁判の局面に重点を置きながら

概観し、その歴史的な特質や政治との関係を考える。

佐藤進一・池内義資編『中世法制史料集　第二巻　室町幕府法』（岩波書店）には、「建武式目」、室町幕府の法令を編年で排列した「追加法」（一～五四二条と補遺一～二五条〈第一一刷、二〇〇一年〉）、「参考資料」（意見状・存疑を含む）が収録されており（以下「追加法」や「参考資料」と表記する）、これらや他の関係史料を素材に用いる。

法の構成

室町幕府法の内容は、南北朝時代には遵行手続や半済に関する法令が多いのに対し、室町・戦国時代には徳政令（取引関係の破棄など）や撰銭令（撰銭の規制）など政所（将軍の家政、財政、訴訟の機関）関係の立法が大半を占めると言われる（笠松一九七九）。試みに室町・戦国時代の「追加法」の構成を示すと、年次の明らかな四〇九ヵ条のうち三分の一ほどが㈠徳政令関係であり、㈡土倉・酒屋の営業や役銭、借物・質物に関する法令も含めると、全体の約半数に上る。次に多いのが六五ヵ条ほどある㈢手続法・証拠法であり、以下、㈣寺社への規制が三五ヵ条ほど、㈤撰銭令が二五ヵ条ほど、㈥禁制が一五ヵ条ほど、㈦安堵の手続が七ヵ条ほど、㈧その他は政所などの職掌や人員の規定などである。たしかに経済・財政関係の法令（㈠・㈡・㈤）が多いが、裁判に関する法、とくに手続法の比重も小さくない。

手続法とは、権利義務関係の実質的な判断の規準（実体法）と区別される、裁判で裁判所や当事者が遵守すべき手続や証拠に関する法である（現代であれば、民事訴訟法と民法の区別など）。訴陳状の提出期限などを定めた法（「追加法」一八三条など）がその典型だが、特徴的なものとして「追加法」一九六条をあげたい。

一つ、不知行地を押領した後、訴訟を経る事。永享元（一四二九）十二　七
愁訴あらば、訴訟を企て、御成敗を仰ぐべきのところ、猥にまず押領せしめながら、訴訟を致すの条、造意の至り、罪科を遁れ難し。所詮、事を親類・被官人等に寄すと雖も、叙用せらるべからず。縦ひまた理運たりと雖も、かの咎に処し、論所を敵人に付けらるべきなり。

不知行（知行〈年貢の収取など土地の支配・用益〉の根拠は有するが実現していない状態）の土地を押領（侵奪・妨害）した後に「訴訟」を起こすことを禁止している。この「訴訟」は事実的支配（当知行）を確認する文書（安堵）の申請を指すと解されるが、法令は自力救済による知行の実現（押領）を禁じて裁許（「御成敗」）によって解決すべきことを規定する。押領を親類・被官人などの所為にしても認めず、違反した場合、知行の正当性（「理運」）を有していても、係争地（「論所」）は相手方に付与するという。手続法とはこのように訴訟の進行に関する法であり、以下、実体法との性格の相違に注目して検討を進めたい。

法の形式

「追加法」は、室町幕府が編纂した法令集である「建武以来追加」（追加集）から多く採録されている。「追加」とは鎌倉幕府の「御成敗式目」以降の追加という意味である。

追加集は文明一七年（一四八五）に奉行衆（右筆方などとも。法実務に従事する世襲の法曹集団）の一人が書写した前田家尊経閣本が最古の写本で、これを祖本として三系統の写本が伝存するが、構成や条文数などはまちまちである。佐藤進一氏は諸本を厳密に考証して法令を年次順に排列した。

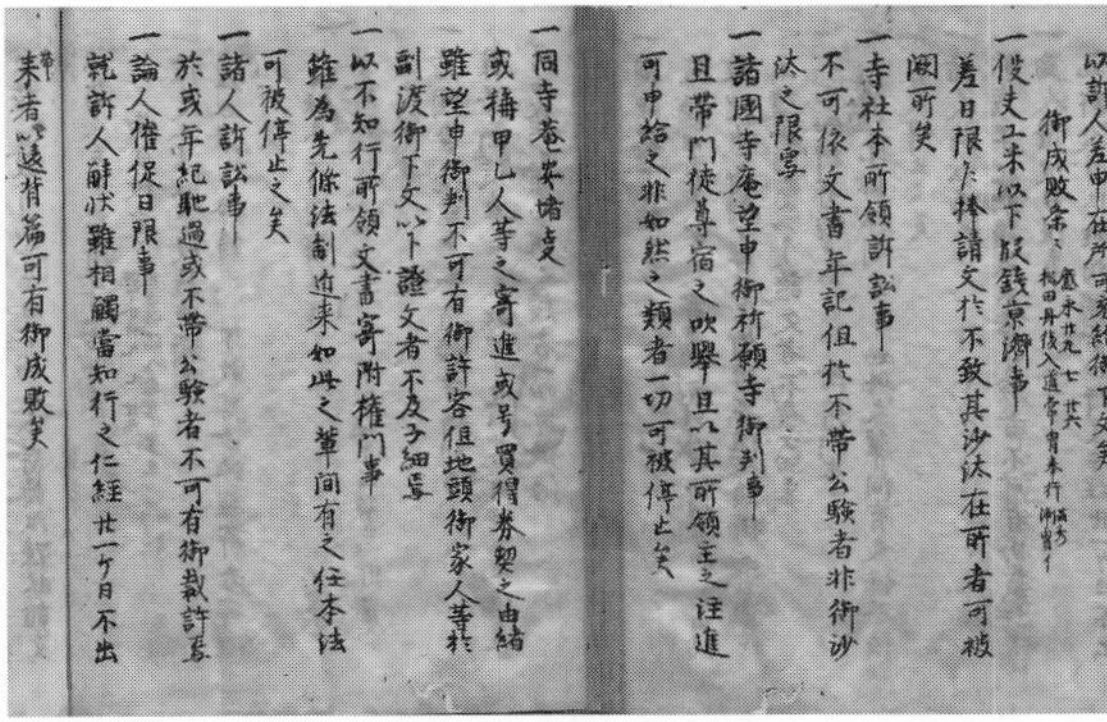

図１　内閣文庫本建武以来追加（閣乙本）「御成敗条々」
（部分。国立公文書館デジタルアーカイブより）

三系統の諸本におおむね共通するのは、建武五年（一三三八）の「諸国守護人事」（「追加法」二条）から応永二九年（一四二二）の「御成敗条々」（同一六八～一七八条）までの配列である。「条々」が制定された足利義持期に最初の編纂がなされ、以後、文安・長禄・永正など数度の編纂がなされたようだ（上横手一九七〇）。

追加集は、奉行人らの執務上の準則として用いられた。収録された法令の下限は永正一七年（一五二〇）の徳政令だが、後述するように裁判はより広範な法を参照して行われた。

法の形式には壁書や高札もあった。前掲の「追加法」一九六条は奉行人も出仕する管領亭に「壁書」として掲げられ、そこを訪れた公家の万里小路時房が「大法」として記録しているように（『建内記』嘉吉三年〈一四四三〉七月二〇日条、同条補註27)、壁書は関係部局に掲示される形式をとる。徳政令や撰銭令、禁制は板札に墨書した高札によって京都やその周辺に掲げられ、民衆に周知される場合もあった。

2　裁判の運用とその特色

裁判機関と訴訟の系統

室町幕府の裁判の特色は、政務全般と同様に、「御前沙汰」と称される、将軍（室町殿）による親裁が行われたことである。鎌倉幕府では源氏将軍の時期を除いて執権北条氏を中心に裁判（評定・引付など）が行われた。江戸幕府でも将軍親裁に代わり、老中のもと寺社・町・勘定の三奉行によって構成される評定所一座が訴訟を扱うようになる。

また、室町幕府の裁判の進行には大きく分けて二つの手続があった（石井一九三八）。

㈠　訴人（原告）の主張のみに基づいて裁許を下す手続

㈡　訴人と論人（被告）との対審をふまえて裁許を下す手続

御前沙汰は、南北朝時代にはおもに武士による寺社本所領の侵奪・妨害などを守護らに迅速に停止させるための特別の訴訟機関であり、将軍足利義詮の時代を中心に㈠の手続が用いられた。そのいっぽうで、評定・引付は足利義満期には廃絶したと考えられている。以後、足利義持・義教期には、将軍「専制」化それ自体を目的とするのではなく、武士や寺社本所など諸領主の利害対立を調整する場の必要から、判決手続に管領（細川・斯波・畠山三氏のなかから）が関与する形式をとりつつ㈡の手続を行う通常の機関として御前沙汰が整備された。そして、とくに㈡の手続が戦国時代の法制に継承される。義持期の手続の整備は先述した追加集の最初の編纂と同時期であり、両者が併せて行われたことを推測させる。

手続を運用する奉行衆は、南北朝時代初期には六波羅探題の奉行人の系譜を引く者が多く出自も多様だが、義満期頃以降、飯尾・松田・斎藤・清らの家に出身が固定化した（今谷一九八五）。南北朝時代には右筆（書記）をおもな職掌としたが、室町時代以降は審理でも重要な役割を果たすようになる。

そして、裁判機関による訴訟系統の区別も制度上の特色である。御前沙汰はおもに所領・所職をめぐる訴訟、政所は執事（頭人とも。伊勢氏ら）と執事代のもと徳政令の適用をはじめ債権債務関係などをめぐる訴訟（政所沙汰）、侍所は所司（赤松・京極・山名・一色四氏のなかから）と所司代のもと洛中の検断や検断に関する訴訟（侍所沙汰）をそれぞれ管轄した。各機関には奉行人（寄人）が分属した（兼任も見られる）。

裁判の手続

「追加法」などから御前沙汰の手続を示すと、図2のようになる。訴状が管領被官の賦奉行によって受理されると、訴人の担当奉行（訴人奉行）が決定される。以後、論人が応訴した際にその担当奉行（論人奉行）が決められ、両奉行が将軍の御所や時の管領の邸宅で双方の主張・証文の披露（伺）を行

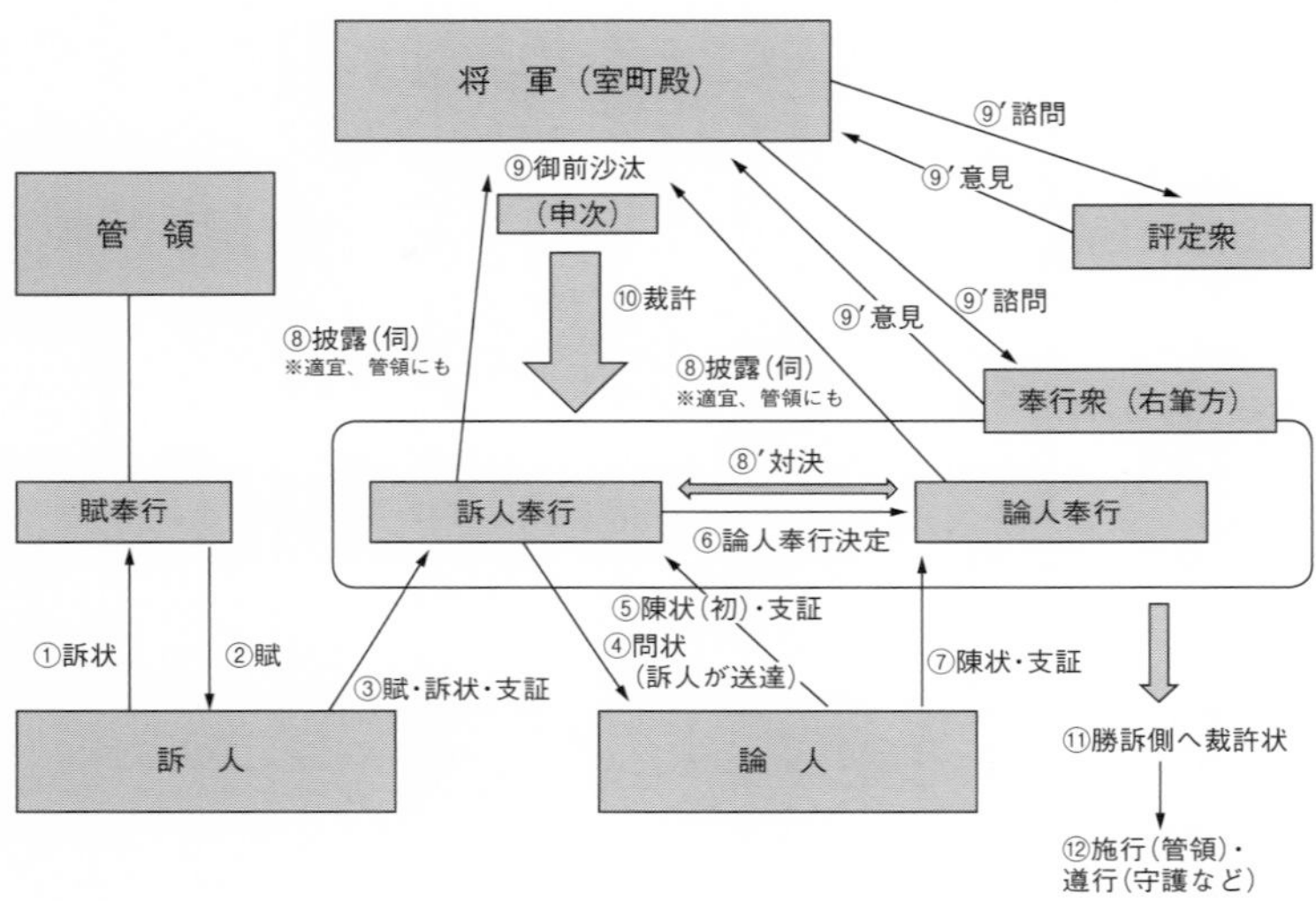

図２　御前沙汰の手続

いながら訴訟を進行した。原則として訴訟当事者が直接に対決する手続がとられない点も特徴である。

将軍が判断に迷う場合などには、評定衆（ひょうじょうしゅう）や奉行衆などに「意見」が尋ねられ、判決原案や証拠鑑定、量刑などが衆中の判断として「意見状」に記されて提出された（署判者の人数は、評定衆は五名ほど、奉行衆は一〇名前後が多い）。訴人・論人奉行の分担は政所沙汰でも見られ、「意見」制の運用は各機関に共通する。なお、有力権門（けんもん）などには専属の担当奉行（別奉行）が存在し、両者は礼銭の授受などを通じて私的な関係を有する場合が多く、別奉行はその利害を代弁した。

室町・戦国時代の手続の変化にも注意したい。設楽薫氏によると、室町時代の御前沙汰では将軍が臨席する場で奉行人らと訴訟の評議・決裁が行われたが、戦国時代に入ると、将軍が決裁を行う場と、奉行人らが評議を行う場とが分離する。さらに、双方の場を繋ぐ役割として将軍側近（申次。側近公家や内談衆など）が介在し、奉行人に指示を出すようになる。「意見」をはじめ評議は公人奉行（筆頭の奉行人）の邸宅などで行われた（なお、「意見」の諮問は奉行衆に限定されるようになる）。同様の変化は政所沙汰でも確認され、執事不在の、政所寄人らによる評議の場が設けられた。

「意見」を御前沙汰手続の要素とみる見解（石井一九三八）もあるが、足利義晴期の事例では「意見」を尋ねるか否かは将軍の判断に委ねられ、政所沙汰での「意見」も執事の諮問にもとづいてなされており、そのうえ裁許は必ずしも「意見」に拘束されなかった（山田二〇〇〇）。しかし、評議および「意見」の比重の増大は、後述するように裁許の根拠が重要になったことを意味する。

また、判決の執行手続も変化する。室町時代には将軍の裁許にもとづいて管領が諸国守護に執行命令を発したが、戦国時代には対象地域が畿内近国に限定され、二人の将軍（足利義稙〈義材・義尹とも。以下義稙に表記を統一する〉と同義澄など）が抗争する将軍家の分裂という状況のもと、一方に与同する守護や、村落の名主沙汰人への遵行命令が奉行人奉書によって出される体制となった。

裁判の規準

以上、裁判の手続を検討したが、次に評議（審理）の際の判断規準としての法（法の源泉という意味で法源とも呼ばれる）のあり方を考えたい。

「参考資料」には幕府法を「法」と呼称する史料も収録されている。その推移をみると、室町時代には将軍の命令や徳政令などが「法」と呼ばれているが、戦国時代には裁判での法源として鎌倉・室町両幕府の法なども「法」と称されている。法源としての「法」の形式・内容を述べたい。

まず、その適用形式をみてみよう。文亀三年（一五〇三）八月一〇日室町幕府奉行人意見状（「勧修寺文書」）は、山城国（現京都府）山科郷東西荘内八幡田などをめぐる勧修寺門跡と山科家（言国・言綱）の相論の際に出されたものである。応仁元年（一四六七）に山科家が幕府文書を受給した際に実際に知行していたか、言い換えると、知行の侵奪（押領）の有無が争点とされた。

> 山科家雑掌においては、その時節代官と号するの族の書状ならびに百姓一人の一行などこれを召し進らせらると雖も、既に門跡に至りては、年々の古帳明鏡の間、各別の知行勿論なり。況んや証文分明の時は、証人証状共にもつて賞されざるの段、制法たるのうえは、旁もつて門跡雑掌申す所その廉あるものや。よろしく上意たるべし。

勧修寺側の証文（「年々古帳」など）を重視すべきとの判断をふまえて、代官と称する者と百姓の証言を証拠とする山科家に対し、奉行衆は、証文、証人、起請文という証拠能力の序列を示した「制法」（嘉禎四年〈一二三八〉の「鎌倉幕府追加法」九三条〈佐藤進一・池内義資編『中世法制史料集　第一巻　鎌倉幕府法』岩波書店。以下『鎌倉幕府法』と表記する）にもとづいて山科家の知行を押領によるものと判断し、勧修寺を勝訴とする内容の「意見」を提出した。同条を収録した追加集もあり、よく参照される条文だったのだろう。

しかし、当事者が法令の適用を主張しているわけではなく、裁許の根拠として職権主義的に探知、適用されている。他の「意見状」でも、室町幕府法では故戦防戦法（「追加法」三九六条）、鎌倉幕府法では謀書の咎（「御成敗式目」一五条〈『鎌倉幕府法』〉）や召文違背の咎（同三五条）の適用がみられ、奉行人は律令なども含め広範囲の既成法のなかから法を発見・適用した（笠松一九七九）。

これらの法の内容をみると、やはり手続法に属するものが中心であり、手続への違反が権利の有無（「理」）の判断に及ぼされる。債権債務関係において契約金額の五分の一ないし一〇分の一の納入者の権益を認める分一徳政令では、権利義務関係の保護よりも手続の遵守（および銭の納入）が重視されるわけだが、これも同様である。

また、法源には制定法以外にも、先例としての裁判例（判例）、慣習法なども含まれる。足利義教期の「御前落居記録」や、奉行人による担当案件についての「伺」の記録（「伺事記録」）、先行する「意見状」などが参照されることもあった。

戦国時代には法源が「民間慣習」にも拡大するとの学説がある（中田一九五二）。売買物追奪の場合の担保法、人買仲間の仲間法などが幕府法と同じく「大法」と称された。戦国時代の幕府は畿内近国へ支配領域を縮小しながらも、政所沙汰を中心に地下人や商人など訴訟当事者の階層は以前より多様となる。そのなかで各種の法や民間慣習が法源に取り込まれたとみられる。

上記の幕府の法運用のあり方は、かつて「純法理主義的傾向の台頭」と言われた（笠松一九七九）。しかし、法源が矛盾なき体系として存在したわけではない（新田一九九五）。近代法においては、法的事実とその効果を規定する実体法に対し、手続法は具体的状況から法的事実の有無を明らかにするための手続や証拠に関する法である。ところが、室町幕府の裁判では手続への違反が直接に判決内容に作用しており、実体法の不備は法理の発達の不十分さを意味する。個々の訴訟案件において妥当な判決とその根拠として法や先例を示すことが重要なのである。

ただし、判断の根拠としての「法」を示すことに意義が見出されていた点は注目される。戦国時代には分国法や式目註釈書などに「理」を破る「法」の観念が見られ、「法」の重視が知られる。幕府の法運用の社会的背景としてこのような「法」に対する観念が存在し、判決の受容基盤をなしたのであろう。「法」は権力の判断から独立的に存在する場合もあり、政治と法・裁判とは一定の緊張関係を孕むことになる。

3　政治と法・裁判

裁判の運用と政治

近代的な司法の成立には裁判を管轄する独立の機関の存在と、法の持つ絶対性が条件となるが、いずれの契機も欠く将軍親裁による裁判は不可避的に行政的な性格を帯び、政治の作用を受ける。しかし、「法」の提示や奉行人の「意見」が重視されたことは判決が将軍の恣意的な判断ではなく、法にもとづき、正当性を有することを示す目的があったとみられる。

裁判の主宰は政治的に重要な意義を持った。籤（くじ）により将軍に就いた足利義教は執政の開始に際して、

「御沙汰を正直に、諸人愁訴を含まざる様に」（『満済准后日記』正長元年〈一四二八〉五月二六日条、「参考資料」一一九号）と公正な裁判を標榜しており、将軍としての権威の弱い彼にとって重要な政策であった。明応の政変で細川政元によって廃位された足利義稙は、永正五年（一五〇八）に京都を奪還して将軍職に復帰すると訴訟制度を整備している（翌年の「追加法」三五三～三五九条の「条々」など）。戦国時代の幕府の裁判については、佐藤進一氏の学説と同様の政治史の観点から細川京兆家の「専制」下での運用が説かれたが（今谷一九八五）、近年、細川氏の関与しない形での御前沙汰の実施のほか、将軍の自律的な活動が注目されている（山田編二〇二〇）。将軍にとって裁判の運用が持った意義が知られる。

判決が政治的な決定としての性質を帯びる場合もあった。足利義教の裁許は実は政治的に失脚した側が敗訴となる事例が顕著である（桜井二〇〇一）。戦国時代には、京都とその周辺での経済関係の訴訟を管轄する政所の重要性が増大し、政所執事の権限と権益が拡大するなかで、御前沙汰・政所沙汰のいずれかで敗訴となった者が他方の機関に訴え出て勝訴を得ようとする動きも見られる。永禄五年（一五六二）頃に、政所沙汰で敗訴となった者が足利義輝に訴え、義輝が政所執事伊勢貞孝の裁許を調査しようとしたところ、貞孝と同盟関係にあった三好氏の重臣である松永久秀が抗議した事例も知られ（山田二〇〇〇）、判決をめぐって政治的な対立が生じる場合もあった。

戦国時代には天皇による口入（訴訟への介入、加担）も増加する。たとえば、天文八年（一五三九）の山城国山科郷内をめぐる山科家（言継）と醍醐寺三宝院門跡の相論では、山科家を支持する後奈良天皇からの口入がなされたが、将軍足利義晴より奉行衆に「意見」が尋ねられて三宝院が勝訴した（『大館常興日記』同年六月二〇・二六日条、天文九年七月二二日室町幕府奉行人意見状〈「醍醐寺文書」〉）。裁判に政治的な関係性が持ち込まれるなかで、法源や「意見」の提示に意義が見出されていたのである。

立法の諸契機

立法には社会的背景を考える必要もある。法令の年次を見ると、将軍の代始や災害が発生した際などが多い。「徳政」の実施がこれに関係する。徳政とは文字どおり仁徳を持った政治という意味であり、代替りや災害の際に為政者は、困窮している者の救済を行って徳を示すことが求められた。中世では公正な人事や訴訟制度の整備、所領返還などがおもな内容である。徳政の理念にもとづいて立法の契機と内容を理解しなければならない。

徳政への期待のなか、代始には権益を確認する文書（安堵）を求める訴訟も増加する。前掲の「追加法」一九六条は足利義教の代始の時期の法令であるが、同条が問題視しているように、自力救済によって知行を実現してから申請および受給がなされる事態が頻発し、利害対立者から逆に提訴がなされた場合、裁許手続を通じて文書（安堵）の不正受給の有無を審査する必要が生じる。

それゆえ、冒頭で「追加法」の分類として示した㈢と㈦の法令は同時に立法される傾向が確認できる。先述したように足利義教期には訴訟制度が整備されており、足利義政期にも安堵と裁許手続がともに規定される（文明八年〈一四七六〉の「追加法」二六九〜二七一条）。足利義稙も政権回復にともない安堵が求められるなかで先述のように訴訟制度を整備したとみられる。

立法の契機はより多様である。徳政一揆により発せられた徳政令や、法定の利息分の上限以上の額を受領するために利息を元本に書き加えて借書を改作する作替借書の規制（文正元年〈一四六六〉の「追加法」二六七条）、さらに、撰銭令（明応九年〈一五〇〇〉の「追加法」三二〇条が初令）など、幕府の立法が領主層や民衆の動向に規定される側面が認められる。

法の推移から政治を考える

本章では、室町・戦国時代の室町幕府の法と裁判を概観し、政治との関係性を述べた。室町時代には裁判の手続が整備され、戦国時代にはそれを前提として評議の機能の増大や法源の拡大がみられた。将軍親裁という裁判方式のもと、室町・戦国時代の室町幕府の法と裁判は政治の作用を強く受けながらも、社会の変化に応じて展開した。政治と密接な関係性を有する法制度の具体的な推移を分析することによって政治史や各政権の政策の推移を理解することも可能となる。

中世法は自律的な諸領主や民衆の紛争解決のための法という性格を有し、室町幕府法も同様である。諸領主の自律性の縮小する近世幕藩制国家のもと、法は刑事法を中心として、判例（裁判例）を探知する形の法運用が発達する。室町幕府法についてはなお検討の余地が大きいが、「法」の重視や先例主義的な法運用など、近世法の形成の端緒に室町幕府法を位置づけることも可能であろう。

【参考文献】

石井良助『中世武家不動産訴訟法の研究』（弘文堂書房、一九三八年）

今谷　明『室町幕府解体過程の研究』（岩波書店、一九八五年）

上横手雅敬「建武以来追加の成立」（同『鎌倉時代政治史研究』吉川弘文館、一九九一年、初出一九七〇年）

笠松宏至『日本中世法史論』（東京大学出版会、一九七九年）

桑山浩然校訂『室町幕府引付史料集成　上・下巻』（近藤出版社、一九八〇・一九八六年）

桜井英治『日本の歴史一二　室町人の精神』（講談社、二〇〇九年［学術文庫版。初版二〇〇一年］）

佐藤進一『日本中世史論集』（岩波書店、一九九〇年）

設楽　薫「室町幕府の評定衆と「御前沙汰」――「御前沙汰」の評議体制及び構成メンバーの変遷――」（『古文書研究』二八号、一九八七年）

設楽　薫「将軍足利義教の「御前沙汰」体制と管領」（『年報中世史研究』一八号、一九九三年）

中田　薫「古法雑観」（同『法制史論集　第四巻　補遺』岩波書店、一九六四年、初出一九五二年）

新田一郎『日本中世の社会と法―国制史的変容―』（東京大学出版会、一九九五年）

松園潤一朗「室町幕府「論人奉行」制の形成」（『日本歴史』七二六号、二〇〇八年）

松園潤一朗「中世後期法制史研究―室町幕府法からみた中世後期の「法」の特質―」（秋山哲雄・田中大喜・野口華世編『増補改訂新版　日本中世史入門―論文を書こう―』勉誠出版、二〇二一年）

山田康弘『戦国期室町幕府と将軍』（吉川弘文館、二〇〇〇年）

山田康弘編『戦国期足利将軍研究の最前線』（山川出版社、二〇二〇年）

第二章　守護の法
——周防国大内家の法を中心に——

藤井　崇

1　室町幕府法上の南北朝〜室町初期の守護職

守護とは何か

本章では『中世法制史料集　第二巻　室町幕府法』（以下『室町幕府法』と略す）と『同　第三巻　武家家法Ⅰ』（以下『武家家法Ⅰ』と略す）によりつつ、筆者の専門である室町期の西国を事例に「守護の法」について議論する。以下、室町幕府が国毎に設置した地方役職を守護職、同職に任用された人を守護人、単に国規模武家領主を呼ぶ際は大名（だいみょう）とし、概念が曖昧な守護（しゅご）大名という語句は使用しないことにする。

守護職の職権

鎌倉幕府は西国諸国の守護職にも基本的には東国出身の有力御家人（ごけにん）を任用したが、室町幕府初代将軍となる足利尊氏はそれに現地の大名を任用した。これは後醍醐天皇の建武政権と決裂した尊氏が、建武三年（一三三六）二月に催した、いわゆる「室津軍議」において自身に味方する大名に対し守護職を保証・授与したものを基本とする。尊氏にしても鎌倉幕府同様、現地大名を守護職に任用すると、これが管轄国内の地頭御家人と主従関係を結んで権力を拡大させかねないとの危惧を持っていたであろう。しかし、播磨国（現兵庫県）赤松家をはじめ軍事力を期待できる現地大名を守護職に任用せねば新田義貞ら建武政権軍に勝利できないとの判断でこれの任用に踏み切ったということであろう。

　建武政権軍を圧倒し幕府を成立させた後の尊氏やその弟足利直義の守護職についての感覚は、建武三年一一月に出された、その施政方針的な二項一七条の法令「建武式目」の内の第七条からうかがえる。内容は、現在、守護職は軍功によって任用されているが、今後は政治の才能によって任用すべきというものである。同「式目」で守護職職権に言及するのはその七条のみである。次いで『室町幕府法』が「追加法」一条とする建武四年の文書において、諸国の守護人は動乱の間、寺社・国衙領・荘園領家職を軍勢に預けて戦費にあててきたそうだが今後は返還せよとし、建武五年の文書では、諸国守護人は鎌倉幕府の法典たる「御成敗式目」にあるとおり大犯三ヵ条――京都大番役の催促・謀反人の逮捕・殺害人の逮捕――以外に関与してはならないとしている（同二条）。次に注目したいのは貞和二年（一三四六）の同三一～四二条である。これについては表1にまとめた。

　ここでの禁止事項が、まさに尊氏らが懸念していた当時の守護人の実態であろう。なお、三一条では、守護人は大犯三ヵ条や苅田狼藉・使節遵行以外のこと、とくに管国内にある幕府直属の国人領主たる

表1　「追加法」31 ～ 42 条の概要

追 31	大犯三ヶ条・苅田狼藉・使節遵行の他の所務沙汰などに干渉し、地頭御家人に迷惑をかける事
追 32	公役拒否や凶徒協力と難癖をつけて地頭御家人の所領を奪ったり恥辱を与えたりする事
追 33	裁判の被告や押領している者の相談をうけ、土地の引き渡しを意図的に怠る事
追 34	訴訟当事者の所領を奪ったり、国内の欠所地を押領したりする事
追 35	縁戚関係を結び、道理に反する者に味方する事
追 36	年貢請負地と号し、他人の名前を借りて本所・寺社領を知行する事
追 37	国司・領家や寺社年貢の催促と称し、使者を所々に派遣して民家を没収する事
追 38	兵粮借用と号し、土民の財産を奪う事
追 39	他人の借財書を奪い、それを根拠に取り立てをおこなう事
追 40	幕府からの課役を国内の地頭御家人に分担させる事
追 41	家人らの狼藉によって市店を衰えさせる事
追 42	新しい関所をつくり、津料と号して山川の通行税を取って旅人に迷惑をかける事

地頭御家人の所領問題に関与するなどしているので、初期の幕府は、実態はともかくとして、守護人への完全な管国内裁判権の付与をしていないことがわかる。

さて、こう説明するとこれ以降の「追加法」収録史料に守護職についての規定が多数ありそうだが、実はそうでもない。ある程度量があるのは、守護人が絡むことが多い半済の実施や停止を命じたものである（五六条など）。半済とは諸国の大将・守護人の軍勢が戦場になっている国の国衙領や荘園の年貢・公事の半分をその兵粮（戦費）にあてる措置のことをさす。尊氏やその子、二代将軍足利義詮は、建武政権の残党たる南朝勢力や敵対することになった直義やその養子足利直冬（実は尊氏の子）といった目の前の敵を倒すため、大名らによる国衙領や荘園の押領を黙認してきた。しかし、合戦が一段落すると、守護人の勢力拡大を抑止するため、公家・寺社勢力の要請にこたえるため、守護人による国衙領や荘園の押領に歯止めをかけねばならなかった。それをふまえての妥協的措置が半済とされる。

幕府の現実的対応

以上のものを除けば、初期の幕府が法によって守護職職権を定めることで守護人の権力拡大を抑制しようとした形跡はさほどない。その理由はというと、たとえば、南北朝内乱期の九州諸守護人の内、筑前国（現福岡県）少弐・豊後国（現大分県）大友家には管国内の寺社本所領における半済実施権と欠所地――謀反・犯罪人の元所領など――処分権が認められていたが、薩摩国（現鹿児島県）島津家分国におけるそれは九州探題に与えられていたことがあった（『室町幕府法』「参考資料」四六号）。また、貞治二年（一三六三）にほぼ罰則なしで二代将軍義詮期の幕府体制下に入り、周防国（現山口県）と長門国（現山口県）守護職を与えられた大内弘世――旧足利直冬方大名で、幕府方周防国守護職鷲頭大内家と同長門国守護職厚東家を滅ぼし、両国をほぼ独力で平定していた――を当主とする周防国大内家にいたっては貞治四年の文書によれば「九州が平定されないうちは国内所領の問題に御干渉はないとの御約束があるので幕府の御文書には従わない」（『室町幕府法』「参考資料」五一号）とまで述べたとされている。このように大名家によって幕府が認めた権限は違った。幕府としても全国一律に守護職職権を定めても無意味という判断だったのであろう。

2　室町幕府法上の室町中期の守護職

室町中期の守護職職権

では、三代将軍足利義満(よしみつ)期以降の室町幕府が守護職職権を改定することで大名権力の拡大を抑止しようとしなかったのはなぜか。まずは、応永一一年（一四〇四）段階の西国諸国の守護職保有大名家の分布状況を確認しておく。これについては表2にまとめた。

三八歳で死去した二代将軍義詮がやり残したことといえば南北朝分裂問題であろうが、西国の問題に特化していえば、それは、反幕府勢力たる足利直冬方の大名であったもののほぼ罰則なしで幕府体制下に迎え入れられた山陰〈後、本国は但馬国〈現兵庫県〉となる〉山名(やまな)家と周防国大内家の処遇問題であろう。父の死を受けて三代将軍となり、成人して権力を掌握した足利義満は山名家については、明徳二年（一三九一）の、いわゆる「明徳の乱(めいとくのらん)」で勝利し、大内家については、応永六年（一三九九）の、いわゆる「応永の乱(おうえいのらん)」で勝利した。しかし、その義満といえども山名・大内両家を滅ぼすまではできなかった。大内家については幕府系軍勢に支援させた幕府選定当主とでもいうべき大内弘茂(ひろしげ)が反幕府軍といってよい大内盛見(もりみ)に討ち取られたため、当時は大御所的立場になっていた義満や幕府も盛見が大内家当主であることを追認した。応永一一年の状況をまとめた理由は、この年が義満と幕府が盛見の討伐を諦めた年だからである。

表2を一見してわかるとおり、室町中期の西国大名は非足利系が主流である。しかも、旧直冬方大名の山名・大内家の他にも義満と対立するも幕府系軍勢を撃退した細川頼之(ほそかわよりゆき)以来の四国細川家、今川了(いまがわりょう)

表 2-1　応永 11 年(1404)の西国(中国・四国・九州・島国)の守護職Ⅰ

地方	番号	国名	保有者	家	家系	居所
中国（山陰）	1	丹波国	細川満元	管領家	足利系	在京
	2	丹後国	一色満範	四職家	足利系	在京
	3	但馬国	山名時熙	四職家	非足利系	在京
	4	因幡国	山名氏家？	山名分家	非足利系	在京？
	5	伯耆国	山名氏之	山名分家	非足利系	在京
	6	出雲国	京極高光	四職家	非足利系	在京
	7	石見国	山名氏利	山名分家	非足利系	在国？
島	8	隠岐国	京極高光	略	略	略
中国（山陽）	9	播磨国	赤松義則	四職家	非足利系	在京
	10	美作国	赤松義則	略	略	略
	11	備前国	赤松義則	略	略	略
	12	備中国	細川満之	細川分家	足利系	在国？
	13	備後国	山名時熙	略	略	略
	14	安芸国	山名満氏	山名分家	非足利系	在国
	15	周防国	大内盛見	大内本家	非足利系	在国
	16	長門国	大内盛見	略	略	略
島	17	淡路国	細川満久	細川分家	足利系	在京
四国	18	阿波国	細川満久	略	略	略
	19	讃岐国	細川満元	略	略	略
	20	伊予国	河野通之	河野本家	非足利系	在国
	21	土佐国	細川満元	略	略	略
九州	22	筑前国	少弐貞頼	少弐本家	非足利系	在国
	23	筑後国	大友親世	大友本家	非足利系	在国
	24	豊前国	大内盛見	略	略	略
	25	豊後国	大友親世	略	略	略
	26	肥前国	渋川満頼	九州探題家	足利系	在国
	27	肥後国	菊池兼朝	菊池本家	非足利系	在国
	28	日向国	島津元久	島津本家	非足利系	在国
	29	大隈国	島津元久	略	略	略
	30	薩摩国	島津元久	略	略	略
島	31	壱岐国	不明	略	略	略
	32	対馬国	少弐貞頼？	略	略	略

※石見国には大内家の、安芸国には武田・大内家の、伊予国には細川家の郡規模の所領が存在する。壱岐国は志佐家が支配している（『松浦市史年表』）が守護職を保有したとは考えがたく、同職を九州探題渋川家が保有していた場合、同家は足利系であるためⅡ図のデータが多少変動する。

表2-2　応永11年(1404)の西国(中国・四国・九州・島国)の守護職Ⅱ

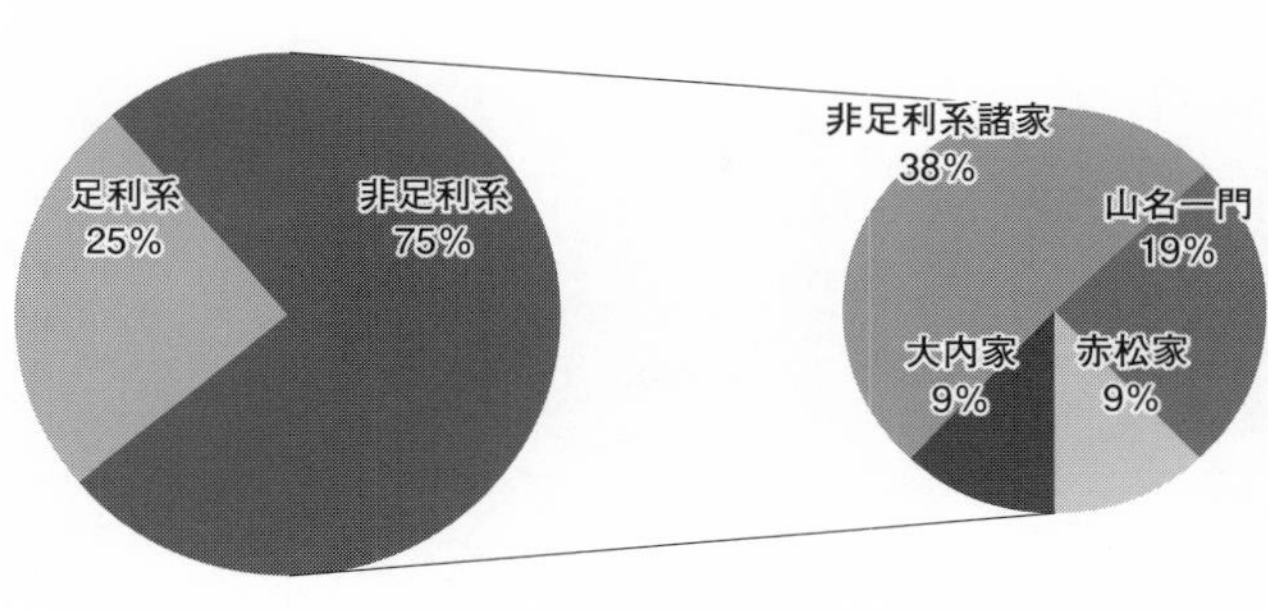

俊ら九州探題と敵対した九州諸大名家など、ここまでの間に幕府との交戦・敵対を経験するも滅びなかった家ばかりである。それだけに、義満・幕府としても室町中期に守護職職権を改定して大名権力の拡大を抑制しようとしても、やはり無意味という判断だったのだろう。義満期「追加法」中にそのようなものはない。

義満の子、四代将軍足利義持期の守護職職権に関する法としては応永一五年（一四〇八）のものがあるが、それは幕府による諸国の欠所地給与にくいちがいが発生しているので、今後は当該国の守護人に現地の状況を尋ねてからにするというものである（『室町幕府法』「追加法」一五二条）。また、大和国（現奈良県）興福寺——幕府の認識では同寺は同国国司兼守護職なので事例としてはあまりよくないが——にあてた応永二一年（一四一四）の文書によれば、幕府は本来、興福寺の管国内における第一次的な裁判権を認めていたらしい（『室町幕府法』「参考資料」一〇二号）。義持の弟、六代将軍足利義教期のものは見当たらない。義教の子、八代将軍足利義政期のものとしては寛正四年（一四六三）の法があるが、それは諸国在国の「奉公仁」（幕府直属国人ら）が守護人に対し重犯罪におよんだ場合、守護人は勝手に裁かず幕府に報告し、その処置に従えというものである（『室町幕府法』「追加法」二六六条）。これは「追加法」三二一条同様、各戦国大名家傘下において、いわゆる外様国衆権力が存立しえた法的根拠の一つであろう。

南北朝・室町期大名権力と守護職職権

まとめると南北朝〜室町中期の西国大名権力は①初代将軍尊氏が南朝勢力や直義や直冬といった目の前の敵に勝つことを優先し、現地大名に守護職を与えた②二代将軍義詮は全国的内乱状況の解決を優先し、旧直冬方大名の山名・大内家を勢力の現状維持で幕府体制に迎え入れた③三代将軍義満は山名・大内家と合戦してその勢力削減に成功したものの滅ぼすことはできなかった、といった経緯で拡大・安定化する、となろう。室町中期以降の幕府としても、今更、守護職職権を縮小方向に改定して中央集権を図ろうにも、それは不可能だったということだろう。

3　大内家の法

南北朝・室町期の法

室町幕府が守護職職権を改定して大名権力の拡大を抑制することがなかったのであれば、南北朝・室町期の地方には果てしのない実力と無法の世界が広がっていたのかというと、そうでもない。周防国大内家では、他の大名家もそうであるように、当主の意向を受けて被官（家臣）が「奉行人奉書（ぶぎょうにんほうしょ）」と呼ばれる形式の文書を大量に出すことで軍事や内政の命を下し、ときに裁判の結果を通知した。そして、大内家ではこの奉行人奉書を幕府体制下に入る前から出している。特徴的な文書を次に掲げる。

長門国一宮（住吉神社）領内菩提弥七旧妻鶴松女買得名田畠などのこと。注進につき、御沙汰を経られ候のところ、夫の罪科によって妻女の所領を収公せらるは傍例のごとくなり。しかりといえども厳重社領たる上は、当社雑掌方に打渡さるべきのよし候なり。よって執達くだんのごとし。

正平十八年後正月十日　兵庫助（宮川頼直）在判
民部丞（千代次長祐）在判

若杉又太郎入道殿（杉智静）

日付の下に署名している兵庫助（宮川頼直）とその左横の民部丞（千代次長祐（ちよつぐながすけ））は大名としての大内家初代当主、大内弘世の吏僚的被官で、正平一八年（一三六三）という年号は、当時の弘世が名目的に従っていた足利直冬が奉ずる南朝の年号で、あて先の杉智静（すぎちじょう）入道は弘世の有力被官にして長門国の代官、通称、守護代である。当時の弘世が直冬から周防国や長門国の守護職を与えられていたか否かは定かではない。

では、関連史料をふまえ、この奉行人奉書がどのような経緯で出されたのかを整理すると、①長門国一宮住吉神社領に住む菩提弥七（ぼだいやしち）という有力職人が何らかの罪を犯した②同国守護代杉智静入道は弥七の田畠を没収した際、連座ということでその妻鶴松女（つるまつめ）が購入していた田畠も収公した③同田畠はかつて一宮領であったらしく、一宮が大内家に返還要請をした。という経緯を受けて出されたものである。

注目されるのは連座に言及した箇所である。これは前政権、鎌倉幕府の法典「御成敗式目」一一条の「夫の罪科によって妻女の所領を没収せらるや否やのこと」が意識されているであろう。その条文本文は謀反・殺害・山賊・海賊・夜討・強盗などの重犯罪であれば妻は連座となるが、突発的な口論が原因の計画性のない刃傷・殺害であれば連座は適用されないというものである。これに照らせば守護代は弥七の犯罪を計画性のある重犯罪とみなしたのでその妻鶴松女が購入していた田畠を没収したということになろう。これに対し一宮側が同地を恐らく旧一宮領だと主張したため、大内家では審議を持ち、「式目」一一条を意識し、守護代の行為を「傍例のごとく」と擁護しつつも、他の史料からもうかがえる神領興行（しんりょうこうぎょう）——神社再建のため売却などによって流出した神社領を返還させる措置——的な慣例を尊重することにし、問題の田畠を同宮に引き渡させたということであろう。

当時の大内家は名目的には足利直冬方なので、幕府からみれば、まぎれもなく反乱軍勢力の一角である。しかし、その審議と判断の様子は「御成敗式目」と現地の慣例を勘案したきわめて穏当なものと評価してよいであろう。

こうした法を重んずる姿勢は、大内家が二代将軍義詮期の幕府体制下に入った後も受け継がれた。たとえば、三代当主大内盛見は、応永三〇年（一四二三）の文書によれば、同じく長門国一宮領に対し、一宮が主張する「神領買得大法」を認めて近隣の寺家に売却されていた旧一宮領を返還させている。また、同じく盛見期の大内家には、応永二九年の文書によれば、同家被官が畿内荘園領主と請負（うけおい）代官契約を結んだにもかかわらず年貢の納入を怠った際には大内家より罰則があるという「大法」意識もあった。この二つの「大法」——誰もが知る常識的な法のこと——は目をひく言葉ながら、中身は至極、穏当ものといってよい。大内家はもともと、周防国在庁官人——朝廷が国毎に設置した国衙(こくが)の役人——出身で、鎌倉期には鎌倉幕府の京都出先機関、六波羅探題(ろくはらたんだい)に出仕していたらしい。また、室町幕府体制下に入った後は、公家や幕府政所執事伊勢家といった京都の知識人と法や文化など多岐にわたる問題についての問答をよくおこなっている。そのため、大内家の法についての感覚は、幕府との関係が良い時も悪い時も、それほど一般的なものとかけ離れなかったのだろう。

「大内氏掟書」

そのような穏当な法と裁判による支配をおこなった大内家分国の法典が「大内氏掟書(おおうちしおきてがき)」といいたいが、「掟書」はバラバラの日付で出された単行の法令などを後年、誰かがまとめたもので、体系的に組織だてて構成されたものが同一日に発布されたものではないので法典とはいえない。「掟書」については専論があるので詳しくはそれに譲るが、ここでも中身を表3にまとめておく。

『武家家法Ⅰ』収録「掟書」は諸史料から全一八一件の法や法的要素を検出しているが、内訳としては単行の裁許状(判決文)二件(一四・一四〇号)と法の通知を受けた長門国赤間関(あかまがせき)(下関(しものせき))有力町人の返書一件(一一六号)を除くと、他はすべて大内家本拠周防国山口の各役所の業務規定と各役職の職務規定を含む単行法である。約八割が室町後期の八代当主大内政弘(まさひろ)期のものとなっている。

表3 「大内氏掟書」の概要

号数	年次	当主	概要
1	永享11年(1439)	4代持世	筑前国植木荘寺社本所領諸給分の非法百姓について要望があれば逮捕し引き渡せ
2～8	長禄3年(1459)	5代教弘	異相の者の夜間の(山口市中)大路往来を禁ず等(全7条)
9	長禄4年(1460)	同	御家人が非御家人の子を養子にしてはならない
10	寛正2年(1461)	同	訴訟時等の山口・分国内諸郡間の移動日数は当条規定日数を守れ
11～13		同	盗品の捜査は現有者から行え等(全3条)
14	寛正3年(1462)	同	妻と不倫した武士を無許可で殺害した土民の左衛門三郎を遠島に処せ
15		同	年貢上納用の麻布と商用の麻布の寸尺は当条規定を守れ
16	応仁元年(1467)	6代政弘	周防国鷲頭荘妙見山での狩猟を禁ず
17～21		同	周防国佐波川渡賃は当条規定を守れ等(全5条)
22	文明7年(1475)	同	防長寺社領半済実施中につき、同寺社の政弘(在京中)への挨拶・見舞いを免ず
23～34		同	大内家菩提寺周防国興隆寺上宮社への一般社参を禁ず等(全12条)
35～39	文明10年(1478)	同	周防国今八幡宮社頭住人は人足役を務めよ等(全5条)
40～44		同	安芸国東西条鏡城城番衆の名代による城番勤仕を禁ず等(全5条)
45		同	1469年以来長門国に逗留する筑前国衆勢の借財を破棄する
46～50	文明13年(1481)	同	奉行衆(10人)の選定等(全5条)
51～56		同	(山口館)殿中椀飯儀礼の規定等(全6条)
57	文明15年(1483)	同	諸人の上洛・帰国時の餞別・土産を禁ず
58		同	九州出陣用の船は長門国赤間関が関役として用意せよ
59		同	裁判によって失った土地を新恩地として所望する事を禁ず
60	文明16年(1484)	同	金銀は1両4.5匁、2両9匁とする
61～63	文明17年(1485)	同	段銭納入時、永楽銭などを100文(1緡)中20文まで混ぜてもよい等(全3条)

64･65	文明 17 年（1485）	同	工芸品の代金等は当条規定を守れ（全 2 条）
66		同	若君（義興）乗馬時の傅役は飯田弘秀とする
67〜76		同	政所贅役人･山里奉行･殿中奉行他諸役人の規定等（全 10 条）
77〜79		同	奉行所毎朝出仕人（8 人）・毎朝披露御使（6 人）他の選定等（全 3 条）
80〜84		同	奉行衆（8 人）の選定・同職務規定等（全 5 条）
85		同	（大内家奉行衆ら各自邸宅での）毎月 6･17 日会合の輪番（8 人、1 年 3 順制）の規定
86		同	少分限の在山口衆の休暇は年 100 日とする
87	文明 18 年（1486）	同	評定式日に欠席する際は早朝に奉行当番まで届け出る事
88		同	御相伴衆の着座人数は 10 人までを基本とする事
89〜93		同	異相の者の夜間の（山口市中の）大道往来を禁ず等（全 5 条）
94		同	寺社領裁判中に中途差押えした年貢は公用に繰り入れてはならない
95		同	陪臣の受領（国司長官）・（八省他）諸司（長官・）次官官職任官を禁ず
96		同	奉行当番は奉行人奉書の写を当主に提出せよ
97		同	御門役欠番時は奉行当番が代役を定めよ
98		同	（将軍家）奉公衆・他家御使・評定衆が訪れた際は速やかに披露せよ
99		同	奉行衆は退出するとき毎朝、退出を告げよ
100		同	大内重弘菩提寺周防国乗福寺の 3 月 6 日以下、歴代当主の年忌には各菩提寺に出仕せよ
101・102		同	他家の人・使者参上の際の披露は申次当番か近習当番が務めよ等（全 2 条）
103		同	在山口衆のうち無断在郷が度重なる者は御家人から除籍する
104	文明 19 年（1487）	同	侍所による山口市中での家屋欠所業務を妨害してはならない
105		同	諸商売船諸公事免許は以後申請不可とする
106		同	周防国築山神社掃除日は毎月晦日とするので担当者は 100 石分限につき 1 人供出せよ
107		同	当主他外出時の供奉衆下人の輿近辺での高声を禁ずる

108〜115	文明19年(1487)	同	赤間関・小倉・門司・赤坂の渡賃は当条規定を守れ等(全8条)
116		同	赤間関住民は大内家設定の渡賃を遵守し、他の非法行為が発生した場合は報告する
117〜121		同	(山口市中での) 夜間外出時、旅人と送迎人を除き、武装・異相を禁ずる等 (全5条)
122		同	(山口市中) 夜廻人 (2人1組計10組) の選定
123		同	諸人郎従 (陪臣) が御家人身分を望む事を禁ずる
124	長享元年(1487)	同	亀・蛇を鷹の餌にする事を禁ずる
125		同	当主勘気を蒙った者のとりなしを禁ずる
126		同	上洛につき無足人は希望次第で供奉し、御家人は山口に参上せよ
127		同	上洛につき贅沢を禁ずる
128	長享2年(1488)	同	御用に際し兵船指定の船には日別粮米を下行するため、別途に船賃等を支払うな
129	長享3年(1489)	同	常徳院殿 (将軍足利義尚) 追善のため分国中で常赦を行う
130		同	常徳院殿 (将軍足利義尚) 追善のため来年3月まで分国中で殺生禁断を行う
131		同	市町で盗物騒ぎが発生した際はその所の役人に預けて判断を仰ぐ事
132		同	(山口館) 殿中での歌の懐紙は奉行や筆者 (右筆) 当番が保管し、文庫の番衆に渡す事
133		同	以後、長刀を禁ずる
134		同	記録所への奉行衆・筆者 (右筆) 衆以外の出入りを禁ずる
135〜137		同	毎日出仕する者は五間御厩で着到を自筆で記せ等 (全3条)
138	延徳元年(1489)	同	殿中見物を禁ずる
139	延徳2年(1490)	同	御公物米銭所々収納分は、収支を分かりやすくするため、以後、一紙目録を作成せよ
140		同	契約状不備により借銭元本倍額を支払えば、あした屋次郎太郎は子を取り戻す事ができる
141	延徳3年(1491)	同	無足人への闕出隠地の給与は弊害が多いので中止する
142		同	堺相論中に未申告の土地・収益の存在が発覚した場合、裁判中公用に繰り入れる
143		同	当主勘気を蒙り御家人籍を除かれた者が殺害されたとしても殺害人を罪に問はない

144	延徳4年(1492)	同	豊前国での悪銭使用禁止を徹底せよ
145		同	諸人の被官と号して公役に応じない者は在所から追放せよ
146		同	山口祇園会を築山館（5代教弘の館）の築地の上から見物する事を禁ずる
147	明応2年(1493)	同	御前培膳・御剣役は近習の役とする
148〜153	明応4年(1495)	同	長門国一・二宮祭礼を滞りなく行え等（全6条）
154		同	（御家人）養子相続の法を一部改め、戦死の場合に限り、未届けの養子相続を認める
155		同	喧嘩が当主の耳に入った場合、当主が裁決を下す
156		同	御勘気を受けた者が殺害されたとしても殺害人を罪に問わないし、訴訟もつつしめ
157〜159	明応5年(1496)	7代義興	（周防国松崎天満宮）一〇月会に際する町での押買狼藉を禁ず等（全3条）
160〜162	永正10年(1513)以前	同	（段銭他）公用催促の使節給分は当条規定を守れ（全3条）
163〜165	永正10年	同	（段銭他）公用催促の本使は期日一ヵ月超過までは滞在費を自弁せよ等（全3条）
166	永正10年以前	同	分国中寺社領徳政を見据え周防国塩田村を同国乗福寺に返還する
167	永正15年(1518)	同	（商人による）過度な撰銭の禁止を徹底せよ
168	永正16年(1519)	同	御家人の子息が上意を得ずして誰かに仕える事を禁ず
169	永正18年(1521)	同	某寺住持の渡明中、留守を厳重に守れ
170〜172		同	分国を追放をされた者逃亡した者が勝手に帰国した上、誰かに仕える事を禁ず等（全3条）
173	大永2年(1522)	同	陣中での喧嘩は慎み、穏便にすませよ
174		同	（仏教諸宗派間での）教義論争を禁ず
175	大永6年(1526)	同	御分国中の名主・百姓による徳政一揆を禁ず
176	享禄2年(1529)	8代義隆	出陣に備え贅沢を禁ず
177〜181		同	昨年秋分までの段銭未進は破棄するが今年春分より未進は即時に処罰す等（全4条）

※号数は『武家家法Ⅰ』による。

役所の業務規定としては政務・裁判業務を担う「奉行所」、出納業務を担う「政所」、山口の治安維持業務を担う「侍所」、公文書保管を担う「記録所」などのものがある。各役職の職務規定は、分国の最高評議員たる「評定衆」と「奉行衆」以下さまざまな役職を対象としたものがある。評定衆が兼務することが多い各国守護代の職務規定がない点、幕府法に守護職職権規定がさほどない点と似ている。大内家館での業務記録らしき「殿中日日記」や公文書の扱い・保管についての規定（五八・九六・一三二・一三九号）も目をひく。

法関連で注目すべきは、裁判の際に山口まで出頭する日数が分国内の郡ごとに細かく設定されている点（一〇号）、分国内の民衆たる「土民」には所属領主の推薦状を得たうえでの通常訴訟の他、大内家当主に直訴できる「庭中」方式が用意されている点（一四号）であろう。『続日本紀』に収録された古代朝廷の法や鎌倉幕府法を参考にしたと明記しているものもある（一五・九五号）。裁判のやりかたは「掟書」以外の史料をふまえると、鎌倉・室町幕府同様、書面審理たる三問三答と口頭弁論たる対決を軸にしたものである。租税たる段銭を徴収する役人の横暴を防ぐための法もあり、恤民思想もうかがえる（一六〇〜三号）。

貨幣に関する法はいくつかあるが、それらは一貫していて①段銭納入時の清銭――精銭とも。中国、宋帝国の銭を主とする――使用を奨励し②准清銭――明帝国の永楽銭などを主とする――の制限下での使用を認め③悪銭――私鋳銭や粗悪銭――の使用を禁じ④商人による過度な撰銭――悪銭のみならず、民衆が広く使用する准清銭をも忌避すること――を禁じたものからなる。大名と民衆の意向は対立するものと前提すると読み解きやすくなる法は多いが、貨幣絡みの場合は、清銭志向のある対商人ということで、清銭のみならず准清銭の価値もある程度保持したい大名と准清銭を使いたい民衆の意向が一致することもある点は注意すべきであろう（六一〜三・一四四・一五九・一六七号）。しかし〝聞出地給与法〟とでも呼ぶべき法は、所領を持たない大内家傘下の武士たる無足不足の者が無申告の脱税地たる隠地や無主の欠所地の存在を聞きつけ、これを大内家に報告したらばその土地が給与されるというものであるが、脱税密告奨励制度のような側面があってトラブルが発生しがちであったらしく、一四一号で中止が宣言されている。しかし、この法は無足の者の救済方法としては一番効率的ということでジレンマがあったのか、他の文書によれば、戦国期に復活している。また、室町中後期以降の大内家では被官のことを幕府同様、御家人と呼ぶが、これについての〝御家人跡養子相続法〟とでも呼ぶべき法は明確に変更がある。合戦が主要な事業の大名としては当然ながら、新法の遡り適用はしないとする点、順当で興味深い（九・一五四号）。喧嘩については「個人間で決着すべきものなので関知しないとの法があったが、状況が悪化することもあるようなので、今後は当主に聞こえたらば善悪の御裁断をおこなう」と、やはり法の変更がうかがえる点は特徴的だが、理があろうとも状況を悪化させた方を罰するという普遍的感覚もある（一五五・一七三号）。

法典がないということ

以上、ざっと眺めてきた「大内氏掟書」は法典ではない。しかし、これとこれに収録されていない南北朝・室町期大内家の法・裁判関連の文書とを勘案すると、同家の法による支配はある程度円滑におこなわれたとみてよいだろう。

そんな大内家分国では、戦国期になっても「今川仮名目録（いまがわかなもくろく）」や「甲州法度之次第（こうしゅうはっとのしだい）」のような法典——分国法——は制定されなかった。法典なしで裁判ができるのかという気もするが、ここまでみてきたように「御成敗式目」などを法典替わりにし、歴代の単行法令や単行裁許状を先例とすれば十分裁いていけるのだろう。法典を持たない大名家の裁判や法運用は、およそこのようなものと考えてよいだろう。

【参考文献】

池　　亨『大名領国制の研究』（校倉書房、一九九五年）
大森美保子「「大内氏掟書」の実体をめぐって」（『ヒストリア』一〇八号、一九八五年）
大藪　海『室町幕府と地域権力』（吉川弘文館、二〇一三年）
川戸貴史『戦国期の貨幣と経済』（吉川弘文館、二〇〇八年）
黒田基樹『戦国大名と外様国衆』（文献出版、一九九七年）
佐藤進一『南北朝の動乱』（中公文庫、一九九七年、初版一九七四年）
島田次郎『日本中世の領主制と村落』（吉川弘文館、一九八五年）
田村哲夫「守護大名「大内家奉行衆」」（『山口県文書館研究紀要』五号、一九七八年）
藤井　崇『室町期大名権力論』（同成社、二〇一三年）
藤井　崇『大内義興—西国の「覇者」の誕生—』（戎光祥出版、二〇一四年）
藤井　崇『大内義隆—類葉武徳の家を称し、大名の器に載る—』（ミネルヴァ書房、二〇一九年）
本多博之『戦国織豊期の貨幣と石高制』（吉川弘文館、二〇〇六年）
松岡久人『大内氏の研究』（清文堂、二〇一一年）

第三章　在地領主法——「領主制論」的視角の成果と限界——

呉座　勇一

1 「在地領主法」研究前史

近代歴史学と武家法

在地領主（ざいちりょうしゅ）とは、「中世の在地、すなわち農・山・漁村などの生産世界に生活の根拠地をもち、在地民の生産活動に対し強い指導性をもっていた領主層の総称」（『国史大辞典　第六巻』吉川弘文館、一九八五年）である。一般読者がイメージする「武士」とおおむね重なる。この在地領主が制定した法を「在地領主法」という。「在地領主法」という研究用語は、幕府や朝廷といった公的・国家的な権力が制定した全国的な法と対照的な、自生的・地域的な法という意味を含んでいる。

「在地領主」概念は、戦後に石母田正氏が提唱したものである（石母田一九五〇、一九五六）。しかし、武家が公家と異なる法観念を持っており、それは地域に根ざしたものである、という理解は、近代歴史学の早い時期から存在していた。原勝郎『日本中世史』（一九〇六年）に代表されるように、堕落した貴族政治を質実剛健な武士が打倒することで中世が始まった、という歴史観が近代歴史学の基調だったからである。

法制史家の中田薫氏は、武士社会における主従制は私人的保護主義であると指摘し、「国権の衰微に基づく社会的秩序の紊乱」に対する自衛手段として私人的保護主義が発現したと説く。そして私人的保護主義の発達が武士階級の勃興を促したと論じている（中田一九〇六）。一般に中世社会は封建制社会と言われるが、中田氏は封建制度が武士たちの私法的世界の中から生まれた、と考えたのである。

また、法制史家の三浦周行氏は、「御成敗式目（ごせいばいしきもく）」制定の理由を次のように語る。公家法である律令は中国の法制を模倣したものであり、日本の実情に合わないことが少なからずあった。朝廷は格・式で法文を修正するものの、時代が下るにつれて社会の実情からあまりに縁遠くなってしまった。軍事・警察の実権を握った鎌倉幕府は、現実社会から遊離した案山子のような律令では満足できず、武家独自の法制を制定したのである、と（三浦一九〇八）。観念的・抽象的な公家法と実際的・具体的な武家法を対比しているのである。

『中世的世界の形成』と「武家のならひ、民間の法」

歴史家の石母田正氏が戦時中に執筆し、敗戦後の一九四六年に発表した『中世的世界の形成』は、戦後歴史学の記念碑的著作として高く評価されている。本書は、平安時代から室町時代までの四世紀あまりの間、伊賀国名張郡（現三重県名張市）に存在した東大寺（とうだいじ）領黒田荘（くろだのしょう）という山間の一荘園（しょうえん）の歴史を通して、古代から中世への展開という日本史の大きな潮流を描き出したものである。

石母田氏は、「東大寺の論理的、形式的、普遍的な法」と「農村の生活的、慣習的、土俗的な法」の対立を指摘し、後者を体現する形で領主制が発達していくと説く。氏は言う。村落社会に慣習が形成され保存されているというだけでは歴史の大きな流れに影響を与えることはできない。慣習を普遍的な法へと昇華させることは、「村落的人間」つまり農民にはできず、「領主階級」すなわち武士によってはじめて可能である、と。

石母田氏によれば「農村社会から成長して来た武士の法は、律令系統の法の支配する公家法に比較して慣習法的であるともいわれている」が、武士たちの法は公家法と無関係ではなく、むしろ律令を摂取することで発達した。そして武士自らが成文法制定の主体になることは、「御成敗式目」によってようやく達成されたと主張する。

石母田氏は「御成敗式目」の二十箇年年紀法（土地を占有して二十年を過ぎたら、権利の正当性の有無にかかわらず所有権を認める）などを例にあげつつ、「法が現実の生きた連関から発見されるということは、それが現実に上から適用さるべき形式としてでなく、かえって法が現実の生活の生きた規範たるべき性質のものであることを示している」と論じている。古代の律令は国家から押しつけられた形式的な法だが、中世の武家法は現実の社会生活上の必要から生み出された実用的な規範である、という対比的な把握である。

こうした中世法の根源となった地方の慣習法を、石母田氏は「武家のならひ、民間の法」と表現している。この一節は、北条泰時が弟の重時に「御成敗式目」制定の趣旨を説明した書状の中に登場する。同書状では、武士・庶民を問わず、律令を理解している者は皆無に近い、という文脈で「武家のならひ、民間の法」という言葉を用いている。石母田氏はそれを理解したうえで、体系的な成文法である律令と対比される慣習法という意味であえて用いている（石母田一九四六）。

戦後、石母田氏は「在地領主」概念を提唱し、古代的な荘園制を打破し中世社会を切り開く変革主体として在地領主を位置づけた。この石母田領主制論が戦後の中世史研究のスタンダードになった結果、在地領主の法は地域の実情に即した現実的な法として認識されていった。

2　「在地領主法」研究の進展

鎌倉末〜南北朝期の在地領主法と在地裁判

石母田正氏によって在地領主の法は中世法の基盤とみなされることになったが、基本的にそれらは慣習法の扱いであった。在地の慣習法が、鎌倉幕府が制定した成文法である「御成敗式目」に採り入れられた、という理解である。戦国時代まで下って、ようやく在地領主層は戦国大名の「分国法」という形で成文法を持つに至った、と考えられたのである。

これに対して、一三世紀末・一四世紀初頭の段階で、成文化された在地領主法はすでに存在していた、と主張したのが石井進氏であった。石井氏は、従来は軽視されてきた正和二年（一三一三）正月九日

「宗像社事書条々」（「宗像社家文書」）に注目した。そして、この事書は神事に関する規定を載せた社家法というより、所領支配の方法や従者との封建的関係を規定した「在地領主としての宗像社家の法」であると論じたのである。加えて、後世の偽作と見られることがあった弘安六年（一二八三）「宇都宮家弘安式条」（「宇都宮志料拾遺」）に対しても、下野（現栃木県）の有力御家人宇都宮氏が制定した在地領主法との評価を与えている（石井一九五九）。

一九六五年に右の二法令などを収録した『中世法制史料集　第三巻　武家家法Ⅰ』が岩波書店から刊行されると、石井が提起した「在地領主法」概念はよりいっそう深まっていった。

笠松宏至氏は、売券の罪科文言（売買契約において売主側が違約し買主側が出訴した場合、売主が抗弁しないことを保証する特約）に注目し、幕府や朝廷といった中央の法廷とは異なる「より在地性の強い局地的な裁判権力の広範な存在」を明らかにした。笠松氏によれば、罪科文言は鎌倉中期に出現し、南北朝期以降は罪科文言の主語、すなわち裁定・処罰を行う主体として「公方」の語が多数の売券（および寄進状・譲状・補任状・請文など）に見られるようになるという。氏は、この「公方」が地頭などの在地領主を指すことを明らかにしている（笠松一九六七）。

戦国法の基盤としての在地領主法

勝俣鎮夫氏は肥後（現熊本県）の戦国大名である相良氏の裁判規範「相良氏法度」（「相良家文書」）を分析し、同法が大名当主ら上層部によって恣意的に作成されたものではなく、家臣団の合意にもとづいて制定されたことを明らかにした。相良氏権力は、球磨郡・葦北郡・八代郡の三郡にそれぞれ存在する合議機関「郡中惣」によって支えられており、相良氏法度は相良氏権力の法というより「郡中惣―在地領主層―の法」であるという。また現実の訴訟手続きから浮かび上がる相良氏の裁判構造は、「所衆談合」という一種の在地裁判権を前提として、その上に相良氏の裁判権が存在するというものであった、と勝俣氏は指摘している（勝俣一九六七）。

分国法を持たない戦国大名の裁判権についても再検討が進んだ。藤木久志氏は、上杉氏分国の越後（現新潟県）において、「近所の儀」と呼ばれる在地の紛争解決秩序を発見した。在地における領主間紛争は、まず近隣領主の調停によって解決が図られ、「近所の儀」の限界を超えた時、はじめて大名法廷に持ち込まれた（「上杉家文書」）。「近所の儀」は、国法たる大名裁判をも相対化し得る「反国法の論理」であったと藤木氏は論じている（藤木一九六七）。藤木氏は「近所の儀」を「在地法」とも言い換えているが、これは石井氏の「在地領主法」とほぼ同義と見てよいだろう。

藤木氏は「近所の儀」の主要な対象案件として「人返」問題をあげている。人返とは、他所に移動した従者・百姓などを元の主人・領主に返還するという措置である。しばしば返せ返さないという形で領主間紛争の原因になったので、次第に領主間協約で「人返」が規定されていった。

この人返規定は戦国時代になって発生したものではなく、南北朝・室町時代の在地領主層の一揆契状にすでに見られる。一揆契状とは、人びとが一揆を結ぶことを契約した文書のことである。そこで藤木氏は、一揆契状における人返規定を網羅的に分析し、鎌倉幕府法や守護系大名法における人返規定との関連を探った。藤木氏によれば、農民逃亡のひきおこす在地領主制の諸矛盾――領主経営の不安定化と領主間紛争の激化を克服すべく、農民緊縛強化の方向で領主間の人返規定が発達していったという。しかし戦国期に農民逃亡の激化が在地法圏を動揺・分裂させると、在地領主層は調停機能を大名権力に委託するようになる、と氏は説いている（藤木一九六九）。

藤木氏の議論は、農民の土地への緊縛を目的に人返法が制定されたという「階級闘争史観」的な古典的見解を引きずっており、現在の研究段階から見れば不十分なものである。とはいえ、一揆契状を在地領主間協約、つまり在地法（在地領主法）ととらえ、この在地法を基盤として戦国大名の法たる戦国法が成立したという見通しを明快に示した点に、藤木説の大きな意義があった。

「在地領主法」概念の確立

以上で見た清新な研究成果をふまえて一九七二年に刊行されたのが、『中世政治社会思想　上』（岩波書店）である。この上巻は中世武家法関係の史料を収めているが、石母田正氏は本書の解説でこれらを大きく三つに分類している。すなわち「一つは御成敗式目と追加法であり、一つは中世在地領主法であり、一つは戦国家法である」。右解説で石母田氏は、幕府法と在地領主法を土台として戦国家法が成立していく過程を詳細に論じている。

本書には主要な家訓・置文（おきぶみ）・一揆契状が網羅され、これらが「在地領主法」として一括された。家訓・置文・一揆契状は従来それぞれ別個に検討されており、これらを関連づける発想はなかった。

置文とは、現在および将来にわたって遵守すべき事柄を定めた文書で、在地領主の場合、当主が子孫に対して所領配分や諸役負担のあり方を命じていることが多い。従来は、武家の相続形態に関する研究で用いられてきた。しかし石母田氏は、「置文という形での法は、領主制の内部から成立してきた最初の法規範として、原初的ではあるが、中世法の基本的な一形式であり、領主層の結合体の法規範としての「一揆契状」を理解するための基礎をなすものである」と述べ、置文と一揆契状を同じ俎上に載せた。さらに、一揆契状的性格を色濃く残す相良氏法度を戦国家法の原初的形態と評価したのである。

所領相論（そうろん）や堺相論（土地の境界争い）、領主相互間の喧嘩・武闘、人返など、領主制の置文的な法では解決できない領主間紛争を規制するために、構成員の合意・契約によって制定された一揆契状が必要とされたのであり、それは「中世在地領主法の新しい段階」だというのである。けれども、やがて領主間紛争を平和的に解決するという一揆の機能は、戦国大名によって代替されてしまう。置文から一揆契状を経て戦国家法へ、という見取り図を石母田氏が提示したことで、「在地領主法」概念は明確な輪郭をとるに至った（石母田一九七二）。

極論すれば、「在地領主法」以前の研究では「法」とは基本的に国家権力が定めるものとされ、権力の「法」に在地領主がどう対応するかというところに議論の焦点があった。戦国大名の家法・分国法も、絶対的な専制君主である大名当主が家臣を統制するための法律と理解されていたのである。だが石母田氏は、「「一揆」という在地領主の形成する「連合体」は、法制定の主体であるとともに、一つの権力の主体であった」（傍点は筆者が付した）と述べた。権力の弾圧に対して在地領主層が抵抗するのではなく、在地領主層が地域社会において独自の法を制定し、「地域権力」を形成するという認識に移行した。ここに研究史の転回がある。

一揆から戦国大名へ

石母田正氏は一揆契約が戦国大名権力に包摂・吸収されるという展望を示したが、より具体的・実証的に、戦国法の形成過程で「一揆契状という在地法」が果たした役割を論じたのが勝俣鎮夫氏である。勝俣氏は「在地領主は、構造的にもたらされた極めて激しい領主間対立を克服するため、相互の紛争を「縁」にもとづく自力で解決する手段を放棄し、紛争解決を目的とする新しい「平和」団体を創出した」と説いた。すなわち領主層の一揆を、自力救済（司法手続によらず自己の力で権利を回復する行為）の否定を通じて、領主間紛争を平和的に解決するための領主連合としてとらえたのである。自身の名誉・財産が侵害された時に暴力によって対抗することは、在地領主の権利であり資格でもある。その権利を放棄して「一揆の法」に解決を委ねることは「一種の自己否定」である。だが、それによってはじめて報復主義にもとづく暴力の連鎖は断ち切られ、地域社会に「平和」がもたらされるのである。

「在地領主法」研究という観点からとくに興味深いのは、勝俣氏が一揆契状の専制的性格を指摘した点である。勝俣氏は、幕府法では「御成敗式目」で立法された「百姓の去留（移動）の自由」の保証が戦国期まで一貫して見られるにもかかわらず、一揆契状では早くも南北朝期から百姓土地緊縛の傾向を示す法が出現することに注意を促す。勝俣氏はこうした一揆契状の専制性を、「衆議の意志決定を絶対とする「共同の場」、すなわち「一揆専制」の場に機能する専制支配の法」と表現している。

勝俣説の画期性は、戦国法の専制性が一揆契状の専制性に由来する、と喝破した点にある。勝俣氏は享禄五年（一五三二）の福原広俊以下連署起請文（「毛利家文書」、『中世法制史料集　第四巻　武家家法Ⅱ』三一二号）を取りあげる。この文書は毛利家の重臣三二名が用水路修理や人返に関して相互に協定を結んだものである。用水・人返は一揆契状の主要なテーマであるが、右の起請文は誓約への違反者に対する処罰を主君の毛利元就に要請している点で一揆契約と性格を異にしている、と勝俣氏は述べる。領主層を規制する一揆の専制支配が戦国大名の専制支配に転換している、というのだ（勝俣一九七六）。

国家的な幕府法よりも地域的・自生的な在地領主法の方が「専制的」であるという指摘は、旧来の「階級闘争史観」的な問題意識からは出てこない斬新なものである。ただし、勝俣氏も石母田氏と同様に、一揆の紛争解決機能が戦国大名に吸収されたことを自律性の消滅としてネガティブに叙述しており、古典的な「一揆敗北論」になお拘束されている。しかしながら、以後の研究史では大名権力の一揆的構造がより強調されていった。久留島典子氏は「一揆は大名に対立するものではなく、戦国大名自体が一揆を自らのなかに抱え込んでいる」と評している（久留島二〇〇一）。

3　「在地領主法」研究の課題

「領主制論」的な視角の限界

このように「在地領主法」概念は、多様な社会集団が独自の法を持って集団内部の秩序を維持していくという中世社会の特徴（法圏の分立）を明らかにするうえで大きな役割を果たした。とくに、国家権力が上から法を押しつけるのではなく、下から自生的に法が作られていく様子を具体的に示した点は意義深い。

けれども、限界がないわけではない。中世法の研究は今でも武家法に偏っている。これは戦前以来の武家中心史観によるものだが、「在地領主法」が地域の慣習法の代表と位置づけられたことで、その傾向に拍車がかかった。

石母田正氏の構想の骨格は、「在地領主制」の内部構造の発展に連動して「在地領主制」の内部を規制する法規範も発展していく、というものである。その論理はきわめて明晰だが、すべては在地領主の所領支配と関連づけて説明され、他の論点は捨象されてしまった。わずかに「民間慣習」として惣村の掟書（惣掟）への言及が若干ある程度である。「領主制論」的な視角の限界を露呈している。

だが、たとえば「宗像社事書条々」の宗像氏はもとより、「宇都宮家弘安式条」の宇都宮氏も、宇都宮社務職を世襲する社家である。石井進氏はあえて両法の社家法としての側面を切り落として「在地領主法」として把握したが、現在の研究段階から見るとそれでは不十分だろう。

石母田氏が在地領主法の原点ととらえた置文に関しても、同様のことが言えよう。置文という文書様式は寺院社会において発達を遂げたのであり、武家の置文だけを取り出して検討することは適切ではない。さらに言えば、一揆契状という文書様式も寺院社会で準備された（呉座二〇一四）。置文から一揆契状を経て戦国家法へという武家法発達史観で説明するのではなく、寺社法の継受という観点での研究が求められよう。

一揆契状制定の政治的背景

先行研究では、領主の一揆は地域秩序の安定化に寄与する「「平和」団体」として、その恒常的機能が高く評価されてきた（勝俣一九七六）。このため一揆契状に対しても、人返など平時における地域支配に関わる条文に関心が集中してきた。しかし、このような視角にも問題がある。

石母田正氏や勝俣鎮夫氏が一揆契状から戦国家法への過渡期的形態として重視した享禄五年福原広俊以下連署起請文について、長谷川博史氏が最近新たな知見を提供している。同起請文に署名した毛利氏支配下の領主たちは、国や郡を越え、異なる水系におよぶ毛利氏所領内各所に知行分を持っていた。したがって近隣間での日常的な用水争いや人返がきっかけとなって、起請文が作成されたとは考えがたい。むしろ安芸（現広島県）・石見（現島根県）国境地帯の有力領主高橋氏を毛利氏が滅ぼし、その旧領を毛利氏が継承・分配した結果、水利や人の帰属をめぐる問題が新たに生じたと考えられる。利害調整を主導したのも、領主たちではなく毛利氏側だろうと長谷川氏は指摘している（長谷川二〇一五）。すなわち日常的な所領経営にともなうトラブルが起請文作成の契機ではなく、より政治的な背景があったのである。

一揆契状に関しても、政治的な問題を主たる要因として制定される事例は散見される（服部一九八三）。今後の一揆契状研究は、「在地領主法」としての側面以外にも注目していく必要があるだろう。

【参考文献】

石井　進「一四世紀初頭における在地領主法の一形態」（同『日本中世国家史の研究』岩波書店、一九七〇年、初出一九五九年）

石母田正『中世的世界の形成』（伊藤書店、一九四六年）

石母田正「古代末期の政治過程および政治形態」（『社会構成史体系』日本評論社、一九五〇年）

石母田正『古代末期政治史序説』（未来社、一九五六年）

石母田正「解説」（『日本思想大系二一　中世政治社会思想　上』岩波書店、一九七二年）

笠松宏至「中世在地裁判権の一考察」（同『日本中世法史論』東京大学出版会、一九七九年、初出一九六七年）

勝俣鎮夫「相良氏法度の一考察」（同『戦国法成立史論』東京大学出版会、一九七九年、初出一九六七年）

勝俣鎮夫「戦国法」（勝俣前掲書、初出一九七六年）

久留島典子『日本の歴史一三　一揆と戦国大名』（講談社、二〇〇一年）

呉座勇一「契約状と一揆契状」（同『日本中世の領主一揆』思文閣出版、二〇一四年）

中田　薫「王朝時代の庄園に関する研究」（同『法制史論集　第二集　物権法』岩波書店、一九三八年、初出一九〇六年）

長谷川博史「国人一揆と大名家中」（『岩波講座　日本歴史　第九巻　中世四』岩波書店、二〇一五年）
服部英雄「相良氏と南九州国人一揆」（『歴史学研究』五一四号、一九八三年）
藤木久志「戦国法の形成過程」（同『戦国社会史論』東京大学出版会、一九七四年、初出一九六七年）
藤木久志「在地法と農民支配」（藤木前掲書、初出一九六九年）
三浦周行「鎌倉時代の法制と財政」（同『法制史の研究』岩波書店、一九一九年、初出一九〇八年）

第四章　戦国大名の分国法
——大名領国のための法典——

平井上総

1　分国法とはなにか

分国法の種類

戦国大名はさまざまな法を制定した。その中で、数十ヵ条（百ヵ条を超えるものもある）におよぶ条文をもち内容に広がりのある法典を、分国法と呼んでいる。本章では、有名な喧嘩両成敗法にとくに焦点をあてながら、分国法の特徴をみていく。

分国法として知られているものを表4として掲げた。このうち、長宗我部氏は豊臣政権期、吉川氏は江戸時代に制定しているので、分国法から除外する場合もある。また、この表に掲載していない朝倉孝景の「朝倉孝景条々」や、伊勢宗瑞（北条早雲）の「早雲寺殿廿一箇条」は、家訓であるため、分国法からは除外して扱われている。これらの他にも、数ヵ条の条文を持つ戦国期の法は少なからずあり、それらを分国法としてとらえる研究もある。ただ、どこまでを分国法とすべきかについてここで論じる

表4　分国法一覧

分国法名	制定者名	制定年	条文数
相良氏法度	相良為続	明応2年(1493)	7
	相良長毎	永正15年(1518)以前	13
	相良晴広	弘治元年(1555)	21
大内氏掟書	大内氏	明応年間(1492～1501)頃	181
今川仮名目録	今川氏親	大永6年(1526)	33
今川仮名目録追加	今川義元	天文22年(1553)	21
塵芥集	伊達稙宗	天文5年(1536)	171
甲州法度之次第	武田信玄	天文16～23年(1547～54)	57
結城氏新法度	結城政勝	弘治2年(1556)	104
六角氏式目	六角氏	永禄10年(1567)	67
新加制式	三好氏	永禄年間(1558～70)頃	22
長宗我部氏掟書	長宗我部氏	文禄5年(1596)	100
吉川氏法度	吉川広家	元和3年(1617)	187

ことはむずかしい。本章では、研究者の中で共通で分国法として認識されているものを扱うこととする。

なお、分国法は『中世法制史料集　第三巻　武家家法I』に収録されているほか、今川・武田・結城・六角・三好氏の分国法に関しては、『クロニック戦国全史』に現代語訳が掲載されている。

分国法の多様性

分国法は、内容面のほか、形態や制定のあり方まで、多様であった。たとえば、伊達稙宗の「塵芥集」の形態をみると、法の序文や、条文の一部、それに末尾の起請文など、鎌倉幕府が制定した「御成敗式目」に見た目を似せている。これは「御成敗式目」を模倣することで法に権威を持たせようとしたのであり、「六角氏式目」「新加制式」「長宗我部氏掟書」も、「塵芥集」ほどではないが、最初に寺社関連条文を持ってくる構成を踏襲している。

いっぽう、「今川仮名目録」や「甲州法度之次第」は、右の分国法に比べれば、「御成敗式目」に直接似せる構成になっていない。ただ、「甲州法度之次第」は、内容面で明らかに「今川仮名目録」を参考にしている。これは権威を持たせるためというよりは、今川氏周辺の大名にとって今川氏の法が画期的なものであった、あるいは武田信玄（晴信）が周囲の大名の統治方法を積極的に摂取していた、といった見方ができるだろう。

制定のあり方については、以下のような指摘がある（清水二〇一八）。「塵芥集」や「結城氏新法度」は、大名自身（伊達稙宗・結城政勝）が条文を考えたために、構成や条文に未熟な部分が多く残っていた。いっぽう、「今川仮名目録」は今川氏親が個人で作ったかのように末尾に記しているが、前二者に比べて構成が整っているため、実は室町幕府の法の制定などに携わった奉行人の一族などが制定に関与していたものとみられる。さらにいえば、氏親の子今川義元が制定した「今川仮名目録追加」は、「今川仮名目録」に比べて整理されておらず、義元が単独で執筆した可能性があるという。

なお、「六角氏式目」は、六角承禎・義治父子と家臣団が対立した観音寺騒動ののちに、家臣たちの要望を多く含んだ形で制定されたものであり、そうした事情のため六角父子の行動を規制する条文まである。ただ、六角承禎はこれ以前に「条目廿三ヶ条」という法を作っており、これが「六角氏式目」の基礎になっていたという見方もある。

このように、一口で分国法といっても、実際は形態にも制定のあり方にもかなり多様性があった。分析には個々の分国法の性格を考慮する必要があるとともに、それにもかかわらず類似性がみられる点があれば、分国法に共通する特徴としてとらえることができるだろう。

室町幕府と分国法

「今川仮名目録追加」第二〇条では、荘園への使者の入部を禁じる守護使不入（しゅごしふにゅう）の特権について、「過去の守護使不入は幕府が諸国の守護を命じていたことで機能していたが、今は（今川氏が）自分の力で国の法を命じ平和にしているのだから、守護（＝今川氏）が荘園に使者を入れることを（荘園側は）拒んではいけない」と記している。守護使不入の特権を、幕府ではなく今川氏の認定したもののみ許す、というこの条文は、戦国大名の性格を読み取る格好の素材として注目されてきた。たとえば、今川氏による幕府からの自立宣言であるとみる研究もあれば、逆に今川氏が自ら守護（＝室町幕府から任命された存在）であると名乗っていたことを重視する研究もある。また、今川氏の主張から、戦国大名は領内の平和を守る存在を名乗ることで領国を支配する正当性を得ていた、と読み取ることもできる。

では、分国法と室町幕府の関係はどうだろうか。分国法の制定者をみると、大内・今川・武田・六角と、守護の家柄が多い。内容面からみても、領国民一般を対象とする国法としての要素は、その国を管轄する存在である守護が制定した、守護法の延長線上にある。また、「今川仮名目録」の末尾で今川氏親は、広く受容されている法や過去に制定した法を載せないと述べており（実際には載っているものもある）、分国法にすべてを網羅するのではなく、過去からある法で事足りるものはそれを継承していた。戦国時代は室町時代末期という側面もあるから、戦国大名の分国法に幕府や守護の法の影響がおよぶのは自然である。

とはいえ、分国法は大名や家臣が独自に制定しており、守護職に任命されたり幕府から許可されたりしないと立法できなかったわけではない。分国法は、幕府法の存在を全否定することはないが、立法権は幕府の制限下にはなく、大名次第で幕府法や社会慣習などを採用したり、必要であれば個別法や分国法を制定したりと、取捨選択していたとみておくべきであろう。

なお、分国法は、国法以外にも、主従関係にもとづき大名が家臣を統制する、家法という側面も持っている。寺院や貴族・武士がその組織・家に関する法規範を記した置文（おきぶみ）が家法の原初的形態であり、先ほど名前をあげた朝倉孝景や伊勢宗瑞の家訓も系統は同じであった。

このように、分国法には、統治者としての法と、主人としての法という、二つの側面がある。この両側面は条文配列のうえで明確に整理されておらず、混在しており、それもまた分国法の特徴の一つとなっていた。

2　分国法と紛争解決

人返し

分国法の条文をみると、分国内の領主や領民、あるいは家臣同士の間で起こるトラブルを想定したものが多い。中世は土地や収穫物、人間などさまざまな事柄を対象とした紛争が多く、自力救済（じりききゅうさい）（実力行使によって取り戻す）や訴訟などが頻繁に起きていた。分国法の目的の一つは、そうした紛争を裁定する基準を示すことにあった。

代表例として人返しをみてみよう。室町期、各国の国人と呼ばれる武士たちは、近隣の国人たちとともに国人一揆を結び、一揆契状を作成していた。たとえばそのひとつである嘉慶二年（一三八八）の下松浦一族一揆の契状には、下人（奉公人）が主人の元を飛び出して一揆内の別の領主のもとに逃げ込んだ時に、元の主人の下人であるという証拠文書や証言があれば、元の主人に戻すように、という人返しの条文がある（『中世法制史料集　第四巻　武家家法Ⅱ』一〇二号。以下『武家家法Ⅱ』と略す）。一揆という組織として人返しを定めることで、下人逃亡をめぐる領主同士の争いを収めようとしていたのである。

これに関連して、「今川仮名目録」五条は、元の主人が新たな主人から被官（奉公人）を強引に取り戻すことを禁止し、大名の裁許に従うよう規定している。国人一揆の参加者は個人間で解決がむずかしかったために一揆という組織を仲介者として解決していたのだが、ここでは大名の法廷が分国内の人返し問題の解決者となっているのである。このように、分国法には、領主層の紛争の予防・解決のために、一揆などの法・慣習を引き継いだ側面もあった。

喧嘩両成敗法の前提

中世の自力救済では、しばしば多数の死者が発生した。実力行使の際に、一対一ではなく、それぞれに合力する者がいたため、多数対多数による争いに発展し、大きな被害をもたらしたのである。こうした自力救済慣行を防ごうとする動向が戦国時代以前から存在していた。

室町幕府は一四世紀半ばに、故戦防戦法（こせんぼうせん）を定めている（『中世法制史料集　第二巻　室町幕府法』「追加法」一五条）。これは、所領をめぐる紛争を幕府の法廷に提訴せず、勝手に戦闘をした場合に、故戦（攻撃した）側の罪を重くし、防戦（攻められた）側については理がある場合は無罪、理がない場合は故戦と同罪とするものである。所領紛争が実力行使を引き起こしたこと、幕府は法廷でそれを解決させようとしていたことが読み取れるだろう。なお、故戦防戦法には、幕府の法廷に訴え、判決が出たのちに戦闘した場合の規定もあり、こちらは防戦側も何らかの罪を問われるようになっている。これは判決後の手続き中の案件なのに戦闘に応じたことが私闘行為と認定されたものとみられている（谷口二〇〇七）。

故戦防戦法は所領をめぐる私闘を対象としたが、それ以外の私闘については、室町時代の一揆契状に喧嘩両成敗規定があらわれてくる。応永二一年（一四一四）、九州の五島住人等一揆契状案には、喧嘩が起きた際に、双方から二人ずつ殺すことで解決とする、と規定されている（『武家家法Ⅱ』一三五号）。重い解決案を提示することで喧嘩を未然に防ごうとしているのである。

なお、双方から死者を出すことの意味について、研究者間で見解が別れている。ひとつは、双方が同等の損害を被ることで衡平観念を満たし、解決としていたという考え方である（清水二〇〇六）。もうひとつは、喧嘩による死者がいなくとも双方から死者を出させたことからみて、暴力行為をしたことに対する刑罰であったとみなす考え方である（谷口二〇〇七）。両説の当否をここで判断することはむずかしいが、前者の、双方から同等の被害が出たことで納得し、痛み分けで決着するという考え方も、中世の紛争解決の一形態であったことは確かであった。

喧嘩両成敗法の目的

いくつかの分国法にみられる喧嘩両成敗法は、こうした戦国時代以前からの流れの上に成立した。「今川仮名目録」八条には次のように規定されている。喧嘩をした者は理非を問わず双方死罪とし、相手に攻撃されて反撃せず傷を被った場合は、防御側に非があったとしても、穏便にやり過ごしたため有利な判決を下す。喧嘩に協力した者が傷付いたり死んだりしてもそれに関する訴訟は受け付けない。喧嘩の罪は本人にのみかけ、妻子にはかけず、本人が逃げた場合は代わりに妻子を罪とする（ただし死罪にはしない）。

この条文は、両成敗をちらつかせて脅したり実際に両成敗して解決したりするためだけに制定されたのではない。喧嘩回避の場合に裁判を有利にする、とあるように、実力行使が起こる前に大名の法廷で紛争を解決することにこそ制定の主眼があった。「六角氏式目」一二条は、両成敗法ではなく故戦防戦法に近い内容だが、大名に訴えるべきなのに喧嘩に応じてしまうことを法に背く行為とみなしており、喧嘩を防ぎ裁判で解決するという基本方針は今川氏と類似している。先述のように「六角氏式目」は家臣の要望がかなり含まれた分国法だから、家臣側もそうした法廷機能を大名に求めていたことがわかるだろう。

戦国大名は裁判の定例日を定めたり、訴訟提起のための目安箱を用意したり、訴訟への不当な介入を排除したりと、不十分ながらも裁判制度を整備していた。大名たちは、領内のさまざまなレベルの紛争解決が自分の存在意義であると自覚していたのである。

3　分国法の評価

喧嘩両成敗と権力

喧嘩両成敗法は、喧嘩の当事者を双方死罪にするため、一見すると戦国大名が専制権力として強権的な支配をしていたかのようである。ただ、江戸時代には両成敗が慣習として残るものの、江戸幕府自身は両成敗法を制定しなかった。その点からみて、戦国大名は領内の私闘を抑止できなかったから両成敗法を制定せざるをえなかったのであり、権力としての弱さをあらわしているのではないか、という指摘もなされている（尾藤一九八五）。

これに関しては、自力救済を否定して裁判による解決を確立するために、両成敗という重い規定を設けることで人びとを法廷へと誘導する、過渡的な措置であったという指摘がある（清水二〇〇六）。また、室町幕府や大名は紛争回避のために法を制定していたが、紛争当事者の側では近世になっても喧嘩両成敗的解決を望む志向が根強く残っていったともされている（同上）。江戸幕府が両成敗法を制定しなかった（しなくてもよかった）のは、戦国時代の両成敗法による自力救済の抑止という過程を経ていたからであった。

そもそも、先に述べた人返しのように、分国法には紛争解決のための条文が多数含まれている。両成敗による解決だけを強調し、それが紛争に対する戦国大名の基本姿勢であったとみることは、適切ではないだろう。

税にまつわる条文

分国法は裁判関連以外にも、さまざまな内容を持っている。すべてを紹介することはむずかしいので、ここでは税についていくつか抜粋してみていこう。

領主としての基本となる年貢(ねんぐ)徴収に関しては、具体的な税率の決定などにかかわる条文はそれほど多くない。百姓が年貢を支払わずに他領に逃げることを禁じたり（「塵芥集」七七条）、年貢を支払わなかった百姓の財産を勝手に差し押さえて売却することを禁じたりと（「甲州法度之次第」五四条）、年貢未納の場合の処理に関する条文のほうが目立つ。これは、年貢未納の場合の対応を明文化することで、年貢徴収の安定化をはかるとともに、百姓と領主の対立（主に領主側の強引な徴収が原因）を抑止しようとしたものとみられる。このように、分国法には、分国内の領主たちに支配のあり方を提示するという役割もあった。

税の徴収に関しては、「甲州法度之次第」に棟別銭(むなべちせん)徴収に関する対処法を記す条文が複数あることがよく知られている。棟別銭とは、田畠にかける年貢とは異なり、家に対してかける税であり、武田氏にとって重要な税源のひとつであった。また、たとえば「甲州法度之次第」三二条に、棟別銭に関する法度はすでに郷村に交付しているので、課税対象者が逃げたり死んだりした場合は郷村として弁償すべき、

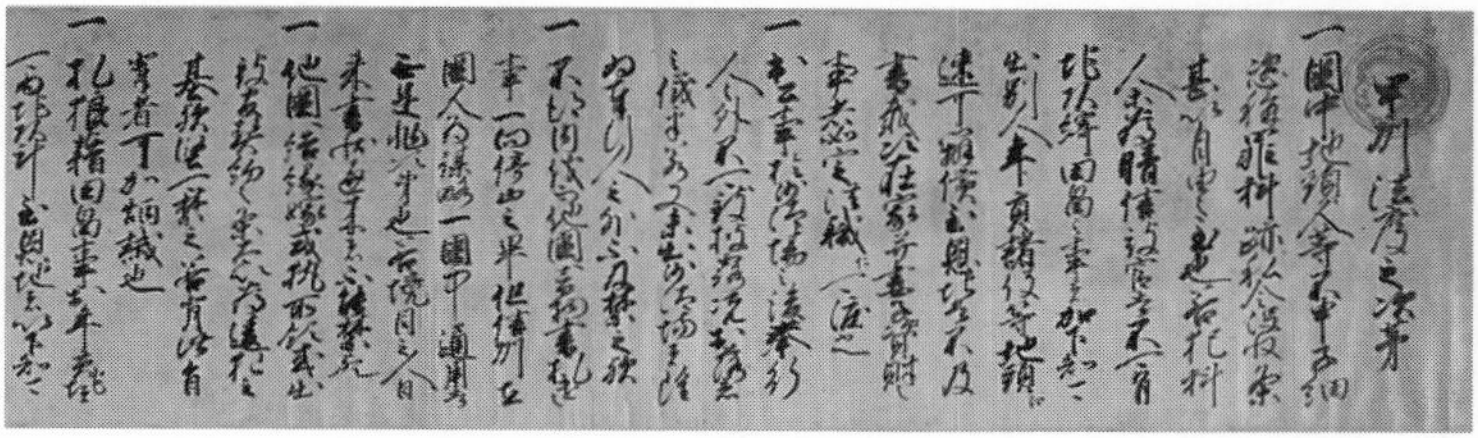

図３　甲州法度之次第
（冒頭部分。東京大学法学部法制史資料室所蔵コレクション）

とあるように、武田氏は棟別銭徴収の責任を郷村に負わせていた。こうした条文の存在は、自治組織としての郷村が武田領で成立していたことと、それを基盤とした支配を武田氏がおこなっていたことを示すものである。

分国法の目的

ここまで繰り返してきたように、分国法は多様な内容を持つ法であった。ただ、分国法の多様性を認めつつ、内容の限定性を指摘する見解もある。たとえば、「甲州法度之次第」が庶民を対象としていない、また分国法は裁判の基準にすることが目的で支配のための法ではない、といった指摘がなされている（菅原二〇〇七・二〇一三）。

この点、たとえば前者に反する例として、「甲州法度之次第」二二条などは、分国内で浄土宗と日蓮宗（法華宗）が法論（宗教論争）をすることを禁じたものであり、家臣・領主限定ではない。やはり広い対象をもっていたとみたほうがよかろう。なお、戦国期の仏教の宗論といえば織田信長の安土宗論が有名であるが、この武田氏のほか、いくつかの大名の法に宗論を抑制する条文がみられる。その理由は、宗論をきっかけとして両派の武力衝突が起こるためであり、幅広い身分を対象とする喧嘩抑止の一環としての立法であった。

後者の論点に関しては、たとえば「甲州法度之次第」二〇条に、「舞や宴会、乗馬、河狩などに夢中になって武道を忘れてはいけない。天下は戦国なのだから、何よりも武具の用意が大事である」という家臣への訓戒がある。この条文が裁判と無関係であることは明らかであろう。前述した税に関する条文も、支配の要素が無いとは考えがたい。家臣を対象とした条文や裁判の基準となる条文の多さに注目する視角は重要だが、分国法制定の目的をそこに限定する必要はないと思われる。

この他、裁判関連以外の条文の中には、戦国時代らしい法がいくつかある。たとえば、大名の許可を得ずに他国の者と通信・贈答することを禁じた条文を複数の大名が定めている（「今川仮名目録追加」一七条、「甲州法度之次第」三条、「結城氏新法度」七九条）。中でも武田氏は、謀略をしかけるためなら他国との通信を許可するとしており、家臣が私的に他勢力とつながることを強く警戒していたことがよくわかる。武田氏は四条で他国の者との婚姻も禁じており、結城氏は同じ結城家臣の間でも許可なく婚姻を結ぶことを禁じている（「結城氏新法度」二三条）。結城氏は敵地から来た者を下人として雇うことをも禁じていた（同二四条）。戦国大名が裏切りや諜報に神経を尖らせていたことが、これらの規定の存在からよくわかるだろう。

分国法は支配に関わる要素をすべて網羅するようなものではなかったが、本章で見てきたように、多様な要素・目的が詰め込まれた法典であった。こうした特徴は、戦国大名がそれだけさまざまな問題に直面していたことを物語っているのである。

【参考文献】

池上裕子・池享・小和田哲男・黒川直則・小林清治・三木靖・峰岸純夫編『クロニック戦国全史』（講談社、一九九五年）

石母田正「解説」（石井進・石母田正・笠松宏至・勝俣鎮夫・佐藤進一校注『日本思想大系二一　中世政治社会思想上』岩波書店、一九七二年）

勝俣鎮夫「戦国法」（同『戦国法成立史論』東京大学出版会、一九七九年、初出一九七六年）

桜井英治・清水克行『戦国法の読み方―伊達稙宗と塵芥集の世界―』（高志書院、二〇一四年）

清水克行『喧嘩両成敗の誕生』（講談社、二〇〇六年）

清水克行『戦国大名と分国法』（岩波書店、二〇一八年）

菅原正子「戦国大名と「国法」―武田・北条領国の場合―」（『武田氏研究』三六号、二〇〇七年）

菅原正子「戦国大名の「法度」と分国法―中国の法典と比較して―」（『経済志林』八〇巻三号、二〇一三年）

谷口眞子『武士道考―喧嘩・敵討・無礼打ち―』（角川学芸出版、二〇〇七年）

尾藤正英「戦国大名と幕藩体制」（同『江戸時代とはなにか―日本史上の近世と近代―』岩波書店、一九九二年、初出一九八五年）

第五章　戦国大名の法規・法令――「型」と正当性――

久保健一郎

1　全体の概観

検討対象

戦国大名の法として分国法は有名だが、編纂している大名はごく一部である。では、大多数の大名は法をもたないかといえば、そのようなことがあるわけはない。また、分国法を編纂した大名にしても、それで事足りるわけではない。

まず考えなければいけないのは、編纂されていない法規・法令がどのように存在しているかであろう。そこで、佐藤進一・百瀬今朝雄編『中世法制史料集　第四巻　武家家法Ⅱ』（岩波書店。以下『武家家法Ⅱ』と略す）と同『中世法制史料集　第五巻　武家家法Ⅲ』（以下『武家家法Ⅲ』と略す）で、中世武家の法規・法令を集成しているので、ここから戦国大名の法規・法令を概観してみよう。

ただし、同書の下限は天正一〇年（一五八二）であり、その後も豊臣秀吉（とよとみひでよし）が天下統一するまでは戦国大名として存在し続けたものを掬いきれないことに留意しなければならない。関連して上限をどこに設定するかという問題がある。これは、何をもって戦国大名とするかという重大な問題につながるが、紙幅も限られていることであり、ごく一般的に戦国大名とは戦国時代の大規模領主権力であるととらえ、その一族・重臣が発布した法規・法令も戦国大名のものとみなし、上限はあくまで便宜的に一六世紀初めとしておく。なお、織田・徳川両氏はいつまで戦国大名なのかむずかしいところがあるので、検討対象からは外す。

大名別の状況

では、大名別に法規・法令の概数をみてみよう。概数とするのは、一族・重臣がいかなる立場で発布しているかなど、上記のように規定してなお微妙な問題を含むと考えるからである。やや前置きが長くなったが、結果、北条・武田両氏が一〇〇の大台を大きく上回り、圧倒的な数である。とくに北条氏は二〇〇に迫る勢いである。もっともこの両氏は残存している発給文書も多いわけで、当然といえば当然のことであろう。続くのは今川氏で、六〇～七〇台である。武田氏と比べると半分ほどだが、これは戦国大名としての今川氏が永禄一一年（一五六八）末～一二年にかけて滅亡してしまうからで、その時点まででみてみると、むしろ武田氏よりも多くなる。次はかなり減少し、越後の長尾氏、のちの上杉氏が、四〇台弱である。

ここまでみてくると、上位は東国の戦国大名が占めているようだが、もっと北をみるとどうか。すると、奥羽を代表する伊達氏も最上氏もほぼ皆無に近い。つまり、東国といっても、畿内近国・中間地域・遠国と分けた場合の中間地域に多いこととなる。

さらに、畿内から西国をみよう。もっとも多いのは中国地方の雄・毛利氏なのだが、二〇に満たない。ただ、毛利氏は戦国大名として発展するのは大内氏滅亡後なので、たかだか三〇年足らずという期間の短さが問題ではあろう。それでもその期間で知られる発給文書はかなりの量であり、やはり法規・法令の比重が低いといわざるをえない観がある。

続いては、朝倉・三好・六角各氏が一〇前後、浅井・大内・尼子各氏が五〜一〇、大友氏は五弱、島津・長宗我部氏は若干で、東国と西国を比べた場合、西国の少なさが際立つことになる。

文書様式の特徴

ここで、視点を変えて文書様式から見てみよう。大きく分けると印判状か判物かということになるが、よく知られているように、印判状はほとんどが東国の戦国大名によるものである。したがって、実際は東国の北条・武田・今川・上杉各氏で印判状・判物の割合を見ることになる。すると、北条氏では全体の九割近くが印判状、武田氏では七割以上、上杉氏では六割五分ほどである。今川氏がやや趣を異にしており、五割を切っている。しかも今川氏の場合、ほぼ花押の代用といってよい印文「義元」朱印などもあり、これを判物に準ずるとすれば、印判状の割合はもっと低くなる。今川氏をひとまず措くと、北条氏・武田氏・上杉氏など印判状を用いる大名では、法規・法令は印判状で発布されるのが多いことになる。

ただ、これはある意味当然ともいえる。すなわち、古文書学的説明ではよくいわれるように、印判状は判物に比べて薄礼であって対等な身分の者や、ましてや上位者に対して用いるものではないこと、また大量生産に向いているということなどから、民政や命令に多く使われるということがあった。してみれば、法規・法令に印判状が多いことも至極当然のように見えるのである。

2 「型」とそこからみえるもの

個別と広域

だが、問題はそう簡単ではない。『武家家法Ⅱ』『武家家法Ⅲ』で法規・法令とされているものの様式について、少し内容にも関わるかたちでみてみよう。すると、ただちに気づかされるのは、寺社に対して発給された禁制(きんぜい)・制札(せいさつ)がたいへん多いことである。

これらは、ほかならぬ寺社の側が大名に申請した結果発給されるものであることが明らかにされている。すなわち、法規・法令といいつつ、実質的には寺社に対する個別の安堵という側面が強い。もちろん、法規・法令は秩序を守るものだから、大きな意味では「安堵」の機能を果たすものといえる。しかしながら、領国全体で頻発する同種の問題への最大公約数的対応ということでなく、個別の申請に対する個別の安堵であることには留意しておく必要があろう。

では、領国全体とはいわないまでも、同種の問題への最大公約数的対応、広域にわたる法規・法令についてはどうか。たとえば、北条氏の場合、天文一九年（一五五〇）四月一日付の虎印判状が有名である（『武家家法Ⅱ』三九四号）。これは同氏の税制改革令としてつとに有名で、「国中諸郡」が「退転」（衰亡・荒廃）する事態に直面し、雑多な諸公事を諸郷の貫高につき六パーセントの「懸銭」に統合し、役人や「地頭」（領主）の不当な賦課には大名への直訴を促し、困窮の末逃亡した百姓には負債を免除したうえでの還住を保証している。

「国中諸郡」というところに当時の北条領国全域ということが示唆されているが、現在写しも含めてほぼ同内容の文書が八通知られており、残存状況からも広域にわたる法規・法令ということが裏づけられる。ただ、少し留意したいのは、「ほぼ同内容」というところである。すなわち、各印判状は個別の郷村充てで、『武家家法Ⅱ』の補注186にも「大綱に変りないが、細則は種々」とあるように、各郷村の実情に即した規定がされている。つまり、広域にわたる法規・法令でも、もとになる一般的法規・法令が発令され、それにもとづいて個別の指令が続くわけではなく、はじめから一体化しているのである。

北条氏では、永禄三年（一五六〇）にも「惣徳政」と評価される政策が行われている。これは、大飢饉への対応として氏康が嫡子氏政に家督を譲り、「代替わり徳政」として発令されたものとされ、現在知られているものとしては同年二月晦日付の牧之郷百姓中充て・三月一六日付の網代百姓中充ての虎印判状がある（『武家家法Ⅲ』五〇〇・五〇三号、なお五〇四号の三月二六日付の子安郷百姓等并代官充て足利義氏印判状もこの徳政を受けたものとみられる）。

この「惣徳政」も北条領国に広く発令されたことは間違いないだろうが、やはりさまざまな相違点がある。とくに前者で見られる「妻子下人年記売分」の取り返し規定が後者にないことや、同じく前者で見られる年貢などの代官・奉行立て替えに利銭をつけないようにとの規定が後者にないこと、前者で見られない「出家・奉公人・商人・諸職人以下」に関する規定が後者にあることなどは小さくない違いであり、領国に広く発令されたという意味では「惣徳政」だが、やはり個別の事情に即した徳政が行われたと考えられるのである（則竹二〇〇五）。

つまり、一般的・全体的に見える法規・法令でも個別的事情への対処・対応という性質、さらにいえば個別の申請・嘆願との直接的関連が色濃くうかがわれるのである。

以上のような法規・法令をかりに「直接受益型」とか「安堵型」とすれば、ほかにどのようなものが考えられるだろうか。「直接受益型」が個別的な対処・対応であり、法規・法令の充所となっている者に何らかの直接的利益を与えるものだとすれば、充所となっている者に特段の利益を与えず、負担である場合もあるということになる。

これはたとえば、陣中や城内での掟、軍役・諸役などの役賦課であり、こなれない表現だが、「非直接受益型」とか「命令型」とでもなろうか。「非直接受益型」は「直接受益型」に比べればかなり少ないのだが、これは当然といえば当然で、文書の残存は、それを保有していて役に立つかどうかというところにかなり左右されるから、直接的利益を得るための「直接受益型」が、利益のない「非直接受益型」よりも多くなるわけである。むしろ保有していても役に立たない「非直接受益型」がなぜそこそこ残存しているのかを考えなければならないだろうが、戦国時代以降になると、文書そのものの機能による利益とは別に、たとえば「権威ある者」に文書を発給されたことが、受給者のイエの由緒を示すといった効用が出てくることが知られている。この問題はさらに掘り下げられる必要があろうが、ここではさしあたり「直接受益型」「非直接受益型」が存在すると確認しておこう。

違反行為への対応

こうした法規・法令はどれほどの効力があったのだろうか。いいかえれば、法規・法令に違反する行為があった場合、どのように罰則が実行されたのだろうか。

「非直接受益型」は、相対的にいって大名側から積極的に発布されているものであるから――「命令型」ともする所以である――違反に対して大名権力が直接罰則を実行することはわかりやすい。たとえば、永禄八年（一五六五）八月一二日付の田名代官・百姓中充て虎印判状（『武家家法Ⅲ』六〇六号）では、城郭の塀普請の割り当てについてこまごまと命じた後に、この上「無沙汰」をするならば諸百姓の頸を切るとしており、大名みずからがサボタージュに対して厳罰をもって臨むことを明言している。

では、「直接受益型」はどうか。これは案件によって幅があると思われるが、逃亡者の召し返し指令である、いわゆる「人返(ひとがえし)」に注目しよう。たとえば、天正七年（一五七九）一一月二一日付の安東織部佑充て武田家龍印判状（『武家家法Ⅲ』九四四号）では、安東氏の私領の被官や夫丸(ぶまる)が「軍役退屈」ゆえに逃亡したことが問題となっている。武田氏はこれに対し、前々のごとく召し使えと命じ、もし異儀におよんだら罪科に処すとしている。この過程を素直にみれば、武田氏が関与するのは最後の「もし異儀におよんだら罪科に処す」というところであり、したがって逃亡した被官・夫丸を捜索し、連れ戻すのは安東ということになろう。

異儀におよんで罪科に処されるのは、ここでは還住を拒否する被官・夫丸であろうが、広く「人返」の事例を見ると、むしろ異儀におよぶことが多いのは、逃亡者を新たに召し抱えた主人であると考えられる。新主人としてみれば、せっかく自分のもとへ逃げ込んできて召し抱えていた者をやすやすと失うわけにはいくまい。そこで元の主人と新主人との間で諍いが生じ、元の主人は自身の正当性と後ろ盾を示すために大名の人返し令書を提示することになる。被官・夫丸当人が難渋しても同じことであり、彼らの場合、処罰されるのだから、事態はより深刻である。

人返し令書を提示しても済まなければ、大名権力の登場だが、それは元の主人が訴え出ることによってようやく重い腰を上げるわけである。つまり、法の違反に対してそれをただすのは、当面直接受益者であり、大名は最終の保障者にとどまるのである。

これを中世において一般的に認められる自力救済や裁判の当事者主義と関連づけることもあるいは可能であり、してみれば法規・法令に対する違反の側面からは、中世的権力としての戦国大名の特質が色濃くうかがわれるともいえよう。

3　正当性の根拠

「御国」「国家」

すると、戦国大名の法規・法令は中世の「伝統」にとどまるものなのか。ここで、有名なものではあるが、いくつかの事例をあげよう。まず、永禄一二年（一五六九）一一月二三日付の神尾善四郎充て北条家虎印判状（『武家家法Ⅲ』七〇一号）である。同年九～一〇月、武田信玄（晴信）の侵攻を受け、本拠小田原城を包囲された北条は、信玄撤退の後、再度の襲来に備えて防御態勢を整えていったのだが、この虎印判状では小田原城普請のために人足を徴発している。そこでは「苦労だとは思うが、「御国」を平和にするためだから」という説得がされており、法規・法令の根拠は「御国」の平和、防衛とされているのである。

『武家家法Ⅲ』には収録されていないが、同年は信玄襲来以前にも「御国之御大事」だからとして徴用がなされたり（二月六日付石切左衛門五郎・同善左衛門充て北条氏康印判状、『小田原市史　史料編　中世Ⅱ　小田原北条1』七七七号。以下『小』七七七号のように略す）、「自分の戦いでもあり、「御国」のためでもあり」ということで普請が命じられたりしていた（二月一三日付野口喜兵衛他充て北条氏康印判状、『小』七八〇号）。また、信玄襲来の直前にも「第一には「御国」のため、第二には自分のためなのだから」ということで大普請が命じられた（八月九日付徳延百姓中充て虎印判状、『小』八八四号）。

これらの「御国」は、いうまでもなく「日本国」のことではない。北条領国とも少しズレる。信玄襲来に備えて徴発・徴用される人びとが現実に暮らす郷土の防衛意識に訴えかけ、その「平和」維持を担う北条氏の命令に従うことを要求しているのである（稲葉二〇〇九）。その後、「御国」は秀吉の来襲が懸念された天正一五年（一五八七）にも集中して現れている。

元亀二年（一五七一）七月二八日付岡本八郎左衛門尉充ての虎印判状（『武家家法Ⅲ』七三六号）では次のようにも言い放つ。「そもそも軍法は、「国家」の安全・危機にかかわることなのだ」と。ここでいう「軍法」は、具体的にはこの虎印判状に示されている軍役規定のことだが、それはともかく、主張自体に注目すると、「軍法」の守られるべき根拠は「国家」に求められていることが明らかである。この「国家」ももちろん「日本国」レヴェルの「国家」ではない。

以上の「御国」「国家」については、理念的には大名自身をこえる超越的・絶対的存在との指摘がなされており（勝俣一九七九）、やや限定したほうがよいとの私見も提示しているが（久保二〇〇一、二〇一七）、詳細を述べる余裕はないので、法規・法令のいわば正当性を示す根拠として「御国」や「国家」が現れていること、またとくに「御国」は危機的状況にあたって頻出していることを確認しておこう。

「国　法」

「法」と「国」といえば、「国法」ということばがある。戦国大名領国における国家意志の発動形態とする説（勝俣一九七九）が著名だが、ここでもその当否には踏み込まず、正当性の根拠という点からみてみよう。

北条氏の場合、「国法」がもっとも多く見えるのは、先に少しふれた、いわゆる人返し令書である。天正二年（一五七四）九月三日付品河町人百姓中充ての北条氏照判物（『武家家法Ⅲ』八一四号）では、品河郷から所々へ「闕落」した者については「人返」は「御国法」であるからこの文書を前面に押し出して逃亡先の領主に申し断り、ただちに召し返すようにとしている。逃亡者召還における正当性の根拠が、「人返」が「御国法」というところなのは明らかであろう。ここで、「法」なのだからとか「法度」なのだからでは済まずに「国」を冠しているところに注意したい。

「国法」は、大名がとくに強制したい案件などで用いられる（久保二〇〇一、二〇一七）。そのことを裏づけるのは、たとえば北条氏の場合、永禄一二年四月二四日付岡本善左衛門尉充ての北条氏規印判状（『戦国遺文　後北条氏編』一二〇一号）で、借銭が返済されない案件に際し、人の物を借りて返済しないなどという「御国法」はないとしている事例である。わざわざ「〇〇」の「御国法」はないとすることによって「〇〇」を強く否定する逆説的な論法であることは明らかで、「国法」は正当性の根拠を示すのと同様に、不当性の根拠をも示す。いずれにしても大名がとくに強制したいときに持ち出されているのである。

武田氏の場合も、永禄三年（一五六〇）三月一一日付新三他充ての龍印判状（『武家家法Ⅲ』五〇一号）では「国法」を犯した者、天正五年（一五七七）七月三日付不動院充ての龍印判状（『武家家法Ⅲ』八八六号）では「国法」に背く者、同九年七月四日付栗田永寿・其外善光寺衆充ての武田勝頼判物（『武家家法Ⅲ』一〇〇八号）でも「国法」に背く者があげられているが、それぞれ具体的にどのような法なのか想定されているわけではない。つまり、それぞれの発布後、武田氏にとって何らかの看過しがたい事態が起こったとき、「国法」を犯した、「国法」に背いたと、その時点でレッテルを貼る余地がおおいにあるわけで、これもまたとくに強制したいときに持ち出される場合といえよう。

法の正当性の根拠が「国」に求められることを、戦国大名の「新しさ」にいきなり直結できるかはともかく、「伝統」とどう関わるのか（関わらないのか）について検討するのは、重要な課題と考えられる。

法規・法令と安堵・命令

ここまで戦国大名の法規・法令ということで考えてきたが、あらためてその個別的性質ということに注目してみると、『武家家法Ⅱ』『武家家法Ⅲ』に収録された法規・法令と、されなかった安堵や命令との差違はどこにあるのか、判然としないところがある。「例言」をみると、参考資料について「法規・法令としての形式を必ずしも具備しないが」とあるので、まずもって形式・様式によるのだろうが、具体的な提示はない。

領国内の不特定多数を規制するか否かという点が一つの要件かと憶測してみたりしたが、憶測にすぎないのでこれ以上展開はしない。ただ、戦国大名の法規・法令とは何かということを、『武家家法Ⅱ』『武家家法Ⅲ』収録の史料とそれ以外とを比較しながら検討してみることは一つの重要な作業たりうるであろう。

また、当の戦国大名としてみれば、法規・法令なのかそうではない安堵・命令なのかという点は意識されるべくもなかったはずで、そういう点から考えると、法規・法令がたいへん少ない西国の戦国大名にしても、実質法規・法令と大差ない安堵・命令はいかほど行っているのか、そのような目で見れば、畢竟、戦国大名にとって法規・法令とは何なのかといった問題にも行き当たると思われるが、すべて今後の課題とせざるをえない。

【参考文献】

石井紫郎『日本国制史研究Ⅱ　日本人の国家生活』（東京大学出版会、一九八六年）
石母田正「解説」（『日本思想大系二一　中世政治社会思想　上』岩波書店、一九七二年）
稲葉継陽『日本近世社会形成史論―戦国時代論の射程―』（校倉書房、二〇〇九年）
勝俣鎮夫『戦国法成立史論』（東京大学出版会、一九七九年）
久保健一郎『戦国大名と公儀』（校倉書房、二〇〇一年）
久保健一郎『中近世移行期の公儀と武家権力』（同成社、二〇一七年）
佐藤進一『古文書学入門』（法政大学出版局、一九七一年、新版一九九七年）
新田一郎『日本中世の社会と法―国制史的変容―』（東京大学出版会、一九九五年）
則竹雄一『戦国大名領国の権力構造』（吉川弘文館、二〇〇五年）
山室恭子『中世のなかに生まれた近世』（吉川弘文館、一九九一年）

第六章　公　家　法——公武政権と社会の慣習——

水野智之

1　中世社会と公家法

公家法とは

公家法とは、朝廷法のことである。古代以来、律令法が存在していたが、平安中期以降、社会の変化に応じて、律令制度も変質・弛緩していき、律令法を再解釈したり、あるいは慣習にもとづいたりして新たな法が制定されるようになった。そのような法の総体を便宜的に公家法と称している。その呼称が用いられる理由として、もともとの律令と区別するだけでなく、平安末期に武家政権が誕生し、武家社会の慣習法や鎌倉幕府による「御成敗式目」などが成立したため、それと区別するうえでも用いられている面もあろう。

公家法には、（1）律令法の流れをくむもの、（2）慣習法、（3）有職故実、に分類されている（水戸部一九八四）。その整理によると、（1）には「延喜式」、新制、さまざまな機会に官符・宣旨・院宣などで発布された命令（法）があげられている。これらは公家法の重要な法源となっていた。とくに新制は、数ヵ条から数一〇ヵ条を備え、天皇の名のもとに発布され、新たに禁止する事項などを列記した法律であり、村上天皇の時代から南北朝期までの約四〇〇年の間に、六〇回ほど出されているという。時々の政治的課題に関する命令や、過差つまり身分不相応の贅沢、華美な装束などの禁止、新立荘園の停止や整理、訴訟制度の充実など、さまざまなことが制定された。

（2）には諸官庁での多様な職務に関する先例がある。たとえば、政務に関する外記局、司法における検非違使庁などの先例が重要視された。他には明法勘文がある。これらも法源となっていた。明法勘文とは、大学寮の法律学の教官である明法博士が、あるいは明法家の官人が諸官庁から、あるいは天皇、摂関家などから相論での理非を裁定する際や、罪名を確定する際などに諮問を受けて、それに対する先例、故実にもとづいて答申した文書のことである。明法博士は平安後期以降、坂上氏・中原氏が世襲していた。

（3）は平安中期以降、朝廷の政治は年中行事化する傾向を強めたため、その故実が重視されるようになって整えられるに至った。儀式・作法に関する先例・典拠を調査・集積し、有力貴族がそれぞれの流儀を確立した。このような流儀は朝廷の儀式・行事に参加する人びとに多様な規範をもたらし、書物に記録されて子孫に伝えられた。それらは厳密な法とは異なるとも言えるが、一四世紀には後醍醐天皇の「建武年中行事」、北畠親房の「職源抄」など、朝廷の行事や職制が著されており、広義の規範となっていた。それは慣習的な法に近い性格を備えていたと認めてよいであろう。朝廷の儀式や行事は次第に低調となるが、一五世紀には一条兼良が「公事根源」を著し、なお影響や規範をもたらしていたとみられる。

およそ以上のような法や慣習法、先例・故実が公家法の内容である。中世社会において、公家政権が実質的な支配権力として、さまざまな濫行停止や紛争の解決など、刑事・民事も含めた裁判を広く実施した中世前期や南北朝期までの段階と、かつての朝廷・院が行使していた権力を幕府が代わって行使する室町期の段階では、公家法の役割も大きく変容している。中世社会における公家法の展開を大観すれば、室町・戦国期の公家法は一般的に（3）有職故実の性格が強まっていたと見ることができよう。

「法曹至要抄」と「裁判至要抄」

明法学に関する法書として、「法曹至要抄」がある。成立年代は、撰者の比定によって、平安末期か、あるいは鎌倉初期とみるかに見解が分かれている。すなわち、坂上明兼とみれば、その没年の久安三年（一一四七）以前の成立となり、その孫坂上明基とみれば、明基の没年である承元四年（一二一〇）以前に成立したと導かれる。ただし、明兼の父、範政以来の家業として明法家の知識を集成して、「法曹至要抄」の原型となる書物が作成され、そのうえで子孫が増補・校正したものが現行の「法曹至要抄」であると考えられている（坂本一九五六）。

内容は上・中・下の三巻本のうち、上巻には罪科条六二項、中巻には禁制条一四項、売買条八項、負債条一項、出挙条六項、借物条三項、質物条四項、預物条一項、荒地条三項、雑事条一七項、下巻には処分条一七項、喪服条五項、服仮条二三項、雑穢条一三項を収載している。これらは現実社会の状況を見据え、従来の関連法を勘案したうえで法の規定を改めてとらえ直してまとめたものである。

「裁判至要抄」は承元元年（一二〇七）に後鳥羽上皇の命令によって、坂上明基が撰進した法書である。一巻に民事に関する三三条があり、相続や売買に関する規定が多い。この法書も現実的な問題に即して、律令に解釈を加えて規定し直している。「法曹至要抄」とも異なる案文（解釈）を示している箇所もあり（田中一九七二）、現実的な対応が見られる。

以上の二つの法書は中世社会において法源として重視された。鎌倉幕府は「裁判至要抄」の一部を取り寄せたとも伝えられており、武家社会にも影響があった。南北朝期になると、律令格式注釈書としての性格だけでなく、単行法令的性格も備えたという（田中一九八六）。

なお、平安時代から室町時代にかけて、官符、宣旨などを集めた「続左丞抄」（『新訂増補国史大系』第二七巻〈吉川弘文館〉に所収）があり、当時の社会や法慣習を研究するうえで参照したい。あわせて、「時元記（下請符集）」などに見られる室町・戦国期の官符や吉書も、当時の社会にどのような意味を果たしていたか、その究明は課題となっている（水野二〇〇八）。

明法勘文と明法家

明法勘文が作成されるのは、法解釈をいかに行うのか、その判断が困難な際や、ある要望が適法と解釈できるかと諮問された場合である。諮問の趣意と法にもとづいた応答の間にはおよそ対抗関係があり、明法博士、明法官人はその狭間に立っていた。律令には規定がなくとも、現実の問題に対応するため、独自の解釈が重ねられた。つまり、法の規定どおりに裁定すると現実の問題に対応できず、むしろ新たな問題を引き起こしてしまうという社会状況の変化があったのである。

　このような背景のもと、明法博士、明法家は現実の問題に対応して、律令法の拡大解釈を試みて対応した。それは実質的には律令格式の改変を意味したが、そのような対応をしないと律令絶対の建前そのものが維持できないことを切実に感知していたのである（佐藤一九八一）。ここには「准」「准的」という論理を用いて、自在な法解釈を試みていたという。すなわち、「准」とは「ナズラフ」（『類聚名義抄』『伊呂波字類抄』による）と読み、それは甲ではない乙を、甲と対照して釣り合うものとする均衡観念であり、「准的」もそれに近い概念であったと考えられている。その概念を支える理念とは、均衡を正義とする法意識であった。また「折中」という両極の中間にこそ、正義があるという観念もあった。とくに、家業の継承、継続のためならば、律令の主旨を改めることを許容する認識である（利光一九六四）。家業という条件下では、律令の家族法規の否定も許される法理が、律令法否定の第一声でなかったかと説かれている。このような原理は、公家法の世界や現実の公家社会にも大きな影響をもたらした。これらの法理は公家の家業の維持や官人・公家の存立の要因として作用し、現実の社会がいかように変容しても、なお対応を粘り強く試み、室町・戦国期にも引き続き作用していたのではないだろうか。この点はのちにふれることにしたい。

2　南北朝・室町期の公家法の展開

建武の新政と南北朝の動乱

鎌倉幕府の滅亡を果たした後醍醐天皇は新たな政権を樹立した。いわゆる建武の新政である。ここでは摂関を停止するなど、従来の慣習を改めて、天皇による親政を開始した。「建武記」にはこの政権の発したさまざまな法令が記されている。元弘三年（一三三三）六月一五日、天皇は兵乱を抑えるため、近日の「凶悪輩」に対して、綸旨を帯びなければ「自由之妨」を行ってはいけない、つまり綸旨を得ずに独自の判断で、幕府倒壊後の混乱に事寄せて濫妨する輩を国司・守護に捕らえるよう命じた。幕府が滅亡したため、後醍醐天皇の発する法こそが強い強制力をもって機能していたのである。討幕に寄与した旧鎌倉方の武士であっても、天皇の命令＝法には従ったことであろう。

ただし、鎌倉幕府法にもとづく秩序の作用していた関係がすべて失われたかというと必ずしもそうではない。その実態は訴訟の対決でも多く見られるし、局地的に実力行使でもって、なお敵対する場合もあった。さらには建武政権に与同した武士の中からも敵対行為が見られるようになる。足利尊氏の謀反である。建武二年（一三三五）、北条高時の遺児時行が関東で反乱を起こすと、足利尊氏はそれを鎮圧するために東国に向かった。尊氏はその反乱を押さえた後も鎌倉にとどまった。ここには建武政権の法から逸脱する秩序や正当性が醸成されつつあった。建武政権は尊氏に謀反の兆しがあるとして、新田義貞らの討伐軍を派遣する。尊氏らの軍勢はそれを破り、上洛を果たした。その行為の正当性は北朝天皇の擁立と政務の執行ということで達成されていく。このように政権の交替が続く動乱期において、法の行使とは権力闘争をもたらす行為であることを改めて確かめることができる。

なお、建武政権の雑訴決断所法規三条は、「訴陳日数の事」を定めているが、訴陳状の交換という文書審理をいったん廃止し、審理の即決をめざしている。ただし、厳密な審議が必要な相論や判決後に敗訴人から再提訴が予見される相談には訴陳におよぶことを認めており、公家法においても複雑な規定に至り、その発展が注目されている（笠松一九八一）。

北朝の訴訟制度

足利尊氏によって擁立された北朝では訴訟の興行をはかった。その規定が「暦応雑訴法」である。国立歴史民俗博物館所蔵の広橋家記録にある「制法」には、光厳上皇の院政による政務のあり方や陣容などが記されており、その前半に「暦応雑訴法」が記されている。ここには訴訟遂行上の規定や禁止事項、法廷でのさまざまな主張や法廷手段に対する対応や判決例など、追加も含めて二二条項が示されている。「制法」の後半には、文殿での沙汰（審議）日、雑訴評定の実施日、検非違使庁での沙汰日と各法廷の出席職員名が記され、続いて京都市政上の地域単位となる各保とその担当官人を記したもの、最後に文殿衆の人員を列記している。文殿とは、文書や典籍を保管する書庫のことであるが、文書行政や訴訟の場ともなり、院の文殿では裁判機関として役割を果たしていた。

「制法」により、光厳上皇院政の政務やそれを支える人びとの編成状況を知ることができるが、「暦応

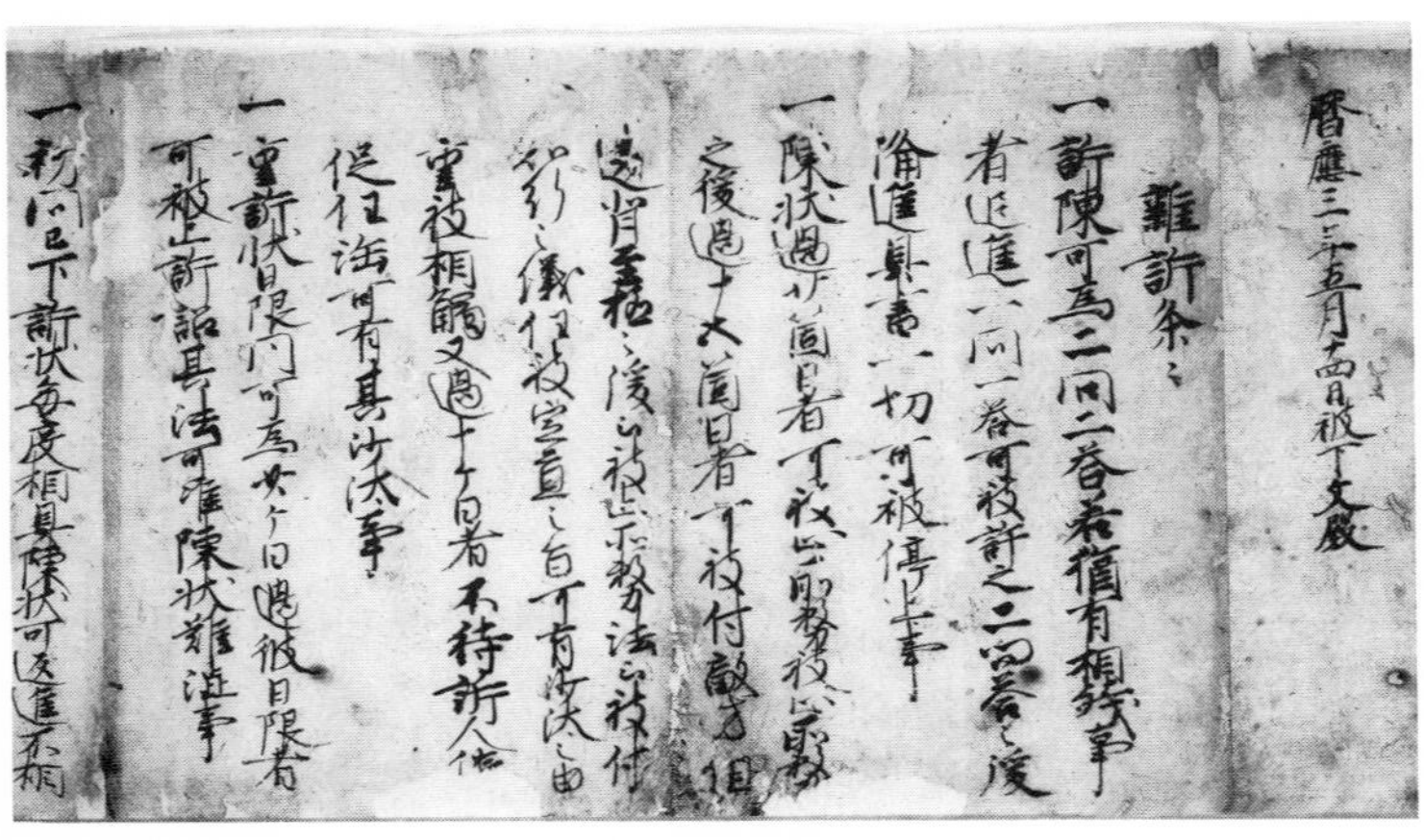
暦応三年五月十四日被下文殿

雑訴条々

図４　暦応雑訴法
（広橋家記録、国立歴史民俗博物館所蔵）

雑訴法」をみると、後嵯峨（ごさが）上皇の政務を理想とする記載がいくつか確認される。たとえば、「一つ、後嵯峨院の聖代、沙汰を経て勅裁当知行の地は、殊なる子細なくば、訴訟を許さるべからざる事」「一つ、寛元以来、不知行の地においては、たとい訴訟を相続せしむると雖（いえど）も、御沙汰に及ぶべからざる事」「一つ、後嵯峨院御代、沙汰を経て棄捐の余流は、訴訟を許さるべからざる事」などの規定がある。この中に見える「寛元以来」とは、寛元四年（一二四六）の後嵯峨院政開始後という意味である。その期間に下された判決や当知行の安堵は訴訟の対象としたり、改変したりしてはいけないとする「不易」であると説かれている。

「暦応雑訴法」に見られる「後嵯峨院の聖代」観はどのようなことを意味しているのであろうか。ここには「撫民（ぶみん）」という特徴的な政治思想があったという（笠松一九八一）。その思想は弘長新制四一ヵ条にも引き継がれ、のちの公家法、つまり「暦応雑訴法」にも大きな影響を及ぼしたのである。この「撫民」という政治思想は朝廷・院のみならず、幕府にも共通していた。それは在地に通底する苛烈な制裁を行う村落法などから民衆を救済するという意味での「撫民」であり、従来の荘園領主と地頭の所務相論を解決する規範というものではなく、政権が在地のあり様に対峙するという性格を備えるものであった。

この根底には、もともと「仏物」「神物」であった所領・権益を、人びとが預かり、その「相伝」によって、「人物」へと変えてしまう社会状況があった。中世社会において「相伝」が正義の一つであったが、これをかつての秩序に戻し、仏神領を「興行」させる「徳政」の思想も大きな正義となっていた。この相克が鎌倉後期に高まり、「徳政」の思想が展開されていく。法の対象、規程の内実から、社会の変容や特質を探る考察の手法は大いに学びたい。

鎌倉時代までの公家法は鎌倉幕府の法と比べ、裁判を担当する部局や手続きの規定など、十分に発達を見なかったが、「徳政」の思想により、訴訟制度も次第に整備、発展していった。それは「越訴」の手続きにも認められる（長又一九九二）。「暦応雑訴法」はそれらの延長線上にあり、公家法や公家訴訟制度の発達した到達点と言っても過言ではないであろう。

室町期の公家法と公武政権

応安四年（一三七一）三月、後光厳天皇は皇位を後円融天皇に譲り、自身は院政を開始した。同年九月二六日の評定において、定書が制定されている。冒頭の条文には、「人々申して云わく、堅く暦応法を守るべし」とあり、「暦応雑訴法」を尊重することが規定されている。また、定書の中には「諸司領幷諸庄園興行　勅裁事」という条文もあり、押妨・違乱された諸司領や諸荘園を回復するよう定められている。後光厳院政、続く後円融天皇の治世下でも、公家政権の裁判は実施され、判決の執行には幕府が施行状を発給する体制が続いた。このように北朝と幕府が連携して裁判の裁定、判決の施行を実施し、両者が一つの政権として機能するあり様が確かめられる。これを公武政権と呼ぶこととするが、尊氏の孫にあたる足利義満（よしみつ）が左大臣に任じられる永徳年間（一三八一〜八四）になると、義満の権勢が強まり、次第に北朝の裁判が実施されなくなり、停滞していった（森一九八四）。かつて院の文殿などで実施されていた訴訟が行われなくなり、代わりに幕府の法廷で訴訟が扱われるようになった。そこでの裁定の主体は義満である。明徳四年（一三九三）四月に後円融上皇が死去した後は、義満が公武政権の実質的な権力を握ることとなった。

朝廷・院において訴訟がほとんど実施されなくなった室町期において、公家法はどのように機能していたのであろうか。たとえば、永享二年（一四三〇）一一月二三日、六代将軍足利義教（よしのり）の主催する御前沙汰で、造酒正中原師俊（みきのつかさなかはらのもろとし）と中御門俊輔（なかみかどとしすけ）が酒纑役（しゅろやく）を争ったが、理非については伝奏（てんそう）に尋ねられ、その意見状により、勝訴した師俊に酒纑役が認められた（「御前落居記録（ごぜんらっきょきろく）」）。伝奏らは造酒正が酒纑役の権益を保持する法源を示したのではないだろうか。具体的にどのような法や法解釈を示したかは不明であるが、公家法は武家法廷の中でも生き続けたと言える。

永享三年一二月二七日には、同じく御前沙汰で、細川氏家（ほそかわうじいえ）と和田親直（わだちかなお）が三河国（現愛知県）平田荘（ひらたのしょう）をめぐる相論の判決が下った（「御前落居記録」）。それによると、平田荘は細川氏家に返付し、和田親直は替地を下すというものであった。この訴訟で、伝奏らは「違背の咎においては子孫に及ぶべからず」と和田親直を弁護し、結果は氏家の勝訴となったが、親直には替地を与えることとなった。幕府の法廷で、伝奏らは「勘申」しており、公家法に拠って活動していたのではないだろうか。諸司領や荘園領主の案件でない場合、いかなる法源にもとづいて勘申していたのか、その実態は十分に明らかにされていない。伝奏については別途ふれたことがあるが（水野二〇一七）、公武政権の法廷において公家法がどの程度機能していたのか、その実態の究明によって、室町期の公武政権の性格を見極めることができるように思われる。

永享二年五月七日、「女犯之輩」を罪科に処す公家法が定められている（『看聞日記』〈宮内庁書陵部編『図書寮叢刊』明治書院、二〇〇二～一四年〉）。ここには注意すべき文言として、「室町殿に申し談じせしめ、定め置くところなり」とある。公家法の制定に関して、室町殿と談じて定めたという文言は非常に特徴的である。足利義教の権力が強まっていたこととともに、ここには朝廷と幕府とが補完して政権を構成していた公武政権の一面を見ることができる。

3　戦国期の公家家法

九条家の家法と荘園

『中世法制史料集　第六巻　公家法・公家家法・寺社法』（以下『公家法・公家家法・寺社法』と略す）

に収録されている室町期の公家法（法規）は先述の「女犯之輩」を罪科に処す法規のみである。これは従来の形式での公家法（法規）の発布があまり確かめられないことを示しているのであろうか。室町・戦国期の公家法（法規）がどのように機能していたのかは今後の解明によるところが大きいが、室町・戦国期の公家法として公家家法は発布されている。『公家法・公家家法・寺社法』「公家家法」には、九条家の家法がいくつか収録されている。

延徳三年（一四九一）二月、九条家では管領細川家にさまざまな関与をしないよう定めたようである。「九条家文書」には同月日付の案文が伝えられており、これは管領細川政元の養子なった九条家の三歳若君（細川澄之）に九条家として関与しないこと、女中方や家僕等が三歳若君に近づくことなどを禁じた内容である。このような定書から、公家の子弟が有力大名家の養子となる際には、その養子を通じて公家は影響力を持ちえたことが読み取れる。ただし、それには当時の政治動向に巻き込まれる恐れもあったため、九条家では大名家のことに関与すべきでないという規定を発したのであろう。

明応五年（一四九六）正月、九条政基・尚経父子は唐橋在数を殺害した（湯川一九八九）。理由は在数が九条家領を自専したとか、九条家の雑務執事として毎事緩怠であったためなどと伝えられている（『後法興院記』『実隆公記』）。正月二四日、被害者一族が申状を提出し、同日に加害者側へも勅使が遣わされ、その言い分を聞き取った。翌日に裁判は二月五日であり、判決日は二月二五日であると決められ、それを伝奏が伝えた。二月五日の裁判では、後土御門天皇が両局（弁官局は大宮時元、外記局は押小路師富）に摂関家の罪科に関する先規を尋ね、治承年間の松殿基房の件があげられたが、今回の事件に適合するわけではなかったという。そのため、伝奏らの提案する「解官」が相当と見なされたようである。ただし、摂関家の近衛家が「解官」について意見を述べ、摂関家と家礼を「対揚之御沙汰」とすることは「頗朝儀之軽忽歟」と批判した。政基も弁明状を提出し、「家敵之成敗」は「古今之通規」で、摂関家を覆そうとした在数を「朝敵」とも述べている。これより、二五日の判決は延期となり、結局、九条尚経は解官でなく、「出仕停止」の判決になり、減刑となった。ただし、政基父子は「勅勘」となっている。ここには公家法の規定がおよんでいないものの、「家敵」や「朝敵」との論理が見られ、社会の慣習にもとづく理念がうかがわれる。

また、九条家では、家領において領主としての制札を下している。文亀元年（一五〇一）四月、日根野荘に下向していた政基は在地の慣習法には関与しえなかったものの、地下人に「非分之儀」を申しかけることなどを禁止する命令を下している。同様に九条家では文亀三年に光明峯寺・小塩荘に対する定書を下しており、家領への統制を強めていることが知られる。永正六年（一五〇九）には唐橋在数の一件をふまえ、買得所領に関する規定も見られる。

節約する公家衆

公家衆は経済的に困窮する中、家領からの収納を強化し、その関与・統制を強めていた。その様相は九条家の定書から確かめられたが、壬生家にも同様の禁制がみられる（『公家法・公家家法・寺社法』「公家家法」一九号）。たとえば、供御人が武家の被官になることを停止したり、諸関・諸商売の課役の免除を停止したりすることなどである。およそ壬生家への収入が減少につながる行為は禁止されたと考えられる。

なお、高倉家の壁書がある（『公家法・公家家法・寺社法』「公家家法」二一号）。日付は元亀三年（一五七〇）一〇月一一日付であり、内容は祝言などの参会や仏事であっても一汁一菜とするべきこと、中酒は二返とすることなど、非常に質素に催すべきことを取り決めている。経済的に困窮していたためであろうか。元亀年間には公家衆に対して織田政権による経済的支援が十分におよんでなかったのかもしれないが、厳しく節約を規定する条文であることが読み取れる。当時の公家衆の生活感覚や様相を示す興味深い壁書と言える。

室町・戦国社会と公家法

およそ公家法について見てきたが、室町・戦国期において、公家法はどのように機能していたか、あるいはほとんど機能していなかったのか、その実態は十分に明らかになっておらず、今後の課題と言える。一般的には、あまり機能していなかったかと見なす傾向にあると思われるが、武家がさまざまな先例などを朝廷、公家に確認することはあり、間接的には諸方面で公家法の影響はおよんでいたようにも見受けられる。とくに有職、儀式・行事についてはその影響は根強く感じられ、当該期の公家法の機能や役割はさらなる究明が必要である。

公家法の展開をふまえると、ここには現実の社会のあり様や直面する問題に対して、できる限り律令にもとづきつつも、さまざまな解釈を加えて対処することが積み重ねられてきた。家業の継承のためには律令の条文解釈も実質的に改変したことは先述のとおりである。そして室町・戦国期の社会でも、公家は公家法を前提としながら現実の社会への対応と自らの権利の正当性を粘り強く主張し続けたのではないだろうか。たとえば、天正三年（一五七五）織田信長が寺社本所領の回復を宣言すると、『多聞院日記』（竹内理三編『続史料大成』三八～四二、一九七八年）の記主英俊は、「京都公家領八百年以来地発也、善政也云々」として歓迎した。公家社会において荘園の喪失はもはや日常のことであり、それは現実のことと言うより、むしろ遠い過去の出来事であった。しかし、公家など荘園領主は本来の領主権は自らにあると、現実の不知行を簡単には忘れ去らず、常に権利を主張し続けた。それに応えたのが信長の徳政令でもあった。武家（織田政権）が関与することによって、実質的に不知行の権益が保障されたのである。実際に回復したのは一部の権益にすぎないが、武家は積極的にその権利の否定や整理を試みない限り、公家は永続的に権益の保有を主張し続け、それに応じる武家が現われると権益を回復しえたのである。

このことは公家存続の大きな要因の一つであると思われる。現実社会への対応と、自らの権益の主張の継続について、公家法のもつ法源とともにあわせてとらえていくことが室町・戦国期の社会の新たな側面を探るうえで必要であると考える。今後、考察を深めていきたい。

【参考文献】

笠松宏至「鎌倉後期の公家法について」（笠松宏至・佐藤進一・百瀬今朝雄校注『中世政治社会思想　下』岩波書店、一九八一年）

坂本太郎「法曹至要抄とその著者」（同『日本古代史の基礎的研究　下』東京大学出版会、一九六四年、初出一九五六年）

佐藤進一「公家法の特質とその背景」（前掲『中世政治社会思想　下』）

田中修實「中世荘園所職相論にみる明法勘文」（『日本史論叢』一二輯、一九八九年、のち同『日本中世の法と権威』高科書店、一九九三年に所収）

田中　稔「裁判至要抄に見える悔還権について」（赤松俊秀教授退官記念事業会編『（赤松俊秀教授退官記念）国史論集』、一九七二年、赤松俊秀教授退官記念事業会）

長又高夫「「越訴」の語義をめぐる一考察─公家法と武家法の関係から─」（同『中世法書と明法道の研究』汲古書院、二〇二〇年、初出一九九二年）

水野智之「宮内庁書陵部所蔵『時元記』（下請符集）の翻刻と基礎的考察」（『鎌倉遺文研究』二二号、二〇〇八年）

水野智之「動乱期の公武関係を支えた公家たち」（神田裕理編『伝奏とよばれた人々』ミネルヴァ書房、二〇一七年）

水戸部正男「公家法」（『国史大辞典　第四巻』吉川弘文館、一九八四年）

森　茂暁『増補改訂南北朝期公武関係の研究』（思文閣出版、二〇〇八年、初版一九八四年）

湯川敏治「戦国期における公家裁判の一例」（『史泉』六九号、一九八九年、のち同『戦国期公家社会と荘園経済』続群書類従完成会、二〇〇五年に所収）

脇田　修「織田政権の荘園政策」（同『織田政権の基礎構造　織豊政権の分析Ⅰ』東京大学出版会、一九七五年）。

利光三津夫「内閣文庫本『明法条々勘録』の研究」（同『律令制とその周辺』慶応義塾大学法学研究会、一九六七年、初出一九六四年）

第七章　寺　社　法──聖と俗の狭間で──

小池　勝也

1　寺社法の概要と中世後期の特徴

寺社法の定義

本章では中世後期の寺社法を検討する。中世寺院法研究の第一人者たる清田義英氏によれば、寺社法とは以下のように定義される。

寺社法（社寺法）という場合、広義では寺社に関する一切の法制をさし、国家が寺社に対してもつ統教権と、寺社みずからがその内部を規制する治教権との両者が含まれる。狭義では治教権によるものをさし、中世の寺院法（寺法）はその代表例である。（後略）

（『国史大辞典』、「寺社法」の項目。清田義英執筆）

清田氏の定義にあるように、寺社法は、大別して世俗権力（朝廷・幕府・戦国大名など）による①寺社統制法と、②寺社自らが、寺社の組織・経営の維持のために定めた法の二種に大別される。本章では、後者の寺社法について簡単に概観したうえで、室町・戦国期のそれに見える特徴を考察し、最後に前者の寺社法について、戦国大名の分国法を中心に考察する。

なお、中世寺院法の史料集は今世紀になって刊行が進んだ。『中世法制史料集　六巻　公家法・公家家法・寺社法』（以下『公家法・公家家法・寺社法』と略す）には、嘉応元年（一一六九）〜天正六年（一五七八）までの寺社法が二一〇掲載されている。また、黒田俊雄編『訳注日本史料　寺院法』（以下『寺院法』と略す）は掲載数こそ厳選されているが、書き下しと詳細な解説が付されており、寺院法・中世宗教史を学びたい者にとっては必読の書といえる。本章では、原則としてこの両書に採録された寺社法を取りあげることとした。

寺社法の概要

寺社法は基本的に、寺院・神社に所属し、神仏に奉仕する集団を対象としたものであるため、世俗権力によって定められた法とは、異なる性格を持つ点が少なくない。たとえば、神社では、境内（けいだい）が清浄に保たれるべきことが重視されているため、牛馬が境内に入る事や、血の穢（けが）れを生じる恐れのある乱行行為を戒める条文が多い。寺院の場合は、戒律に関する規定や修学・勤行規定を定めたものが多く、仏事を欠勤する場合には、起請文（きしょうもん）の提出が求められ、無断欠勤や規律に違反した場合は、供物（くもつ）の供出や寺内からの追放などの処分が科された。また、中世寺院法の花形と言えるのは、寺院衆会の規定を定めた法式である。中下級の僧侶が寺院運営の主導権を握った鎌倉後期以降盛んに制定された。多くは、合議

料金受取人払郵便

本郷局承認

4511

差出有効期間
2023年1月
31日まで

郵便はがき

１１３-８７９０

東京都文京区本郷７丁目２番８号

吉川弘文館 行

愛読者カード

本書をお買い上げいただきまして、まことにありがとうございました。このハガキを、小社へのご意見またはご注文にご利用下さい。

お買上書名

＊本書に関するご感想、ご批判をお聞かせ下さい。

＊出版を希望するテーマ・執筆者名をお聞かせ下さい。

お買上書店名　　　区市町　　　書店

ふりがな ご氏名		年齢　　　歳　男・女
〒 □□□-□□□□ ご住所	電話	
ご職業	所属学会等	
ご購読 新聞名	ご購読 雑誌名	

今後、吉川弘文館の「新刊案内」等をお送りいたします(年に数回を予定)。
ご承諾いただける方は右の□の中に✓をご記入ください。　□

注文書

月　　日

書　　名	定　価	部　数
	円	部
	円	部
	円	部
	円	部
	円	部

配本は、○印を付けた方法にして下さい。

イ. 下記書店へ配本して下さい。
(直接書店にお渡し下さい)

(書店・取次帖合印)

書店様へ＝書店帖合印を捺印下さい。

ロ. 直接送本して下さい。

代金(書籍代＋送料・代引手数料)は、お届けの際に現品と引換えにお支払下さい。送料・代引手数料は、1回のお届けごとに500円です(いずれも税込)。

＊お急ぎのご注文には電話、FAXをご利用ください。
電話 03−3813−9151(代)
FAX 03−3812−3544

制にもとづく多数決制を採用しており、衆議の結果に背いたものは罪科に処された。また、衆会を無断欠席したものも、勤行の場合同様、罪科に処す規定が多く、如何に衆会が重視されていたかがわかる。また、寺は庄園領主としての側面もあるため、庄務に関する法も多数制定されている。

中世後期の特徴

全体的な傾向として、中世後期（室町・戦国期）になると、顕密寺社に加えて、鎌倉仏教諸宗（禅宗・浄土宗・法華宗など）の寺院も、寺社法を制定する事例が増加する。いっぽう、内容については、頼母子（たのもし）や祠堂銭（しどうせん）などの寺社が運営する金融事業に関する法が現れるようになる点以外は、中世後期に固有なものは、少ないように見受けられる。ただ、時代が下るにつれて、前期同様原理原則は掲げつつも、世俗社会からの影響がより強く条文に反映されるようになり、かつ前期では慣習（法）のうちに留まっていた事項が、条文にも反映されるようになるのが、中世後期の特色ではないかと考える。

2　寺内法制変化の具体例

飲酒をめぐって

具体例として飲酒について定めた法を見ていきたい。本来仏教の戒律には「不飲酒戒」が存在し、出家者はもちろん、在家信者であっても飲酒は禁止されていた。実際、中世寺院法や公家新制においても僧侶の酒宴を禁止する法が存在する。寺社法に限ったことではないが、本来戒律に禁止されている事項を敢えて成文法で再度取り締まっているということは、それだけ実際には寺院社会で飲酒が横行していたことの証左である。

ただ注意すべきは、禁止されているのは僧坊でのいわゆる「どんちゃん騒ぎ」であり、僧侶個人の飲酒を全面的に禁じているものは少ない。これは例外規定として飲酒が認められる事例があったからであろう。それは、薬用として飲酒する場合である。現在でも薬用酒というジャンルが存在するが、前近代社会でも酒は薬としても用いられており、その場合は、僧侶であっても服用を許可する規定がよく見られる。

ただ実際には、僧坊で酒宴を繰り返し、泥酔し騒ぎを起こすこともしばしばで、「高声強言・放逸濫吹耳に逆らい目を驚かす」（延文三年〈一三五八〉三月制定東寺僧坊法式置文案、『公家法・公家家法・寺社法』「寺社法」九一号）ような状況が寺院内で起こっていたようである。また、寺院衆会の際や仏事の前後、檀那である俗人が寺院を訪れた際にも、飲酒が事実上容認されていた。（芳澤二〇一七）。

中世後期においても、基本的に僧坊での飲酒や飲酒しての大騒ぎは制裁対象であったが、いっぽうで、妥協的な姿勢が成文法の中にもより明確に見出されるようになる。たとえば前掲の東寺僧坊法式置文案では、先ほど引用した現状を非難する記述に続いて次のような文言が見える。

> 先ず西院の小子坊においては、一切これ（飲酒）を停止すべし。同院西の僧坊幷びに聖の僧坊においては、秘用の儀を許すべし。次に外院の僧坊は、一向停止せば、還って斟酌無きに非ず。但し隣

坊を憚らず、時儀を顧みざれば、定めて仏儀に違ひ又祖意に背くか。各此の旨を守り謹慎せしむべきものなり。

法会や評定が行われた東寺西院の小子坊での飲酒が厳禁されるいっぽうで、西院の西僧坊および聖（寺内の仏具や文書の管理にあたる役職）の僧坊では、秘かに飲むことを許容すると明記されている。さらに、外院（げいん）（西院の北側のあたりか）に置かれた僧坊では、全面禁止すれば、かえって問題があるのではないかとされ、羽目を外さない程度に謹んで飲酒するよう規定している。また出雲国の天台宗寺院鰐淵（がくえんじ）寺で正平一〇年（一三五五）に制定された鰐淵寺大衆起請文写（『公家法・公家家法・寺社法』「寺社法」九〇号）でも、「指したる宴席に非ず、高声雑言停止すべき事」としつつも、「宿老小人の会合、檀那貴族の登山、此の如きの時、酒宴を催し、遊覧を携するは、山寺の風体、人間の栄耀なり」と、前述のように衆会や檀那の来訪の際には、酒宴の開催が称賛されていて、誡めの例外とされている。

成文法では禁止しつつも、寺院内での飲酒を黙認していたのは中世前期も同様だが、成文法ではっきりと、飲酒を一部容認する記述が見出されるようになるのは注目に値する。もはや飲酒禁止の建前だけでは寺院運営を円滑に遂行できないことが、飲酒を行う張本人である衆中にも強く自覚されるようになったため、実情に則した規定が制定されたのであろう。このように、建前論や理想論的な側面が強い寺社法ではあるが、後期になるにつれて、現実の状況に対応して、慣習的には黙認されていた事象が定文法にも反映されるようになってきたと見られる。

死罪の適応をめぐって

次に問題としたいのが、刑事法の極刑といえる死罪に関する規定である。現代社会においても、公権力が死罪を課すことをめぐり、さまざまな議論があるが、死罪の適用が現代に比べて頻繁に行われていた中世においても、こと寺社の場合は死罪の適用をめぐっては、世俗の法以上に複雑な問題が存在したように思われる。

一点目は戒律（かいりつ）の問題である。当然ながら、殺生は戒律上厳禁であり、種々の寺社法でも規制の対象となっている。問題は、寺社の構成集団が、死罪に相当する重罪を犯した時、刑罰として死罪を課すことが、戒律的な観点から倫理的に許されるのかという点である。これに関連して二点目として穢れの問題がある。とくに神社では、場の清浄はもちろん、神社に出入りする者の穢れの有無も問題とされたから、穢れを生じさせる死罪の適応は困難ではないかということである。

このような事情が影響してか、成文法の形で死罪を明確に規定しているものはきわめて少なく、追放刑や守護・本所などに犯罪人の身柄を引き渡すことを規定しているものがほとんどである。実際、中世寺院法研究に先鞭をつけた細川亀市氏は、「日本中世寺院法に於ける一大特色とするところは、強盗・殺人・放火などの如き兇悪なる犯人に対しても資財の没収と追放とを科するにとどめ、一般的には武家法に於けるが如き死刑を科していないことである」とし、さらにその背景として「それは吾が寺院が殺生禁断を切言し来れる当然の所産であると思われる」（細川一九三三）と、寺院社会における殺生禁断思想の存在を指摘する。

これに対して清田氏は、主に中世前期の南都における寺院社会内部での刑罰執行の事例を検討し、実際には中世前期の段階から、死罪が広く行われていたことを指摘した（清田一九八七）。清田氏の指摘は妥当だが、事例の典拠は、「東大寺要録」などの編纂史料や、特定の事件についての記録である引付史料であり、『中世法制史料集』に掲載されているような、一つ書き形式の規式や、定書形式のものではない点には注意が必要であろう。つまり、死罪の適用は実際には横行していたが、それは依然として慣習法の世界に留まっていたのではなかろうか。名目上（成文法上）は死罪の明言を避けつつも、実際には死罪が横行していたとしたら、ここにも寺社法における成文法と慣習法の差異をうかがうことができよう。

いっぽう、数は多くないものの、中世後期になると成文法の中にも死罪に言及したものがみられるようになる。その一つが、前述の鰐淵寺大衆起請文写である。最後の一条に「寺中条々検断事」があり、それによれば「児童、師匠、主人殺害の下輩、上方を殺すに同前においては、寺中において死罪行ふべし。傍輩殺害においては、守護所に召し渡すべきなり」とあり、鰐淵寺の下輩（下級の僧侶で寺内の雑事などを担う行人層）が児童（稚児）・師匠・主人を殺害した場合、上方（法会などを担う学侶階級）を殺したのと同等の罪みなされ、「寺中」で殺害するとある。この「寺中」とは、寺院内敷地内というよりも、寺僧集団内という意味と考えられる。寺院側が死罪を下す主体となっていることは、傍輩（同輩）の殺害については、守護方に引き渡すとしている点からも明らかであろう。なお、続く箇所で「上方、下輩を殺し并びに人を刃傷する事、寺中を追却すべし」とあり、身分法が適応されていることがより明瞭にわかる。もちろん、日本の寺院では古代より寺院構成員の身分差は存在するが、原理的には平等のはずの仏教教団内で、身分法的な刑罰法規が制定されていることは、如何に世俗社会の秩序が、聖界にも強くおよんでいるかを示すものともいえよう。またこのほか「強窃二盗の事、寺庫の仏物に拘ひ、常住の聖財を盗む者、死罪を行ふべし」とあり、寺で保管している仏への供物や、鰐淵寺常住僧の法具類を盗んだ者も死罪と規定されている。

また室町期高野山にも次のような事例がある。

一、自他の被官人等において、自然、喧嘩闘諍に依り殺害を致さば、理非の糺明に及ばず、主々の沙汰として敵人を誅戮せしめ、人の憤りを止むべし。且是れ天下の大法なり。当山尤もこの旨を守るべきものなり。但し敵人、自身の罪科を遁れんがために逐電せしめれば、彼の在所を聞き出だし、この衆中として死罪に行うべし

（永享一一年〈一四三九〉四月日付金剛峯寺小集会衆契状、『寺院法』真言五八号）

自身や他人の被官人らが万一、喧嘩や争いによって殺人行為におよんだ場合は、事情の究明におよばずに、主人の責任で、殺人におよんだ被官人を殺害して、被害者側の憤りを鎮めるようにするのは、天下の大法であるが、当山（高野山）もこの法を遵守すべきであるとする。さらに、犯人が処罰を逃れるために行方を晦ました場合には、逃亡先を聞き出して、衆中で死刑に処すとする。ここでも身分的な上位者（主人）が自身の配下（被官人）を処罰するという私刑的な要素もうかがえるいっぽうで、犯人が逃亡した場合には、衆中として処刑を執行することが銘記されている点は、注目される。また世俗社会で行われている法慣習をそのまま寺院社会でも踏襲すべきであるという言説も、世俗社会の法慣習が寺

院社会にも強い影響を示唆しており興味深い。

さて、高野山も鎌倉期までは成文法上は追放刑が極刑だったようだが、高野山における刑罰のあり方は鎌倉後期以降、金剛峯寺における行人階級（堂社の管理などにあたる下級僧侶）にあたる六番衆の台頭を契機に、彼らを管轄する立場にある衆徒方との緊張が高まる中で、徐々に変化していったと見られる。そして本法が制定される直接的なきっかけとなったのが、永享五年（一四三三）に発生した「高野動乱」と呼ばれる事件である。この事件は、前述の六番衆と衆徒方の武力衝突に、紀伊守護畠山氏の軍勢も介入して、高野山上で大規模な合戦となり、多くの死傷者が出て、堂宇も多く焼けてしまったという事件である。本史料は、動乱が収束し、両勢力が和睦した際に衆徒側の執行機関である小集会衆が制定したものである（『寺院法』補注「死罪」〈一〇二二〜二四頁〉、山陰加春夫執筆）。

つまり、この寺院法の制定の背景には、被官身分（行人層）による、私的な制裁（殺人行為）が横行し、それが寺院の秩序を乱しているという認識が（少なくとも衆徒方には）存在し、衆徒側もその統制のために、死罪という厳罰を適用することを余儀なくされたものと見られる。高野山に限らず、中世後期になるにつれて行人層（下級僧侶）の寺院運営に占める存在感が増していく傾向にあるが、そうした傾向が寺院法の条文にも影響を与えていることが示唆される。

以上にあげたもの以外にも、参籠修行日数の削減など、実状に合わせて以前に定めた法を改定している事例が散見される。理想論を掲げ続けるいっぽうで、世俗法や現実の寺院社会の状況もふまえつつ、寺院社会を極力円滑に運営していこうとする努力が、中世後期の寺社法からうかがうことができる。

3　世俗権力の寺社統制

概　要

これまでは、主に寺院社会内部の寺社法について概観してきたが、最後に世俗側が寺社を統制するために制定した寺社統制法（広義の寺社法）についてみていきたい。鎌倉期においては、鎌倉幕府は幕府が管轄する鎌倉の顕密寺院に属する僧侶の行動を規制する法（幕府の許可を得ず勝手に朝廷から僧位僧官を獲得してはならない、など）を発布して、寺社勢力への締め付けを強めていた。その効果もあってか、鎌倉では、畿内で見られたような寺社勢力の強訴は発生していない。いっぽう、朝廷も相次ぐ強訴に悩まされながらも、度々新制を発布して寺社勢力への統制を試みていた。また江戸時代においては、江戸幕府が諸宗寺院法度や諸社禰宜神主法度を発布し、中世段階に比して格段に、寺社への統制を強めたことはよく知られている。

いっぽう、この両者に挟まれた中世後期、中でも室町幕府政権下においては、治安維持・租税・土地関係のものなど世俗と関わる規制が中心で、寺院社会内部の秩序に介入する法は少ない。ただ、例外をなすのは、幕府の統制が強くおよんだいわゆる五山系の寺院（鎌倉の円覚寺など）であり、これらの寺院に対しては、住持の任命や、寺僧の定員など人事に関わる問題にも規制をかける幕府法が一四世紀を中心に発布されている。また、五山の格付けについても室町幕府の評定によって決定されたことが知られる。（禅宗に関する寺院法についての詳細は、『寺院法』第五篇参照）。

戦国大名による寺社統制

中世後期における世俗権力による寺社統制法としては、戦国大名が制定した分国法の内の寺社統制に関する条文も注目される。ここでは複数の分国法に見られる内容を二つ紹介したい。まず、今川氏が定めた「今川仮名目録」二八条には、「諸宗の論の事、分国中にをいては、之を停止し畢ぬ」と分国中における宗論（宗派同士の教義の優劣を論争すること）を禁じる条文が存在する。また「今川仮名目録」の影響を受けていることが指摘される「甲州法度之次第」五五ヵ条本二二条では、「浄土宗・日蓮党、分国において法論有るべからず。若し取り持つ人有らば、師旦共に罪科に処すべし」と、宗派を具体的にあげたうえで、宗論の開催を援助した俗人（檀那）も処罰すると定めている。さらに、西国の「大内氏掟書」一七四条にも宗論を禁止する条文がある。戦国大名が宗論を禁じた理由は、「大内氏掟書」に「ややもすれハ喧嘩闘諍に及て、干戈を帯し騒動せしむ」とあるように、宗論がエスカレートして暴力沙汰になり、領内の治安が乱れることを懸念したためであろう。

二点目は、同じく「今川仮名目録」二九条に「諸家取りたての弟子と号し、智恵の器量を糺さず、寺を譲あたふる事、自今以後之を停止す。但し、事の体に従うべきか」と、法流の継承が予定されている弟子だからといって、その人物の能力を糺さずに、寺領を譲ることを禁じている。いっぽう、伊達氏の「塵芥集」九条には、「住持職は師匠まかせたるべし」と師匠による任命を認めているが、続けて「ただし問答あらば、時の守護所へ披露のうへ、その是非にしたがふべし」と、継承をめぐるトラブルが発生した場合は、世俗権力が介入することを定めている。「塵芥集」にあるように、寺院の住持職は、法脈にもとづく師資相承で行われるのが原則である。もちろん、中世を通じて世俗権力が介入してくる事例は多く見られるが、分国法として制定された点に、領内の寺社へ統制を強めようとする戦国大名の姿勢がうかがえる。また分国法ではないが、さらに極端な例としては若狭武田氏の事例が知られる（『寺院法』真言七一・七二号）。武田信豊（たけだのぶとよ）は、若狭（現福井県）の真言宗寺院正昭院（しょうしょういん）（現萬徳寺（まんとくじ））を若狭国内の真言宗寺院の本寺と位置づけ、国内の他の真言宗寺院に、正昭院の法流を相承することを強制し、従わないものは罪科に処すと定めるなど、強力な寺社統制を目指したのである。

このように戦国大名は、領域内の寺社への統制を強める傾向を見せる。これは、近世武家権力による寺社統制の先蹤とみなすことができよう。ただいっぽうで、若狭武田氏の寺社統制が実際にはうまく機能していなかったとされ、また分国法を制定した大名家の多くが没落している点もふまえると、分国法の制定によって寺社統制が大名の思惑どおりに進んだとは一概に言えないだろう。

4　中世後期寺社法の位置づけ

聖と俗の狭間で

室町・戦国期は、民衆に基盤を持った鎌倉仏教教団がその勢力を大きく拡大させ、いっぽうでそれまで支配的な立場にあった顕密寺院勢力も、荘園（しょうえん）制の崩壊などで弱体化しつつも、生き残りをかけて、

（ご注意）

・この用紙は、機械で処理しますので、金額を記入する際は、枠内にはっきりと記入してください。また、本票を汚したり、折り曲げたりしないでください。

・この用紙は、ゆうちょ銀行又は郵便局の払込機能付きＡＴＭでもご利用いただけます。

・この払込書を、ゆうちょ銀行又は郵便局の渉外員にお預けになるときは、引換えに預り証を必ずお受け取りください。

・ご依頼人様からご提出いただきました払込書に記載されたおところ、おなまえ等は、加入者様に通知されます。

・この受領証は、払込みの証拠となるものですから大切に保管してください。

収入印紙
課税相当額以上
貼　　付

印

この場所には、何も記載しないでください。

地方や民衆との関係強化に向かったとされる、まさに日本の宗教界にとって一大変革期であった。同時に、中世から近世への移行の中で、「宗教の世俗化」が進んだと言われることも多いが、それは宗教勢力がこれまで以上に世俗社会と密接な関係を持つ世になったことの裏返しでもあり、これまで見てきたように寺社法にもその影響は反映されている。これを本来のあり方からの逸脱、堕落と糾弾することはたやすい。しかし、世俗社会の論理と権力を借りてでも、宗教界を取り巻く急激な環境変化に対処しようとした宗教勢力の努力の痕跡とも評価できるのはなかろうか。

【参考文献】

黒田俊雄編『訳注日本史料　寺院法』（集英社、二〇一五年）
佐藤進一・百瀬今朝雄・笠松宏至編『中世法制史料集　第六巻　公家法・公家家法・寺社法』（岩波書店、二〇〇五年）
清水克行『戦国大名と分国法』（岩波書店、二〇一八年）
清田義英『日本中世寺院法の研究』（敬文堂、一九八七年）
清田義英『中世寺院法史の研究—寺院多数決制と寺院方式—』（敬文堂、一九九五年）
清田義英『中世寺院の知恵』（敬文堂、一九九八年）
清田義英『中世法華寺院法史論』（敬文堂、二〇〇九年）
高埜利彦・安田次郎編『新体系日本史一五　宗教社会史』（山川出版社、二〇一二年）
豊田　武『豊田武著作集　第五巻　宗教制度史』（吉川弘文館、一九八二年）
細川亀市『日本中世寺院法総論』（大岡山書店、一九三三年）
芳澤　元『日本中世社会と禅林文芸』（吉川弘文館、二〇一七年）

第八章　村　法——惣村文書と村掟——

銭　静怡

1　中世後期の惣村と惣村文書

惣村の定義と特徴

室町・戦国時代には惣村と呼ばれる村落が成立した。一四世紀のなかば頃から史料に「惣」や「惣百姓」などの用語があらわれるが、これは荘園制下で百姓らによる自治的な組織が成立したことを意味している。一九六〇年代に石田善人氏は畿内およびその周辺（近江や紀伊など）の村落を対象に、惣村の概念や指標を提示した。具体的には、惣村は、①惣有地など惣有財産を保有し、②年貢の地下請を行い、③惣の掟を定め、地下検断（自検断）を行う、という三つの指標でとらえられている。

しかし、じつは中世後期の村落は地域によって多様性を有している。それは村落関係文書のありようからもうかがえる。石田氏が注目した畿内近国の村落には、村落がみずから作成した、いわゆる惣村文書が伝来している。いっぽう、それ以外の地域にはそのような惣村文書がほとんど見られない。たとえば、戦国大名北条氏支配下の東国村落（「郷村」と呼ばれる）の関係文書はほとんど北条氏が郷村あてに発給した印判状である。そこから大名が郷村に賦課した課役の内容や負担の方法などがうかがえるが、郷村としての自律的な活動はうかがえない。

従来、上記の相違は東国地域の後進性を意味するものとの認識があったが、近年は、惣村研究の進展によって、上記の三つの指標をもって、惣村であるかいなかを判断すべきではないといわれるようになった。すなわち、池上裕子氏は、多様な活動と形態によって、一定の自治と自立を獲得し、法的主体として機能していることをもって広く惣村を認定すべきであるという。この認識によって、それぞれの地域社会の歴史的個性を認めながら、戦国時代には惣村が全国的に成立しているとの認識がしだいに定着してきている。

惣村文書

惣村文書といえば、「菅浦文書」（滋賀大学日本経済文化研究所史料館編『菅浦文書　上・下』有斐閣、一九六〇・六七年）や「今堀日吉神社文書」（仲村研編『今堀日吉神社文書集成』雄山閣出版、一九八一年）などが名高い。「菅浦文書」を例に惣村文書の特徴を考えてみよう。

琵琶湖の北岸に位置する菅浦（現滋賀県長浜市西浅井町菅浦）は、その東西北三面を山で囲まれ、南は湖にのぞんでいる。「菅浦文書」に「在家七十二宇」と記される菅浦はかならずしも大きな村ではないが、惣村史研究のうえで注目されているのは、一二〇〇通あまりという多量の中世文書が残されているからである。これらの文書は菅浦の鎮守須賀神社に伝来しているが、大正五年（一九一六）・六年に発見されるまで神社に秘蔵され、「開けず箱」と呼ばれる唐櫃に収められていた。

「菅浦文書」を大まかに分類すると、菅浦がみずから作成したものと、自主的に収集したものがある。前者には、村掟、帳簿、申状案などが見られるが、後者には、領主が下したもの（年貢請取状、命令など）のほかに、菅浦が近隣の村（大浦、堅田）と相論が起きた時に、懸命に収集した訴訟文書が含まれる。

このように、惣村文書が残されたおかげで、中世後期の惣村がどのような村掟を定めて、それにもとづいてどのように村人を規制し、内部秩序を調整していたのかを検討することが可能となった。以下、その諸相を見ていくが、本章の検討内容との関係で、惣村文書が残されていない東国の郷村は検討対象から外さざるをえない。

2　惣村文書に見られる村掟

村掟制定の過程

笠松宏至・佐藤進一・百瀬今朝雄校注『中世政治社会思想　下』（岩波書店、一九八一年。以下『政治社会思想下』と略す）は「掟書」という項目を設け、惣村が定めた掟書、いわゆる村法を蒐集している（以下の掟書は番号だけを記す）。それらの掟書を見ると「規文」「定置」「置文」「置手状」などと表記されている。具体的な内容は後述するが、全般的にいえば、村人の生産や生活などにかかわるものが多い。

惣村にとって、掟書を定めることは村の再生産を可能にし、内部秩序を調整・維持する重要な手段だといえよう。

まず、惣村はいかに掟書を定めたのであろうか。その過程を検討してみよう。現存の掟書には「衆儀（議）」という表現がよく見られる。たとえば、文安五年（一四四八）一一月一四日付今堀郷（現滋賀県東近江市今堀町）の掟書（一九号）の最後に「衆儀により、定むるところ件のごとし」とあるように、掟書は「衆」が集まり談合したうえで決められたとされる。惣村は自治的な集団としてその内部に運営組織が存在することが想定されるが、この「衆儀」はその運営組織が行う寄合であり、「衆」は運営組織の構成員にあたるであろう。談合する際に、「衆」全員の意見が一致しない場合もあると考えられるが、天正一〇年（一五八二）一二月八日付今堀郷の掟書（五六号）には「地下何様の儀も、談合これあるといえども、たぶんニ付へき事」とあるように、「衆」の過半数で決着することが多かったようである。

ところで、惣全体の村人の誰もが運営組織の構成員になれたのであろうか。年齢階梯制で構成員が選ばれることが多いといわれるが、菅浦を例に見てみよう。寛正二年（一四六一）七月一三日付菅浦の掟書（二二号）には「上廿人乙名、次の中乙名、又末の若衆相ともに、如法沙汰を致すべし」とある。この掟書は菅浦で盗難がおこった時にどう対応すべきかという内容であるが、その際に、二〇人の乙名と中乙名、および若衆で沙汰すべきだと決まったという。菅浦の場合は、惣組織の構成員は乙名と中乙名と若衆からなっているが、「上」、「次」と「末」という表現から、それぞれの年齢や惣組織における地位が示されている。そして、この掟書の最後に署名したのは「廿人乙名中」であり、乙名の惣組織の構成員における地位が特別であることがわかる。菅浦の乙名制度については、田中克行氏が明らかにしたように、固定した支配層から選ばれたのではなく、全在家の中から臈次階梯により選ばれる制度であるという。したがって、菅浦の事例から見れば、それなりの年齢に達して、乙名、中乙名と若衆という身分を獲得すれば、自然に惣組織にはいることができたのであろう。

ただし、実際に上記の身分を獲得するには、「オトナ成」や「烏帽子成」といった儀式が必要である。永正元年（一五〇四）一〇月七日付今堀郷の掟書（三六号）には、「一、官成は、馬牛飼人ハ四百文充、余ハ三百文なり。一、烏増(帽)子は、五百文出さるべきものなり」とあるように、個人がみずから儀式を行うための資金を提供する必要があるという。また、同じく永正元年付の今堀郷の掟書（三七号）には、「右、もし以後座ニ入るともがらにおいては、未進ある方々ハ、料足ヲ算用あるべし。足洗酒先々のごとく、本走あるべき候」とある。座はいわゆる宮座であり、惣村が村の神社を中心に神事を行うために結成した惣組織体である。この掟書によれば、村人が経済的に村人としての務めが果たせない場合や未進分があった場合は、座から抜かれることになる。その後ふたたび座にはいりたければ、未進分を納めて「足洗酒」（祝儀として出すお酒）を提供しなければならないという。

このように、惣村は原則的に年齢階梯制で惣組織の構成員を選んでいるが、その背後には構成員が持つ経済的な裏づけが必要なことを見逃してはいけない。

村掟の内容

上述のように、村掟は村人の生産や生活などにかかわり、内容は多岐にわたるが、在地の慣習をもとに成文化されたものが多い。そのため、村法といっても律令法のような体系性が欠如しているのは当然であろう。次に現存する掟書をいくつか取りあげて、その内容を把握してみよう。

まず、応永三二年（一四二五）一一月付今堀郷の掟書（一六号）を取りあげたい。

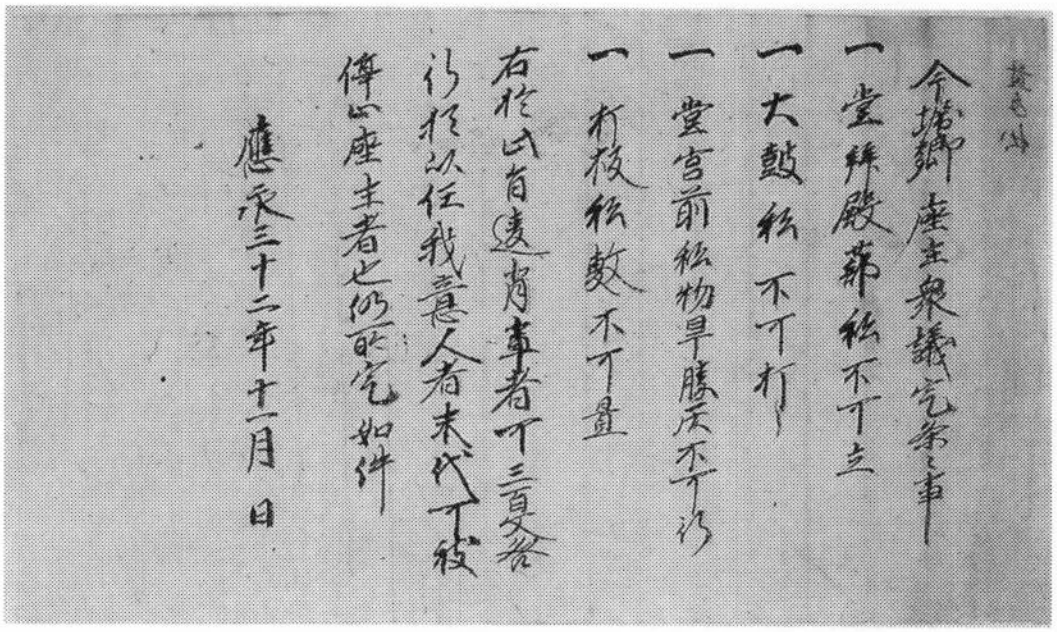
置手状
今堀郷座主衆議定条々事
一　堂拝殿蔀私不可立
一　大鼓私不可打
一　堂宮前私物旱勝灰不可行
一　打板私敷不可置
右於此旨違背輩者可三百文咎
行於以任我意人者末代可被
停止座主者也仍所定如件
應永三十二年十一月　日

図５　今堀郷座主衆議定書案 365 号（今堀日吉神社文書）
（今堀日吉神社寄託、滋賀大学経済学部附属史料館保管）

（端裏書）
「置手状」

今堀郷座主衆議定め条々の事

一　堂・拝殿の蔀（しとみ）、私に立つべからず。

一　大鼓、私に打つべからず。

一　堂・宮前、私に物旱勝灰行ふべからず。

一　打板（うちいた）、私に敷き置くべからず。

右、この旨違背の輩においては、三百文の咎（とが）に行ふべし。なほ以て我意（がい）に任する人は、末代座主を停止（ちょうじ）せらるべきものなり。よつて定むるところ件のごとし。

応永三十二年十一月　日

今堀郷の掟書には宮座に関するものが多いが、これは惣村にとって農業生産などが順調に進むことを祈願する祭祀が大事であるからであろう。この掟書は宮座に参加する際に、座衆が堂宮で守るべき礼儀を細かく記している。三条目は少し難解だが、堂・宮前で私の物を干して商売を行うこと（あるいは博奕をすること）を禁じたものと理解されている。これらの規則に違反した場合における罰金と座抜きの制裁が規定されている。

掟書には、宮座のほかに、村の行政にかかわるものも多く見られる。次に延徳元年（一四八九）一一月四日付の今堀郷掟書（二七号）に注目しよう。

定今堀地下掟之事

合延徳元年己酉十一月四日

（中略）

一　惣ヨリ屋敷請候て、村人ニテ無物（なきもの）置くべからざる事。

（中略）

一　惣ノ地ト私ノ地ト、サイメ相論ハ、金ニテすますへシ。

一　惣森ニテ青木ハ葉かきたる物ハ、村人ハ村を落とすべし。村人ニテ無物ハ、地下ヲハラウヘシ。

（中略）

一　家売タル人ノ方ヨリ、百文ニハ三文ツヽ、壱貫文ニハ卅文ツヽ、惣へ出すべきものなり。此の旨ヲ背く村人ハ、座ヲヌクヘキなり。

（下略）

この掟書は二〇ヵ条からなるが、村人の生産や生活にかかわる規定と村の神事に関する規定が入り混じっている。行論の都合上、主に前者についての条目を取りあげることにしたい。

まず、第一条と第三条にある「村人ニテ無物」に注目したいが、これは「村人」との対比を示す言葉である。仲村研氏が指摘したように、「村人」はたんに村の住人というのではなく、惣を構成する者――宮座構成員＝村民権を有する者を意味するという。それに対して、「村人ニテ無物」は村に住んでいても、宮座構成員ではないもの、いわゆる村民権を持たない者を意味するという。

上述のように、村人の間に経済的な格差が存在し、未進があった場合座から抜かれることがある。もちろん、いったん座を抜かれたら、すぐに「村人ニテ無物」に転落してしまうとは限らないが、「村人」と「村人ニテ無物」との間に一線が厳しく設けられているのが明らかである。

次に、第一条に見られる「屋敷」にも注目したい。仲村氏によると、これは惣が村の犯罪者の屋敷を没収したものと、相続者がいない屋敷で惣の管理下にはいったものが考えられるという。文明一五年（一四八三）八月一〇日付菅浦の掟書（二六号）には「地下において、正躰なき子細により、死罪ニおこなわれ、或ハ地下をおいうしなわれ候跡の事ハ、子共相続させられ候ハヽ、無為ニめてたかるへく候」とあるように、惣が村の犯罪者を死罪にしたり、村から追い出したりすることがあるが、その場合に、犯罪者の財産は惣が処分する対象となった。上記の「屋敷」は仲村氏が指摘したとおりであろう。

以上の検討をふまえて、改めて上記の各条の解釈を考えよう。第一条は仲村氏の解釈によると、村人が惣から屋敷を借り受けてまた「村人ニテ無物」に貸してはいけないという。

第二条は惣有地と私有地の境目相論は金銭で解決すべきであるという。惣村には惣が管理する土地が存在するが、村人が持つ私有地についても、惣が発言権を持っている。たとえば、貞和二年（一三四六）九月付菅浦の掟書（七号）には「日指（ひさし）・諸河（もろかわ）田畠をいて、一年二年ハうりかうといふとも、永代（えいたい）おうることあるへからす」とある。菅浦の田畠はほとんど日指と諸河というところにあるが、面積が狭いため、惣は外部への流失を防ぐため、村人が持つ私有地の永代売を禁じていることがわかる。

第三条は惣有森林を無断に採取する場合の処罰である。後の文亀二年（一五〇二）付（三四号）と永正一七年付（四一号）の掟書には、採取する際に使われた道具によって罰金額が異なるが、ここではもっと重い処罰が下されている。すなわち、村人ならその身分を剥奪するが、「村人ニテ無物」は村から追放することになる。

第四条は村人が家屋を売る際に、その売価の百分の三を惣に納付すべきであるとし、この規定に違反した場合は座抜きの処分をするという。後に天正一三年正月付の京冷泉町掟（六二号、「冷泉町記録」）には家を売買した時、家の買手に価格の一〇分の一（「分一（ぶんいち）」）を町へ納付させる規定が見られるが、惣あるいは町が家屋売買徴税権を持っている点で共通しているといえよう。ところで、このように家の売買の際に第三者がその分一を取る慣行はどこまで遡れるであろうか。上記の「掟書」六二号の補注「分一」によると、一五世紀初頭、東寺が領内の家屋が他領へ売却された際に恩恵的措置として一〇分の一を徴収して売買を許可した事例が見られる。一〇分の一の納入という制度はなく、領内の家屋が領主権の対象となるべきものであった点も異なるが、惣と町が持つ家屋売買徴税権はその延長線上に位置づけることができるであろう。

ところで、『政治社会思想下』の「掟書」には文安六年（一四四九）二月一三日付菅浦惣荘置書（『菅浦文書』上六二八号。以下『菅』＋番号と略す）が収録されていない。文安二年から三年にかけて、日指・諸河の耕地をめぐって、菅浦が隣の大浦庄と大きな争いを起こした。この置書は二五〇〇字ほどかけて、その相論の経過だけでなく、後世への教訓と指針を記している。そういった意味で体裁が普通の村掟と異なり、条文という形を取っていないが、内容から考えれば、村法の範疇にはいるであろう。

置書の中から二点に注目したい。一つ目は菅浦が「故戦防戦の法」を強く意識してみずから取った行為が正当防衛だと強調することである。「このふそくニ大浦へをしよせ、本意をとけんと若者共申といゑとも、京都へなけき申、公事中半にて候間、しかるべからずとて京より下知状を下さるるの間、思ながら留りつ」とあるように、大浦の復讐へ不満を持った若衆が報復しようとしたところ、京都へ訴訟中であるので、報復を控えて、京都よりの下知状を待つことにしたという。

二つ目は相論を解決するために、武力を行使するだけでなく、訴訟を通じて平和に解決しようとすることである。置書の後半には訴訟が菅浦の勝訴とされた理由が記されている。「公事無為の趣をたつぬれは、山門花王院御力を得、山の使節の挙状をとり、……道理ある文証等も数通さしいたす、……自今以後もし此公事出来候ハヽ、かくのごとく京都をもつくろい、地下人もけなけニつをくもち候へく候、……」とあるように、訴訟に協力してくれた各勢力のことや、菅浦が収集した証拠書類の効果や、今後また同じような相論が起きた際に、このようにすべきだと村人へ勝訴するための指針を示している。

3　惣村の「自検断」

「自検断」というもの

村掟の内容を検討すると、惣村は村人を裁く権限を持っていたことがわかる。こういった在地の慣行は村掟の成文化により整序され、制度化されることになるであろう。処罰の方法は罰金や座を抜かせるといった多少軽いものもあるし、村人を村から追放し、財産を没収することや処刑することもありうる。後者は盗難や殺人など刑事的事件が起きた時に下される処罰だと考えられるが、普通は検断の範疇にはいる。中世社会は分権的構造を持っているため、検断権は朝廷と幕府といった公権力に一元的に把握されているのではなく、荘園領主や在地領主などの権力主体がその支配下の人びとに対して検断権を持っていた。しかし、惣村の成長にともなって、村内部で起きた事件はその都度領主検断の対象になるとは考えられず、そのまま現地で処理されることが多かったであろう。石田氏はこういった村自身による慣習的に日常小事の検断を行使する権限を「自検断」と名づけて、惣村の自治の指標の一つとした。

しかし、近年は「自検断」という概念について疑問視する意見がある。そもそも「自検断」という言葉は永禄一一年（一五六八）一二月一四日付菅浦惣中壁書（四九号）に由来しており、そこには「当所壁書の事、守護不入、自検断の所なり」とある。志賀節子氏はこの一点だけの史料が語る実態は菅浦による検断権行使の例証と見なせないとし、検断権はあくまで領主権の一部であるため、村の慣習的な検断は荘園領主が検断の執行を地下に委譲・承認するものだとして、「検断地下請」を提唱した。そして、蔵持重裕氏は上記の史料の作成者は菅浦ではなく、領主である山門花王院であり、「自検断」は他には用例のない造語だと指摘した。似鳥雄一氏は蔵持氏の意見をふまえて、「自検断」という言葉は、撰銭令で禁じられた行為であった「私検断」に相当するものであり、村が行う検断全般をさしているわけではないと指摘した。これらの新たな指摘は惣村の「自検断」についての検討をさらに深める契機となるであろう。

惣村の「自検断」と戦国大名

惣村が発展する一五世紀後半からは、戦国大名が登場する時代でもあった。地域統合を目指す戦国大名にとって、惣村は重要な支配対象となるが、大名によって惣村の「自検断」が否定されたかいなかについて、意見が分かれている。議論で取りあげられたのは、永禄一一年に菅浦惣で起きた一連の事件である。

永禄一一年八月一八日に菅浦は代官浅井井伴（戦国大名浅井氏の同族）に誓約状（『菅』下九二三号、案文）を提出したが、それによると、菅浦惣が「清徳庵親類」四人に処罰を下したが、それを井伴へ報告するのが遅れてしまった。この点について井伴が折檻し、菅浦が詫言を申し入れたところ、井伴が受け入れてくれた。今後は菅浦が独断せず、すべてのことを井伴に報告し、井伴の意見に従う。そして、「清徳庵親類」四人に対する井伴の処置について菅浦から異論を述べないという。

しかし、同じ年の一二月一四日に菅浦惣の長男（乙名）と中老が集会を開き、「清徳庵親類」四人に処罰を加えた際の記録（『菅』下九二五号、案文）が残されている。そこには、この四人が井伴の威勢を借りて惣の掟に違反したので、永遠に惣への参会を禁じるとして四人の座抜きを表明し、「守護不入、自検断の所なり」と改めて惣の自治を強調した。

菅浦が井伴に詫言の誓約状を出したことから、菅浦が村人に下した処罰が井伴の介入によって取り消されたことが明らかである。井伴が惣の決定に介入した理由は現存の史料からは断言できないところがあるが、「清徳庵親類」四人が惣から処罰を受けてから井伴に助けを求めた可能性が高いと考えられる。このように、個人の利益が惣の利益と衝突した際に、上級の権力に頼り、惣の決定を取り消させようとする村人の選択は、在地の人びとが浅井氏の裁判権の優位をよく認識していたことを示している。

しかし、菅浦が誓約書を提出した後、集会を開き、「清徳庵親類」四人に座抜きの処罰を与えたことを見れば、井伴による介入は必ずしも惣の自検断を潰すことを目的にしているわけではないし、井伴には惣の決定全般に介入する力はないと考えられる。このように、浅井氏の裁判権と菅浦惣の自検断は重層的な関係にあるといえる。大名の裁判権が優位するいっぽうで、惣村の「自検断」がただちに潰されたわけではないことが明らかである。

【参考文献】

池上裕子「戦国の村落」（同『戦国時代社会構造の研究』校倉書房、一九九九年、初出一九九四年）

石田善人『中世村落と仏教』（思文閣出版、一九九六年）

蔵持重裕『中世村の歴史語り―湖国「共和国」の形成史―』(吉川弘文館、二〇〇二年)
久留島典子『日本の歴史一三　一揆と戦国大名』(講談社、二〇〇一年)
志賀節子「中世後期荘園村落と検断―村落「自治」の再検討―」(同『中世荘園制社会の地域構造』校倉書房、二〇一七年、初出一九八七年)
清水克行「戦国の法と習俗」(『岩波講座　日本歴史　第九巻　中世四』岩波書店、二〇一五年)
銭　静怡「戦国大名浅井氏の菅浦支配」(同『戦国期の村落と領主権力』吉川弘文館、二〇一八年、初出二〇一二年)
薗部寿樹『日本の村と宮座―歴史的変遷と地域性―』(高志書院、二〇一〇年)
田中克行『中世の惣村と文書』(山川出版社、一九九八年)
仲村　研『中世惣村史の研究』(法政大学出版局、一九八四年)
似鳥雄一「戦国大名の惣村支配―菅浦の「自検断」と撰銭令―」(同『中世の荘園経営と惣村』吉川弘文館、二〇一八年)
湯浅治久「惣村と土豪」(『岩波講座　日本歴史　第九巻　中世四』岩波書店、二〇一五年)

第九章　町　法——京都の事例から——

河内　将芳

1　京都の「町法」

都市京都の地縁的共同体

都市に形成された地縁的共同体である町(ちょう)の法は、史料のうえでは、「掟」「定」「法度」などと登場する。この点は、惣(そう)や村の「村法」とも共通するが、ただ、惣や村と大きく異なるのは、地縁的共同体としての町の成立がかなり遅れ、戦国期のなかでも一六世紀前半と考えられる点であろう（仁木二〇一〇、河内二〇〇〇）。そのことをふまえたうえで、本章では、もっとも早期に町が成立したと考えられている京都を中心に具体的な事例にふれつつ、「町法」をみていきたいと思う。

惣町・町組・町

京都では、地縁的共同体は、惣町(そうちょう)・町組(ちょうぐみ)・町(ちょう)という重層構造をともないつつ成立し、それが近世へとつながったことでも知られている。このうち町とは、いわゆる個別町を意味し、「地縁的・職業的身分共同体」（朝尾二〇〇四）として「近世社会における基本的社会集団であり、都市の基礎単位」（杉森二〇〇八）とされるものにあたる。いっぽう、町組とは、その町が複数結集したものであり、そして、惣町とは、上京（かみぎょう）・下京（しもぎょう）（あるいは、上京中・下京中）と呼ばれた、町組や町の上位に位置する集団を意味する。

これらは、史料のうえでは、町・町組・惣町という順番に登場するのではなく、町と惣町が町組より先行して確認されることでも知られているが、このうち、「町法」が残されているのは町と町組である。そこで本章では、町の「町法」、町組の「町法」の順でみていくことにしたい。

2　冷泉町の「町法」

冷泉町

先にふれたように、京都において地縁的共同体としての町が成立したのは、一六世紀前半と考えられている。もっとも、成立当初の町が「町法」を定めていたのかどうかについては、史料が残されておらず、さだかではない。したがって、残されたものから考えるしかないわけだが、現在のところ、町の「町法」として最古とされているのが次である（秋山一九八〇）。

天正十三年正月　日

一、家の買い手より分一出だすべきこと、
一、見知られ五十疋申すべきこと、
一、あゆ酒出だし申すべきなり、

これは、室町小路（室町通り）をはさんで、冷泉小路（夷川通り）を北限、二条大路（二条通り）を南限に両側町として成立した冷泉町の「大福帳」（『京都冷泉町文書』）に記されたものである。天正一三年（一五八五）といえば、京都は豊臣秀吉の施政下に入りつつある時期にあたる。冷泉町は、これより先、元亀三年（一五七二）付「上下京御膳方御月賄米寄帳」（『禁裏御倉職立入家文書』）にはその名を見いだせないが、それから四年たった天正四年（一五七六）には確実に「冷泉町」（『頂妙寺文書・京都十六本山会合用書類』）としてその名を確認することができる。

「家」の所有

その「冷泉町」に伝わる、右の「町法」は、文書としては伝わっておらず、その意味では原本と言いがたい。また、わずかに三ヵ条しかなく、いたって短いものともいえる。しかしながら、町みずからが制定の主体と考えられる点において、その内容は、この時期の町のあり方を考えるうえでも重要なものといえよう。なにより、ここからは、地縁的共同体としての町を存立させていたものが「家」（家屋）にあり、また、その「家」を購入する「買い手」は、町に対して「家」の売買価格の十分の一にあたる「分一」と呼ばれる金品を「出」すだけではなく、「見知られ」や「あゆ酒」と呼ばれる挨拶料としての銭や酒も町におさめなければならないことが明らかとなるからである。

地縁的共同体として町が、「家」の所有とそれを所有するための売買行為を基礎にしていたことが知られるが、それとともに、「家」の「買い手」は、「分一」や「見知られ」「あゆ酒」といった、一種の儀礼的な贈与をとおして、はじめて共同体の構成員となりえたことも明らかとなろう。したがって、これに次ぐ「町法」もまた、「家」にかかわるものとなっている。同じく冷泉町に伝えられる、次がそれにあたる。

天正十六年三月吉日
一、(衍カ)家売り買い定めのこと、
一、家売り買い、御奉公人・道(みち)の物(もの)へ売り申しそうらわば、卅貫文過銭たるべきこと、ただし、吹(すい)挙人(きょにん)へ相かかるべきこと、
一、町人へ家売り申しそうらわば、町衆として同心の上は、家売り主より壱貫文出だし申すべきこと、
一、借り家のものあるにおいては、御宿老衆へ案内申し、御合点においては、二百文の御樽出だし申すべきこと、

右もまた、「大福帳」に記されたものである。先の「町法」からわずか三年後の天正一六年（一五八八）のものとなるが、三年前のそれとくらべたとき、内容がかなり充実している様子がみてとれる。とはいえ、冒頭に「家売り買い定めのこと」とみえるように、やはり「家」の「売り買い」に主眼がおか

れていたことが読みとれる。その「家売り買い」に「御奉公人」と呼ばれた武士や「道の物」(『日葡辞書』によれば、「演劇〔能〕とか笑劇〔狂言〕とかを演ずる人」)といった人びとが除外され、そのような人びとを「吹挙」(推挙)したものに対しても「卅貫文」の罰金にあたる「過銭」が課せられたこと、また、「町人へ家売り」の際にも、「町衆として同心」が必要とされるとともに、「家売り主より壱貫文出だすよう定められていたことが知られる。わずかな期間のうちにさまざまな場面に遭遇し、町と「町法」が変化していった様子がうかがえよう。

「町人」と「町衆」

その変化をもっとも端的に示していると考えられるのが、「町人」と「町衆」ということばが意識的に書き分けられている点である。「町衆として同心」とあるからには、「町衆」が町内の町人、「町人」が町外の町人を意味していたことは明らかといえる。外部を意識する経験をとおして、逆に町内部の共同性が高まっていった様子がうかがえよう。

いっぽう、「町衆」のなかに「御宿老衆」と呼ばれる「特定の町人」(菅原一九九五)や「数名からなる町内有力層」(杉森二〇〇八)が存在していたことも読みとれるが、その「御宿老衆」がかかわることがらが、「借り家」についてであった。それによれば、「借り家のもの」が出た場合、「御宿老衆」への「案内」(取り次ぎ)が必要とされ、そして、「御宿老衆」に「御合点」(同意)されたあかつきには、「二百文の御樽」も求められたことが知られる。ここにみえる「御樽」とは、天正一三年の「町法」にみられた「見知られ」と同様のものと考えられるが、「二百文」というその額からしても、「借り家」もまた、容易にできるものではなかったことが知られよう。

天正一〇年代

このように、「町法」が「家」の売買などに焦点をあて、定められているのは、その背景に、「一五九一年に、この都の町は、同所に居住するために諸国から移転してくる人びとの動きにともなって、建物、殿堂、居宅が数を増していったが、その変貌ぶりは、以前にこの町を見た者でなければ信じられぬほど」となり、「当初この町の（人口）は八千ないし一万（？）ほどであったが、今では戸数三万を超えると言われ、ますます拡大しつつある。しかもその（数は）、町人と職人が（住む）街だけのこと」と『フロイス日本史』が伝えているように、「天正一〇年代に、京都はわずか一〇年余で一挙に都市域を数倍に拡大し、家数三万軒、人口一〇万人以上の大都市」（横田一九九三）へと変貌したことがあったと考えられる。

つまり、「町法」が文字として残されていく背景には、「天正一〇年代のこのような社会構造の不安定化」（横田一九九三）があったのであり、そして、「町屋敷を購入する新来の町人が登場しつつあった」「その事態への対応として生まれたのが現在最古のものとして名高い天正一三年の町掟」（菅原一九九五）であったと考えられるのである。

3　鶏鉾町の「町法」

鶏鉾町

冷泉町の「町法」は天正という年号をもつものであったが、それに次いで残されているのが、文禄という年号をもつものとなる。そのひとつが次である。

　　定む法度

一、毎月六日に御汁これあるべきこと、
一、町中の儀について贔屓偏頗(えこひいき)仕(つかまつ)るまじきこと、
一、諸事談合の時、年寄衆多分しかるべきとの方へ各相付くべきのこと、
　（中略）
一、月行事(がちぎょうじ)ならびに宿老衆の身の上において自然不慮の儀出来そうらわば、町中として油断なく
　相さばき申すべきこと、
一、烏帽子着(えぼしぎ)祝儀として、八木壱石出だされるべし、
　（中略）
一、法体・官頭(途)祝儀として、八木五斗出だされるべし、
　（中略）
一、聟入の衆は、祝儀として、御樽二荷・八木壱石出だるべきこと、

右法度条々前々よりこれあるといえども、なおもって相違なく相定め申しそうろう、もしこの旨相背く輩これあらば、御奉行様へ仰せ上げられ、御成敗なさるべくそうろう、その上日本国中大小神祇・三十番神・祇園牛頭天王の御罰を各蒙るべきものなり、よって起請文くだんのごとし、

文禄五申七月八日　田中藤左衛門（花押）

（以下、略）

これは、鶏鉾町（にわとりほこちょう）に残される「町法」（「鶏鉾町文書（にわとりほこちょうもんじょ）」）である。鶏鉾町は、冷泉町と同じように、室町小路（室町通り）をはさみつつも、四条大路（四条通り）を北限、綾小路（綾小路通り）を南限に成立した両側町である。すでに「元亀二年御借米之記（げんきにねんおんしゃくまいのき）」（『禁裏御倉職立入家文書』）に「中くミ（組）十七町」の一町として「庭鳥ほこ（鉾）町」とみえ、また、翌元亀三年（一五七二）付「上下京御膳方御月賄米寄帳」にも「庭鳥鉾町」とみえる。したがって、その存在が確認される時期は冷泉町よりも早い。

もっとも、残された「町法」は冷泉町よりも新しく、右の文禄五年（一五九六）のものが最初となっている。また、その内容は一八ヵ条にもおよび、冷泉町の「町法」より整備されたものとして知られるが、ここでは、冷泉町の「町法」でみた「家」の売買や「借り家」にかかわる条項を除いたものについてみていくことにしよう。

「御汁」と「町中の儀」

まず目をひくのは、冒頭にみえるように、鶏鉾町では、「毎月六日」に「御汁」（町汁）と呼ばれた飲

図６　洛中洛外図屏風（上杉本）左隻第３扇より
（米沢市〈上杉博物館〉所蔵）

食をともなう寄合が定期的におこなわれていた点であろう。その「御汁」では、「諸事談合」がおこなわれ、「町中の儀」が話し合われたが、その際には「贔屓偏頗」することなく、「年寄衆」であっても「多分」（多数）の意向にしたがわなければならなかったことも読みとれる。しかも、「年寄衆」（「宿老衆」）とならびたつ「月行事」なる存在も確認でき、また、彼らの「身の上」に「不慮の儀」がおきた場合には、「町中として油断なく相さば」くと記されている。ここから鶏鉾町では、「御年寄衆」など特定の人びとの意向より「町中」の共同性のほうが優先されるようになっていたことがうかがえよう。

また、「烏帽子着」（成人式）、「法体」（剃髪）、「官頭（途）」（官途成、名前に兵衛や右衛門などをつけること）といった町人たちの人生儀礼にかかわる条項もみえ、共同体として町が成熟していった様子が知られる。それが、成立当初からみられたのかどうかについてはさだかではないが、最後のところにみえる「右法度条々前々よりこれあるといえども、なおもって相違なく相定め申しそうろう」という一文からは、少なくとも文禄五年以前には慣習として認知されていたとみることは可能であろう。

なお、同じく最後のところにみえる「御奉行様」は、この時期の京都を施政下においていた豊臣政権の奉行のようにもみえなくもない。しかしながら、同じような存在は、下本能寺前町に残される文禄三年（一五九四）七月一五日付の「町法」（「下本能寺前町文書（しもほんのうじまえちょうもんじょ）」）にも「町中として急度申し付くべくそうろう、その上時宜に寄り御奉行へ申し上ぐべくそうろう」とみえる。しかも、ほぼ同時期、立売組という町組に所属する町が発給した文書にみえる「御奉行様」が、「町組の月行事町のことを示して」（杉森二〇〇八）いると考えられている点からすれば、この「御奉行様」もまた、町の上位に位置する町組にかかわるものであったとみるのが自然であろう。

4　立売組（十四町組）の「町法」

立売組

町組のほうに話を移していくと、冷泉町は一条組（いちじょうぐみ）という町組に所属し、また、鶏鉾町は中組（なかぐみ）という町組に所属していたことが知られている。ところが、いずれの町組にも「町法」は残されていない。そのようなか、冷泉町の「町法」とほぼ同時期の年紀をもつ町組の「町法」が残されている。次がそれである。

相定む拾四町与（組）御汁のこと

一、上儀の御用あるにおいては、各々粗略なく御馳走申すべきこと、

一、御談合は、多分に付くべきのこと、

一、御寄合等において、その御町の内にてしかるべき御仁躰御出だしたるべきこと、

一、百疋惣として御汁の入目遣わされそうろう上は、それにて仕合たるべきのこと、

　付けたり、中酒　弐返たるべきのこと、

一、毎月廿九日に御汁の定日たるべきのこと、

右の条々定め置かる旨、相違なく御馳走あるべくそうろう、よって後日のためくだんのごとし、

一番　立売町　道味（花押）

二（番）々　立売東町　祐玄（花押）

（中略）

十三（番）々　下柳原町　乗知（花押）

十四（番）々　上室町　市右衛門尉（花押）

以上

天正拾五年十一月廿五日

これは先ほども少しふれた立売組という町組に伝えられてきた「町法」（「上京文書（かみぎょうもんじょ）」）である。元亀三年（一五七二）付「上下京御膳方御月賄米寄帳」によれば、当時、上京には、冷泉町も所属することになる一条組をはじめとした五つの町組があったことが知られるが、そのなかで「十四町　寄町（よりちょう）分廿

九町」とみえるのが立売組である。「寄町」を含め二九町によって構成されるという点では、立売組は、当時、最大級の町組である。もっとも、立売組という名前自体は、おおよそ文禄四年（一五九五）以降にみられるようになり、それ以前は「十四町組」「十四町与」とみられる。したがって、右にみえる「拾四町与」もまた、立売組を意味するわけだが、この時期の町組を構成する一四町（ただし、寄町をのぞく）が、「一番　立売町」から「十四々（番）　上室町」であった。

豊臣政権と「町法」

五ヵ条におよぶ内容をみてみると、鶏鉾町の「町法」と似た条項も少なくないことに気がつく。たとえば、「御汁」の「定日」を定めた条項や「御談合」において「多分につくべ」きことを定めた条項などは、日にちや文言を除けば、その意味するところは同じといえるからである。ここからは、この時期の町人社会において共有されるべき規範のようなものがあったことがうかがえるが、そのいっぽうで、ほかの条項については、町組独自のものとなっている。

たとえば、第三条目をみてみると、町組の「御寄合」に参会できるのが「その御町の内にてしかるべ御仁躰」と定められ、そして、これに見合った人びとが、「立売町」の「道味」以下の一四名であった。彼らは、各町において「年寄衆」「宿老衆」と呼ばれる存在であったと考えられるが（河内二〇一五）、その「御汁」（＝御寄合）の「入目」（経費）としての「百疋」は、「惣」（立売組）より「中酒」代も含めて拠出されたことが読みとれよう。

このように、立売組の「町法」は、「相定む拾四町与（組）御汁のこと」ということばからもみてとれるように、「その其御町の内にてしかるべき御仁躰」による「御汁」（「御寄合」）をあらためて位置づけることに目的があったと考えられる。ただし、立売組には、右の「町法」より古い年紀をもつ「十四町与（じゅうよんちょうぐみ）惣帳（そうちょう）」（「上京文書」）という帳簿が残されており、町組の「御汁」（「御寄合」）そのものは、これ以前よりすでにあったと考えられる。

そのようななか、なぜ「町法」が天正一五年（一五八七）という時期に文書として残されることになったのかといえば、それは第一条目の内容と無縁ではないであろう。なぜなら、ここにみえる「上儀」とは、時期的なことを考えれば、豊臣政権を指すとみられ、その「御用」を「粗略なく御馳走」する旨をわざわざかかげていることから、それとの接点が重要であったと理解されるからである。この点は、時期として冷泉町の「町法」とも共通しており、京都において「町法」が文字として残されるきっかけに豊臣政権の存在が大きかった可能性は高いといえよう。

【参考文献】

秋山国三『近世京都町組発達史―新版・公同沿革史―』（法政大学出版局、一九八〇年、初出一九四四年）
朝尾直弘『朝尾直弘著作集　第七巻　身分制社会論』岩波書店、二〇〇四年）
京都市歴史資料館編『叢書京都の史料一二　禁裏御倉職立入家文書』（同資料館、二〇一二年）
京都冷泉町文書研究会編『京都冷泉町文書』（思文閣出版、一九九二年～二〇〇〇年）

河内将芳『中世京都の民衆と社会』(思文閣出版、二〇〇〇年)
河内将芳「中世都市における契約・誓約・盟約—中世京都を素材に—」(酒井紀美編『生活と文化の歴史学六　契約・誓約・盟約』竹林舎、二〇一五年)
菅原憲二「近世初期町入用に関する一考察—京都冷泉町を中心に—」(『千葉大学人文研究』二四号、一九九五年)
杉森哲也『近世京都の都市と社会』(東京大学出版会、二〇〇八年)
仁木　宏『京都の都市共同体と権力』(思文閣出版、二〇一〇年)
横田冬彦「城郭と権威」(『岩波講座　日本通史　第一一巻　近世一』岩波書店、一九九三年)
立正大学日蓮教学研究所編『日蓮宗宗学全書二二』(日蓮宗宗学全書刊行会、一九六二年)

第Ⅱ部 法の諸領域

第一章　学問と法——清原宣賢と式目注釈——

田中　尚子

1　式目注の成立

「式目」から式目注へ

貞永元年（一二三二）に制定された「御成敗式目」（以下「式目」）は、長きにわたって国内に多大な影響を与え、法令として機能するいっぽう、学問対象としても関心を集めることとなり、数多の注釈書が編まれた。これら式目注は「式目」起草者の一人である齋藤浄円に繋がる齋藤家の注釈学を祖型とし、そこから関東・足利学校系、清家系（公家学者清原家の学問）が生まれていったと整理されるが（新田一九九五、小助川二〇〇〇）、それらの代表的なもの八本が『中世法制史料集　別巻　御成敗式目註釈書集要』（岩波書店、一九七八年。以下『御成敗式目註釋書集要』と略す）に収められており、今では容易に目を通すことができる。

今回取りあげたいのは清家系である。先に言った八本のうち二本、すなわち「永正十四年清原宣賢講

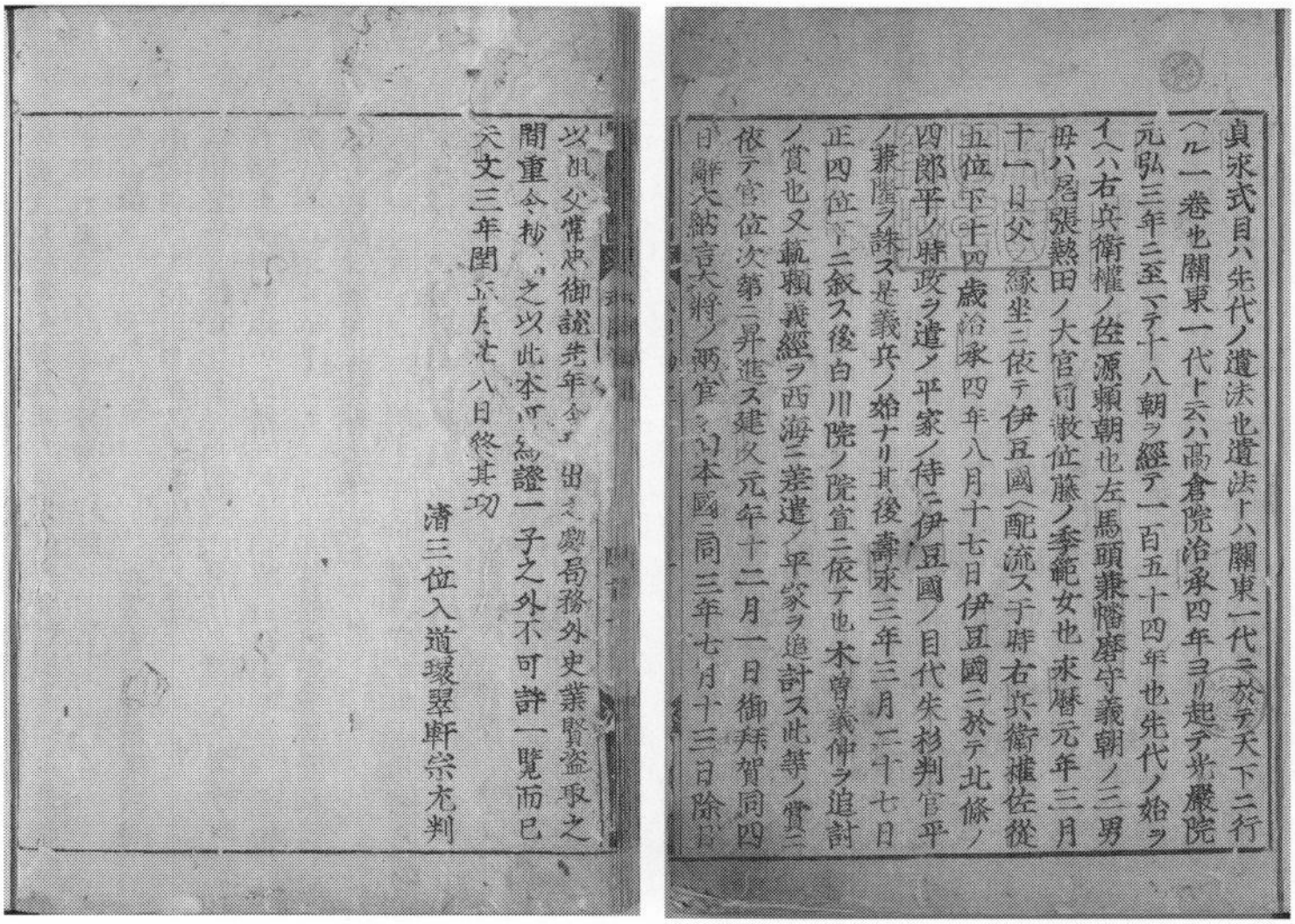

貞永式目ハ先代ノ遺法也遺法トハ關東一代ニ於テ天下ニ行
ハル一巻也關東一代トハ高倉院治承四年ヨリ起テ光嚴院
元弘三年ニ至マテ十八朝ヲ經テ一百五十四年也先代ノ始ヲ
イハ右兵衛權ノ佐源頼朝也左馬頭兼播磨守義朝ノ三男
母ハ尾張熱田ノ大宮司散位藤ノ季範女也永暦元年三月
十一日父ノ縁坐ニ依テ伊豆國ヘ配流ス于時右兵衛權佐從
五位下十四歳治承四年八月十七日伊豆國ニ於テ北條ノ
四郎平ノ時政ヲ遣ノ平家ノ侍ニ伊豆國ノ目代失杉判官平
ノ兼隆ヲ誅ス是義兵ノ始ナリ其後壽永三年三月二十七日
正四位下ニ叙ス後白川院ノ院宣ニ依テ也木曾義仲ヲ追討
ノ賞也又範頼義經ヲ西海ニ差遣ノ平家ヲ追討ス此等ノ賞ニ
依テ官位次第ニ昇進ス建久元年十二月一日御拜賀同四
日辭大納言大將ノ兩官ヲ日本國ニ同三年七月十三日除目

以亡父常忠御説先年令出之處爲務外史業賢盗取之
閣重今抄之以此本可爲證一子之外不可許一覽而已
天文三年閏正月廿八日終其功
清三位入道環翠軒宗尤判

図７　「清原宣賢式目抄」巻頭（右）と末尾（左）部分
（国立国会図書館所蔵）

貞永式目聞書（じょうえいしきもくききがき）」（大永五年〈一五二五〉奥書、以下「永正十四年聞書」。なお、『御成敗式目註釈書集要』では「清原業忠貞永式目聞書」の名で載るが、その後の研究成果により改める）、「清原宣賢式目抄（しきもくしょう）」（天文三年〈一五三四〉奥書、以下「宣賢抄」）がこれに該当し、どちらも清原宣賢（一四七五―一五五〇）の手によりなる。彼はこの他にも「倭朝（わちょう）論鈔（ろんしょう）」（天文一〇年〈一五四一〉奥書、講義は天文五年〈一五三六〉。『陽明叢書　法制史料集』〈思文閣出版〉を使用）を残すなど「式目」との関わりが強いのだが、吉田兼（よしだかね）倶（とも）の実子で清原宗賢（むねかた）の養子として同家に入った事情から、実家の日本紀・吉田神道（よしだしんとう）に関する知識を有しつつ養子先の専門分野である明経道（みょうぎょうどう）にも明るく、たしかにそういった環境故に多岐にわたる領域の注釈を手がけていたとはいえ、なぜそこに「式目」も加わったのだろうか。この時期の、清原家の式目注釈活動については、新田一郎氏によって「式目注釈は、実務から切り離された或る種の「教養」として需要されるようになる」、「『御成敗式目』は、「法」として専門的解釈の対象とされるのではなく、一の「典籍」として「読む」対象とされた」との指摘がすでになされ（新田二〇一一）、筆者もおおむね賛同するものの、その指摘の妥当性がどこにあるか、自身でも論じておく必要はあるだろう。そこで本章では「宣賢抄」を軸に、宣賢の注釈姿勢について考えてみたい。

家・系譜の強調

そもそも清原家と「式目」との接点はどこにあったのだろうか。

> 此書ヲ講ズル事ハ旧ハナカリシヲ、寛正六年七月五日依㆓細川勝元所望㆒、於㆓彼亭㆒祖父常忠初御講説也、泰時状ニモ律令格式ハ真名ヲ知レル人ノ為、式目ハ仮名ヲ知レル人ノタメト云リ、講釈ニ及バザルヨシ、再三御斟酌ナレドモ、堅ク懇望ノ間、始テ講ジ玉ヒヌ、是ヨリ以前此書ノ講ナシ、後ノ（ママ）成恩寺殿御講アリシモ、祖父御講ヨリ後也、

題目の「御成敗式目」に対する注解の一節である。「式目」の講義は細川勝元（ほそかわかつもと）の所望により祖父業忠（なりただ）（常忠は法名）が初めて行ったもので、一条兼良（いちじょうかねよし）に先んじてのことだったとする。清原家中興の祖と評される業忠が、当時の権力者からの再三の要請により、当代きっての大学者に先行する形で講義を行ったとの発言は自家の優位性のアピールに他ならない。「永正十四年聞書」や「倭朝論鈔」にも同様の文

言が存在することから、宣賢にとっては欠かせない要素だったのだろう。

業忠の名を出して自家の活動を語るのは式目注釈に限られた話ではない。『大学聴塵（だいがくちようじん）』（『大学』の注釈書。『清原宣賢漢籍抄翻刻叢刊（かんせきしようほんこくそうかん）』〈汲古書院〉を使用）では「後宝壽院法名常｜（忠）、予祖父也。コ、ヲ、御講説之時、御落涙アリ」と、業忠が講義していたとし、さらに「常忠十二代祖、頼｜（業）号大外記殿礼記ノ中カラ、此篇ヲ抽出シテ、是ハ、後ニ、重寶ニ成ラント云リ。後ニ此書、別ニ一巻トシテ、唐ヨリ、日本ニ渡ル。意気相感シ、如レ合二符節一、奇妙々々。此序ヲカケル年、頼｜、御死去也」と、先祖の頼業（よりなり）が『礼記（らいき）』中の一篇を評価していたところ、後にその箇所が『大学』一巻として日本に齎されたが、朱熹（しゆき）が序を記したまさにその年に頼業が亡くなったため、業忠は序にふれる際に涙したという。このように頼業の先見の明を記した直後には同家の系図が示され、業忠という直近の人物を起点にその祖、頼業、そして彼からの系譜という由緒や伝統の観点から同家の存在意義を強調するのだ。

他家からの評価

注釈のみならず「式目」自体にも清原家の祖先が関係してくる。「宣賢抄」で撰者に言及する箇所を引用しよう。

> 撰者事異義アリ、唯浄裏書云、清ノ大外記教隆眞人于レ時三川ノ前司、越前法橋圓全、矢野ノ對馬ノ前司倫重于レ時外記大夫、太田ノ民部大夫康連玄蕃允、佐藤民部大夫業時相模大丞（ママ）、齋藤兵衛入道浄圓俗名長定以上六人也、此義出處ヲシラズ、定テ所レ據アル歟、……古記云、清ノ大外記教隆

眞人以二儒宗一之哉、武蔵守平ノ泰時貴二重之一、仍テ内々密談之間、酌二法意之淵源一、本二制符之先例一作レ之云云、

最古の式目注釈書とされる「唯浄裏書」の説だとして式目撰者六人説を掲げるが、その筆頭に置かれるのが頼業の孫に当たる教隆なのである。他者の説を利用することで、自家をアピールするための〝自作自演〟ではないかとの疑いを回避しながら、そのアピールを実現できるのだ。そしてこの後に「東鏡ニ曰」と異説を紹介した（引用本文内で……とした中略部分）うえで、さらに教隆と北条泰時との密談によって「式目」が作られたという、「倭朝論鈔」などで「家説」とする教隆単独説を、「古記云」とぼかした形で載せる。この第三の説を置くことにより、教隆が「式目」作成に関与した説が複数ある形となり、教隆の存在に重みが出てくるのである。庶流であった教隆の書籍が本家でも参看されていたなど、その影響力の大きさはつとに論じられるところで（安野一九九八）、注釈書内で彼の存在に重きが置かれるのもその反映と言えよう。

そもそも清原家およびその学問は周囲からも高く評価されており、五山僧太極の日記、『碧山日録』（『大日本古記録』〈岩波書店〉を使用）長禄三年（一四五九）四月二三日条では本朝の儒家には清家・中家・菅家・江家・南家・式家・善家の七つがあったものの、大半が断絶状態となる中で清原家は存続し、「天下学者皆師（業忠）レ之、以二公出一故、清原家之学大興也」と、世の学者は皆、業忠に師事しており、彼がいてこそ清原家の学が大成したとある。今正常に機能するのは清原家だけとでもいった世間からの評価を拠り所としながら、「此講ハ外記ハ清家也、今、京ニ講レ書ハ清家、菅家マデゾ」（「永正十四年聞書」）

などと自覚的に家の意義を記すことになる。当家の人物や活動への外部からの評価が、宣賢が式目注釈にも携わる正当性を生んだのである。

では、その注釈活動において具体的にどういった手法がとられていたのだろうか。先に示した新田論での指摘と重なるわけだが、宣賢は他テクストの注釈活動と軌を一にする志向にもとづいて式目注釈を行っていたと考えられる。すなわちそれが、漢籍、中国故事・説話の積極的利用ということになる。

2 「式目抄」における和漢の対比

異朝への視線

「式目」の「式」の字について「宣賢抄」では「漢ニモ式アリ、コレヲ帯テ日本ニモ式アリ、故ニ漢ヨリ我朝ニ伝ル式ハ公家ノ法也、此式目ハ武家ノ法也、故ニ公家ヨリ武家ニ至ル也」と解説する。「式目」の前身とも言うべき「式」は中国由来のものだというのだが、この点が注解に多数の漢籍が利用される一因となるのだろう。もっともこの漢籍引用の多さは式目注釈全般に言えることで、「唯浄裏書」の段階から『礼記』『後漢書』『文選』など数多くの漢籍の名が登場する。しかし、その中でも宣賢はより多くの文献を使い、しかもただ単に漢籍を引用するのではなく、意図的に和漢の事例を対比させて説明することが少なくないのである。例をあげよう。「宣賢抄」の端書で北条政子に言及するくだりである。

女房政務ヲスル事、和漢共ニ其例アリ、異朝ノ呂太后ト云ヒシハ、漢ノ高祖ノ后、恵帝母ニテ政ヲス、則天皇后ト云ハ、唐ノ高祖ノ后、中宗ノ母ニテ政ヲス、宣仁皇后ト云ハ、宋ノ哲宗ノ母ニテ、簾中ニシテ天下ノ政ヲ聞ケリ、是ヲ垂簾ノ政ト云、和朝ニハ、天照太神、地神ノ最初トシテ、陰神ニテマシマス、人皇ニ至テ神功皇后、推古、皇極、齊明、持統、元明、元正、孝謙、称徳、皆女体トシテ、皇祖（祚カ）ヲ践マシメ玉ヘリ、如レ此先蹤アレドモ、此皆賢女ナレバ害ナシ、

女性が政務を司ったことは和漢ともに存在するとのことで、その例を並べる。「永正十四年聞書」や「倭朝論鈔」にも類似した内容は存在するものの、関東系などには見られない。「式目」を理解するうえではこのくだりが特段必要にも思えないのだが、宣賢は敢えて和漢を並べて説明するのである。

ちなみに和漢を併記させる叙述として、『平家物語（へいけものがたり）』の冒頭を思い起こす人も少なくないだろう。「祇園精舎の鐘の声、諸行無常の響きあり」から始まる同書では、「たけき者」が滅びる例として「遠く異朝をとぶらへば、秦の趙高、漢の王莽……」、「近く本朝をうかがふに、承平の将門、天慶の純友……」と続くが、この語り起こしにも通ずる感覚が宣賢の注解に見られるのだ。実際、『平家物語』を用いた注解が「宣賢抄」内には存在することから、まったくの無関係とも言えないように思われる。

和漢の併記

十五「謀書罪科事」では以下のような注解が施される。

火印ノサシヤウ、或ハ字ノ焼付ケト云説アリ、仮令盗ヲセバ、其者ノ額ニ盗ト云字ヲヤキ付ルト也、

此義不レ足ニ信用一、唯墨辟ノ心ナラバ、只ヤキ金ヲアツルマデ也、平家十二巻、主上并ニ三種神器都へ還シ入ラルベキ由、西国へ院宣ヲ被レ下ケルニ、御使花形ガツラニ浪形ト云ヤイジルシヲセラレケル、異朝ニモ焼金ヲアツル事アリ、北齊ノ宋欽道ガ婢ノ名ヲ軽霄ト云、本ノ妻コレヲ妬デ、宋ノ字ヲ面ニ焼金ヲアテタリ、如レ此文字ヲ焼付ル事モアレドモ、此式目ノ火印ハタヾ焼金ニテ、文字ニハアラザル也、

罪人の額に焼き印を押す風習に関連づけて『平家物語』を紹介したうえで、異朝にも同様の例があるとして、北齊時代の宋欽道の妻が婢の軽霄に焼き印を入れた逸話を記す。この焼き印については、清家系以外の注釈書では「以レ鐵焼レ面之法、本説未レ見也」(「御成敗式目栄意注」、以下「栄意注」)、「火印并捺字鐵焼スト云、但本説未レ見之」(「御成敗式目抄　岩崎本」、以下「岩崎本」)と記すように、出典未詳としてそれ以上話を広げない。たしかに「宣賢抄」でも盗みをした者の額に「盗」の字を焼き付けることに関しては「信用に足らず」とするものの、焼き印それ自体については先に見たとおりで、知識提供という面での充実が図られるのだ。ちなみに「永正十四年聞書」では『平家物語』にはふれずに宋欽道にのみ言及しており、和漢併記が成立してはいない。宣賢が式目注釈を整えていく過程で、意識的に和漢両朝を対比させる形へと変えていったと見なせよう。つまりは注解の成長、発展である。

もう一例見ておこう。三十二「隠置盗賊悪党於所領内事」では諱を避け改名する事例があがる。「蘆雪本御成敗式目抄」や「御成敗式目注　池辺本」では、その用例が後嵯峨院の時代に見え、始まりは漢朝だとして唐太宗の時代の李世民をあげる。たしかにこれらでも和漢双方に言及してはいるが、「宣賢

抄」では後嵯峨院の事例を説明したうえで、「御諱ヲ避和漢ノ例也」「漢朝ニモ」という言葉をわざわざ添え、並列の形を明確にしている。しかも他本とも共通する李世民の事例に先立ち、唐の高祖時代の陶淵明と西晋の文帝時の王昭君の話も載せるのである。より多くの知識・情報を提供しようとする意図を読み取れようが、これを可能にする背景に宣賢の漢籍への造詣の深さがあったのは明らかである。こういった要素の添加により、単なる語釈の域を脱して注解に読み物的性格、物語性が備わり、注釈書自体が一つの作品として成立することとなる。このことを端的に示しているのが、「宣賢抄」内の「或抄」の存在である。

「或抄」に関しては『御成敗式目註釈書集要』の解題でも「儒仏に基づく説話、特に仏教説話から採ったものが多い」と、物語性の面が指摘されており、例をあげれば、十八「譲与所領於女子後依有不知儀其親悔還否事」で雍糺の妻がその母に、親と夫いずれの契りが深いか尋ねる話や、三十四「密懐他人妻罪科事」で遊子と伯陽夫婦が死後に出会う、いわゆる七夕の話が語られるといったごとくで、中国に関するものも少なくない。これら「或抄」の内容は他家の注釈書はもちろん、宣賢自身の他の注釈書にも見られないこともあり、仮にこれら「或抄」を削除したとしても、「式目」を理解するうえではさしたる支障もない。そもそも「或抄」にしかるべき典拠があったのか、それとも典拠がある体を装って注釈作成者が自由に記しているのかも定かではないのだが、そういった内容を敢えて加える理由は宣賢による知識・教養の提供に他なるまい。「式目」理解の枠を超えたところで学問が進展していくのである。

語彙での和漢対比

和漢の比較は語彙単位でも行われる。これも知識の提供ということだろうが、「此ニ御ノ字ヲ置ク心ハ、将軍ノ御成敗ニテ、私ノ義アラザレバ也、…唐ニハ御ノ字ヲバ天子ノミ用フ、日本ニハ上下渉テ用ル也、元来馭ノ字也、……成敗ノ二字ハ日本ニツカフモ、唐ニツカフモ同ジ心也」(『御成敗式目』)、「畠ノ字ハ日本ニテ一千余字作字ノ内也、唐ニハ圃ノ字ヲハタケトス、但シ新渡ノ書ニ畠ノ字アリト云」(四「同守護人不申事由没収罪科跡事」)と、「御」の字の使用法や「畠」という字の成り立ちの違いなど、「宣賢抄」のみ、もしくは宣賢の注釈書だけに和漢を並べて言及する箇所を見出せる。

また、たとえば「岩崎本」で「云々ハ決スルノ心也、云ハ雲ト云テ」(三「諸国守護人奉行事」)としているところを、「宣賢抄」では「云云トハ日本ノ辞ノヤウナレドモ、史記、文選ニ多シ、云ハ古ヘニハ雲、後代ニ字多ナリテ云ヲバイハクトシ、雲ヲバクモトス、古ハクモニ云ノ字ヲカク也」とするなど、日本の言葉と思われがちな「云々」が実は中国由来なのだと説明する。和漢の知識を有するからこそ可能な注解であって、これも和漢を併記する行為に繋がるものと解せよう。

このように宣賢は、語彙から逸話に至るさまざまなレベルで、和漢を対比させる形を取って「式目」を読み解こうとするのである。しかし、〝対比〟とは決して両者を同等に扱うという話ではない。ここには家どころか日本という国の規模での優位性を主張しようというきわめて深い意図が込められていたと考えるべきなのである。

3　和漢対比が示す日本の優位性

神代への言及

前節で取りあげた、政子の政務関与に対する注解を再度見ていきたい。異朝の例は漢代の呂雉（高祖后）、唐の則天武后、宋の宣仁皇后というように時代の古い順に並ぶ。対する本朝では、最初の事例を天照太神（天照大神）としたうえで、人代へと話と進めるのだが、この日本側で神代に言及する点には注目しておくべきだろう。ここにはかつて拙稿（田中二〇〇二）で取りあげた、十「殺害刃傷罪科事付父子咎相互被懸否事」が関係してくる。刑罰の取り決めを記す本条に対し、各注釈書ではどういった刑があったか、それらがどういうものであったかを簡潔に説明するのだが、「宣賢抄」ではそこに刑罰の起源を日中それぞれ比較する形で示していくのである。それをまとめると表5のようになる。

表5　罪の起源日中対照表

種類	中国	日本
斬罪	黄帝	伊弉諾尊・進雄尊
絞罪	周代	伊弉冉尊
流罪	虞	蛭子
徒罪	周代	火酢芹命
杖罪	虞	月夜見尊
笞罪	漢文帝	伊弉諾尊

本朝の起源はすべて神代に設定されており、その結果、異朝に先んじる本朝という構図が成立する。「起請文」に関しても、その起源を白河院、鳥羽院、後白河院に求める「栄意注」に対し、「宣賢抄」では伊弉諾尊と伊弉冉尊、素戔嗚尊と天照大神の例

をあげており、神代を起点にとらえる意識があったのは間違いなさそうである。先に見た女性の政務関与の例も併せて、異朝より長い――しかも神代から続くとすることで神秘性をも備えた――歴史を有する我が国の優位性を物語ることが可能となる。神代から人の世へと途切れることなく継承された本朝の重みが大事になるのである。だいたい「式」が中国から伝わったとする以上（前節冒頭参照）、中国に遅れることは認めていたはずなのだ。故にそれを上回る「神代」が持ち出されたのである。

古典で解釈する今

神代への意識といえば、宣賢の実父、吉田兼倶は吉田神道の根本経典である『唯一神道名法要集』（ゆいいつしんとうみょうほうようしゅう）を著し、すべての根本に神道があると位置づけて、仏教（天竺）や儒教（震旦）に比しての神道（日本）の優位性を主張した。この認識は日本紀注釈や神道内だけに留まらず、濃淡の差こそあれさまざまな領域に影を落としていたのであり（原二〇一二）、それが式目注釈にもおよんでいたということであろう。

かつて新田氏は中世後期に至り活発になる式目注釈活動を受けて、「「法書」の実践的な有用性が低下した一方で、「公家」「武家」を包含した「政道」の位相空間が形成されていた」と述べた（新田二〇一一）。「式目」が果たす役割は時代の経過の中で変化を遂げていくのであって、その変化を視野に入れ、時代に合わせた解釈を行うことが求められたのだ。過去の文献を扱う注釈活動ではあるが、その根底には常に〝今〟への意識がある。もちろん注釈であるからには、原典の内容理解の手助けという機能は必須だったはずである。しかしそれとは別の層で、自身の家、および国の存在意義を訴えるなど、今を軸に据えた主義・主張を行う場としての機能も有していたのである。そしてこれは式目注釈に限らず、宣賢がその注釈活動において常に重視してきた点であったのは言うまでもない。

式目注から学問へ

和漢を併記し、家の系譜や神代からの継承に重きを置くことは、清原家の学問の基本姿勢とも言えるかもしれない（拙著参照）。同家の専門である明経道からは距離があるように映る式目注釈だが、その注解内容には他の注釈書との連動性も確認でき、たとえば「アヅマ」という語源について「熱間」「集まる」「吾妻」といった複数の説を引く注解が、「宣賢抄」と「神代上下抄」（『日本書紀』の注釈書）に共通して見えるなど、テクストの枠を越えて説が共有されることもある。注釈は個々のテクストの問題で完結しないのだ。式目注をそれ単体だけで読み解くのはもちろんのこと、同時に他のテクストの注釈書と併せ読むことも重要になるのであって、そうすることによって清原家の、ひいては室町期の学問の実態を、より立体的に把捉できるのではないだろうか。

【参考文献】

池内義資編『中世法制史料集　別巻　御成敗式目註釋書集要』解題（岩波書店、一九七八年）
久保尾俊郎「『御成敗式目』の出版と小槻伊治」（『早稲田大学図書館紀要』三八号、一九九三年）
小助川元太「『壒嚢鈔』と式目注釈学」（『説話文学研究』三五号、二〇〇〇年、同『行誉編『壒嚢鈔』の研究』三弥井

書店、二〇〇六年）
田中尚子『三国志享受史論考』（汲古書院、二〇〇七年）
田中尚子「清原宣賢の式目注釈―『清原宣賢式目抄』を中心として―」（『国語国文』七一巻六号、二〇〇二年、同『室町の学問と知の継承―移行期における正統への志向―』勉誠出版、二〇一七年）
新田一郎「虚言ヲ仰セラル、神」（『列島の文化史』六号、一九八九年）
新田一郎「「式目注釈書」三題」（石井進編『中世の法と政治』吉川弘文館、一九九二年）
新田一郎『日本中世の社会と法　国制史的変容』（東京大学出版会、一九九五年）
新田一郎「律令・式目―「法」テクスト注釈の非「法学」的展開―」（前田雅之編『中世の学芸と古典注釈』竹林舎、二〇一一年）
原　克昭『中世日本紀論考―註釈の思想史―』（法蔵館、二〇一二年）
安野博之「清原家と『御成敗式目』」（『三田國文』二六号、一九九七年）
安野博之「清原家嫡流における庶流教隆の位置」（『和漢比較文学』二〇号、一九九八年）

※式目注釈書はとくに言及しない限りは『中世法制史料集　別巻　御成敗式目註釋書集要』を使用する。なお、本文引用に際しては、適宜訓点、濁点などを補った。

第二章　身分と法——身分の体系化と可視化——

三枝　暁子

1　中世身分制と法

複雑な身分体系

日本の中世社会は、上皇・天皇・将軍を頂点におき非人（ひにん）を底辺におく、重層的な身分によって構成される社会であった。しかしながら、古代の律令（りつりょう）のように諸身分を一元的に秩序立てる法は存在しておらず、中世身分制のありようをわかりやすく説明することはむずかしい。その背景には、国家権力の分権性・多元性と、これと連動した法体系の分立という問題がある。すなわち中世においては、公家や武家・寺社などさまざまな権力による人や集団の支配が、複合的かつ錯綜的に展開していた。

たとえば中世の商人は、交通税をはじめとするさまざまな税の免除特権を獲得してより有利な営業を展開するためには、朝廷や寺社の保護を必要とした。その際、朝廷官司に組織された商人は「供御人（くごにん）」身分として、また神社に組織された商人は「神人」身分として把握されることになった。さらに朝廷官司と神社の双方と結びつき、「供御人」身分であり「神人」身分でもあるという商人も存在した。同様に、鎌倉幕府の「御家人」が、貴族の家の「家司」である例も存在するなど、一人の人間が複数の権力によって把握され、複数の身分呼称をもつことがままみられたのである（三枝二〇一四）。

さらなる体系化にむけて

このように、中世においては人や集団を組織し序列化する権力が併存し、その組織化・序列化も錯綜して展開していた。これは裏を返せば、列島社会に存在する人びとの属性をくまなく把握し統合し得る唯一の権力というものが不在であったことを意味する。それゆえに、中世の諸身分を「身分制」というかたちで体系立てて把握することもまた困難なのである。これまでの研究においても、「系列」や「契機」による体系化をはじめ、さまざまな中世身分制の復元がはかられてきたが（黒田俊雄一九七二など）、非常に難解かつ複雑な説明となっていることは否めない。

しかしながら、かつて石井進氏が、中世社会を構成する諸要素の多様性から中世社会をアナーキー状態にあったものとみることはできないと述べたことに留意するならば（石井一九七六）、中世の身分もまた決して無秩序に存在していたわけではなく、「統合的な契機」や「中央集中的構造」のもとにあったと考えるべきである。このような立場から、かつて「役」と「イエ」に着目しながら、身分の「統合的な契機」について検討したことがあるが（三枝二〇一四）、「統合的な契機」をみるうえで、「法」もまた重要な要素であると考えられる。そこで、改めて中世の法のありように着目しながら、中世身分制について考察してみることにしたい。

2　中世法にみる身分の横断性

法の分立と身分

よく知られているように、中世においては、国家権力の分権性・多元性に照応するかたちで、法もまた分権性・多元性を帯びて存在していた。すなわち古代から続く朝廷＝公家政権が、「観念的にはなお唯一最高の国家権力」として公家法を定めるいっぽう、鎌倉幕府・室町幕府の両武家政権もまた独自に武家法を制定して公家政権への対立とその克服をめざしていたのである。そして寺社や貴族などの本所もまた、独自に本所法を制定することによって、各々の領域支配を展開していた（笠松・羽下一九六三）。

このような前提をおさえたうえで、公家や武家、寺社の定めた法を身分の問題に即して読み直したときに注目されるのは、すでに田中稔氏が明らかにしているように、公家や武家、寺社いずれの法においても、共通する身分観念が作用しているという点である。共通する身分観念とはすなわち、法によって規定の対象となる人びとを「侍」と「凡下」に大別して把握するという観念である。このうち「侍」は、武士や貴族その他に主君として仕える者全般を指す、平安時代からみられる言葉であり、「凡下」は、名主、百姓、雑色、舎人、牛飼、力者、問注所・政所下部、侍所小舎人、「道々工商人」（＝職人・商人）など、実にさまざまな身分呼称をもつ人びとを指す、一二世紀以降にあらわれる言葉であった。

そして鎌倉幕府法において、凡下は御家人にはなれないきまりとなっていた（田中一九七六）。

身分をめぐる共通認識

ここで注意されるのは、侍と凡下を分かつのが、有位か無位かという点、すなわち官位を持つか持たないかという点にあったこと、また、侍には科されることのない体刑が、凡下には科されていたことである。こうした区別・差別は、公家・武家双方の共通認識であり、その前提には、鎌倉幕府法の身分諸規定が公家法のそれを了解し再構築したものであるという幕府法の性格があった（大山一九七六）。さらに、「寺院においても当時の社会において行われていた侍・凡下身分の区別から離れて独自の身分制を打ち立てることは困難であったであろう」と田中氏が指摘するように、寺院社会においても侍・凡下の区別が存在した。たとえば宝徳元年（一四四九）に東寺が定めた寺院法においては、東寺の寺僧になるものの条件として「俗姓」をもつ家の出身で「侍以上」であることが条件とされ、「土民百姓の族幷びに芸才職人以下の輩」は寺僧になれないとされている（宝徳元年閏十月廿日付東寺交衆俗姓定書案〈『中世法制史料集　第六巻　公家法・公家家法・寺社法』「寺社法」一三六号。以下『公家法・公家家法・寺社法』と略す〉）。

以上をふまえるならば、法が分立する状況にあっても、官位の有無によって身分を区別し、その扱いを差別化するという観念が、諸権力の定める法において共有されていたといえる。こうした観念は、位階を身分的区別の基準とした古代律令制との連続性を示しているという点で注目される。そのいっぽう、中世法において、官位の有無をはじめとする身分の区別・差別が、とくに服飾にかかわる規定としてより詳細に現れる点にも留意する必要がある。そこで次に、中世法における服飾規定の内容とその意義について、考えてみることにしたい。

3　身分標識の可視化と法

服飾規定による秩序化

先にもふれたように、中世の公家法・武家法・寺院法いずれにおいても、身分に応じた服装の規定が目立つ。というよりむしろ、中世のさまざまな法令から身分に関する規定を探そうとすると、その多くは、身なり・服装に関する規定であるといっても過言ではない。

高橋昌明氏の指摘によれば、早くも天暦令・長保令など一〇世紀半ば以降の公家新制において服飾規定や過差の禁止が見られはじめ、一二世紀末には、身分が下位になればなるほどその規定もより詳細になるという（高橋一九八四）。すなわち建久二年（一一九一）の新制においては、「上下諸人の衣服の員数ならびに服飾の過差を糺定すべき事」として、殿上人（てんじょうびと）から侍、僧侶に加え、雑色、小舎人、凡下、猿楽・田楽法師、使庁放囚に至るまでのさまざまな階層の人びとの衣服の種類や色・数に関する規定が、細かく定められている（建久二年三月廿八日付宣旨〈『公家法・公家家法・寺社法』「公家法」六二号〉）。この建久の新制の内容は以後の新制においても踏襲され、やがて弘長元年（一二六一）の武家新制にも多大な影響を与えることになり、こうした服飾規定や過差の禁止は、倹約令というよりはむしろ身分秩序維持策を本質としていた（高橋一九八四）。すなわちこれらの法は、直接に身分そのものを設定・規定するものではないものの、制定主体にとっては、身分にもとづく支配を行ううえで重要な意義を持っていたのである。

可視的な身分標識のもつ意味

実際に中世の社会が、可視的な身分標識を重視する社会であったことは、黒田日出男氏の研究によって明らかである。黒田氏によれば、中世の人びとは、髪型や被り物といった可視的・視覚的な身分標識によって、「童」「人」「僧侶」「非人」の四つのレヴェルに分類されるという。そして最下層を成す「非人」が無帽・蓬髪であったことに象徴されているように、髪型でいえば髻の有無が、また被り物でいえば冠や烏帽子の有無が、「人」（官位・官職の体系によって編成された統治者・被統治者）であるかないかの、重要な身分標識となった（黒田一九八二）。

服飾の過差を禁止する法令はたびたび出されており、高橋氏はこれを「服装規定によって示される身分秩序が、決して安定したものではなく、たえず無視・否定の動向に脅かされていることを意味する」ものとしている（高橋一九八四）。それでもなお、身分秩序を服飾規定という形でくり返し確定しようとした権力側の動向は、何を意味するのだろうか。古代の身分制研究においては、「感性的身分標識」による良賤の区別と編戸造籍の有無とが連関するものとしてとらえられている（石母田一九六三）。これをふまえるならば、編戸造籍を成し得るような（あるいは編戸造籍を志向するような）唯一の国家的権力というものが不在であった中世において、可視的な身分標識の設定と共有が、これにかわり得る意味をもった可能性が考えられるが、この点については今後の検討課題としたい。

4　服飾規定からの逸脱

「異類異形」の人びと

これまで見てきたように、公家新制や武家新制をはじめとする中世法においては、身分ごとに服装が定められ、これに抵触する「過差（かさ）」（華美やぜいたく）は禁止された。また必ずしも明文化された法として現れないものも含め、髪型や被り物などの可視的身分標識が存在し、これらの標識を通じて社会秩序が保たれていた。そのいっぽう、このような可視的身分標識を逸脱する行為やその行為者は、「異類異形」とみなされ、禁止や排除の対象となったことが知られている。

網野善彦氏によれば、「異類異形」とは、もともと「一種の妖怪、鬼、鬼神」を形容する言葉として用いられることの多かった言葉であったものの、鎌倉後期以降、人間の服装や姿態を否定的・差別的にとらえた用語として用いられるようになるという。具体的には、僧侶の裹頭や覆面、あるいは『峯相記（みねあいき）』に登場する、烏帽子と袴を着用せず、柿帷に六方笠を身につけた「悪党」のいでたちなどが、「異類異形」とみなされた（網野一九八二・一九八四）。

図８　蓑笠を着けた猟師（右端）
（『一遍上人絵伝』巻７・第29段、出典：ColBase〈https://colbase.nich.go.jp/〉）

「異類異形」の具体像

こうした指摘をふまえたうえで、「異類異形」にかかわる法の事例を探してみると、たとえば一四世紀初頭の建武新政時に定められた法の中には、皇居を警備する「武者所」の構成員について、六位および五位以上の者は衣冠を用いること、通常の警固の際には鎧直垂や蜀錦・呉綾・金沙・金襴・紅紫の衣服を着用してはならないことなどを定めた法がみられる。あわせて、衛府の官人や役所に勤める者以外で武具を帯びた者、さらには「俗人の裹頭」の者や「鬢帽子」（左右の耳ぎわの髪から顔の側面を布で覆ったかぶりもの）や笠をつけた者などの「異形の輩」が内裏に入ることを禁止する条文もみられ、身なりに応じて内裏への出入を規制していたことがわかる（笠松宏至・佐藤進一・百瀬今朝雄校注『中世政治社会思想　下』）。

いっぽう比叡山延暦寺では、早くも一〇世紀末に僧

図９　裏頭姿に柿の衣
一遍の臨終にかけつけた「宿の長吏」
（『一遍聖絵』巻12・第３段、清浄光寺蔵）

侶の裏頭や武装が問題となって禁止されているが（天禄元年〈九七〇〉七月一六日付天台座主良源起請二十六箇条、黒田俊雄編『訳注日本史料　寺院法』集英社、二〇一五年）、文保二年（一三一八）に延暦寺末社の日吉社にたてこもった「閉籠衆」は、「おもてには覆面をたれて、目ばかりあなをあけ、つくりこゑけうとげにて、わざと異形なるけしき」であったという（「元徳二年三月日吉社並叡山行幸記」『室町ごころ中世文学資料集』）。同様に、弘安元年（一二七八）に奈良の春日社が定めた法においては、春日社神人の「懸直垂」（直垂を袴に着こまず、はおるだけの着用）や「折烏帽子」（立烏帽子と対照的に頂上を折りたたんだ烏帽子）という「異類異形」のいでたちが禁止されている（弘安元年六月一日付春日社条々定文、前掲『訳注日本史料　寺院法』）。

以上の事例や『峯相記』の内容をふまえるならば、「異類異形」とは、諸権門が法によって定める服飾規定に違反している者、烏帽子のかわりに笠をかぶる者や裏頭姿の者、柿帷を身に着けている者などを指す言葉であったといえる。ここで注意されるのは、中世社会において、「異類異形」であること、あるいは「異形」となることを強制される人びとが存在したという点である。最後に、この点についてふれておきたい。

5　身分と身体

「異類異形」と身分

前節でみたように、中世においては、裹頭や柿色の衣服を身に着けることは、「異類異形」とみなされていた。しかし、中世非人集団の末端におかれていた「癩者」（ハンセン病者）と、これを監督する立場にあった非人宿の「長吏」は、いずれも白い覆面と柿色の衣を着用することを強制される存在であったことが黒田日出男氏によって指摘されている（黒田一九八二）。すなわち「異類異形」であることと非人であることとは、密接な関係にあった。

網野氏が注目するように、一四世紀に、比叡山延暦寺の僧侶たちが新興勢力である「禅念両宗」の僧侶を弾圧する際には、「異類異形の輩」「乞食法師」という言葉で相手を罵っていることが知られる（網野一九八二・一九八四、康永三年〈一三四四〉一二月二七日付比叡山本院集会事書案〈『大日本史料　第六編之九』所収「三千院文書」〉、康永四年六月二九日付比叡山政所集会事書案〈『大日本史料　第六編之九』所収「山門訴申」〉）。「乞食非人」という言葉が、鎌倉幕府法の定める「悪口の咎」の対象とされている言葉であることをもふまえると（石井ほか一九七二）、本来は非人身分でない者を、「異類異形」とみなし「乞食法師」であると罵ることは、相手を貶める意味を持った。

いっぽう、鎌倉幕府や地頭をはじめとする武家領主が行った火印刑や剃髪刑、さらには耳鼻そぎ刑に着目した勝俣鎮夫氏は、こうした肉刑の目的について、「本来的には受刑者を一般の人々と異った不吉な容姿に変えてしまう刑、人間でありながら、姿形を人間でなくする、いわゆる『異形』にすることに大きな比重がかけられた刑であったと思われる」と述べている（勝俣一九八三）。そしてこれらの肉刑が、「あざむきの罪」に対し処せられるものであったことを指摘し、「あざむきの罪」と「異形にされる罰」との関係を象徴的に示すものとして、「癩病」にかかることを罪科文言とした起請文に着目している。このような肉刑がもつ意味と、中世の非人が、共同体から排除されながら身体障害者や「癩者」を含む人びとを包摂する集団を独自に形成していた事実とを考え合わせるならば、中世法に示される「異類異形」という言葉の背景に、単なる服飾の「異形」性にとどまらない、身体そのものの「異形」性に対する差別が存在したことがうかがわれる。

「異類異形」と「人倫」

先にもふれた『峯相記』が、悪党のいでたちを「異類異形ナルアリサマ、人倫ニ異ナリ」（『兵庫県史史料編中世四』）と描写しているように、「異類異形」が「人倫」すなわち「人」でないものをさす言葉であったことは明らかである。しかしここではあくまで服飾の「異形」性が問題となっており、悪党にしても、裹頭する僧侶にしても、秩序からの逸脱をみずから選び取って「異形」となった。こうした「異形」は、一五世紀以降の「乞食姿」や「柿帷衆」の一揆、さらには江戸時代の百姓一揆にまで継承され、そこに神や鬼への変身によって支配権力の価値体系に対する反抗・打破の正当性を得るという積極的な意義があったことが指摘されている（勝俣一九八二）。しかし、耳鼻そぎ刑をはじめとする肉刑によってもたらされる「異形」性や、非人の帯びる「異形」性は、自らの意思にもとづく「異形」ではないという点で、神や鬼への変身とは明らかに異なる性格をもっている。

すでに網野氏が注目しているように、中世末期成立の『日葡辞書』は、「異類異形」を「動物のさまざまな種類」と説明している（網野一九八四、土井忠生・森田武・長南実編訳『邦訳　日葡辞書』岩波書店、一九九五年）。「異類異形」を動物と結びつける認識の前提として、たとえば所領を身分保持の基盤としていた鎌倉時代の「侍」が、所領を失い扶持を受けることを「人倫」から「馬牛之類」になると認識していたことが想起される（田中一九七六、高橋一九八四、『吾妻鏡』弘長元年五月一三日条）。すなわち「異類異形」は、神や鬼になぞらえられるばかりでなく、ときに動物にもなぞらえられる存在をさす言葉であったと考えられる。

中世の社会において、人間の形をなしたものが人間であるとの定義が存在したこと、形を変えることで人間と動物＝異類とが相互に入れ替わることが可能であるとの考え方が存在したことがすでに指摘されている（勝俣一九八二）。このことを念頭におきつつも、「異形」であり続けることを強制された人びと・余儀なくされた人びとにとって、「異形」であることが、「人」からの排除・差別と密接不可分のものとして自らの社会的位置づけを規定する意味を持ったことに留意すべきである。

以上、中世法からみえる中世の身分の「統合的な契機」について考察してきた。中世法においては、①官位の有無と、②「人」と「人」と異なるものとの区別・差別が、身分秩序の維持において重要な意義をもつことが改めて確認された。①・②いずれも、これまでの中世身分制論や中世社会論においてすでに言及されてきた点であるものの、多様な身分を体系的にとらえ、中世の社会構造を見通す視角を確認することができたことにより、停滞状況にある中世身分制を進展させていくうえでの課題がより明確になったと考える。今後、①については官位の付与のしくみを政治史研究の成果と照らし合わせてさらに詳細に考察していくこと、②については区別・差別の具体的内容をさらに追究していく必要がある。これらの点に留意しながら、今後も中世身分制の把握と復元につとめていきたい。

【参考文献】

網野善彦「蓑笠と柿帷―一揆の衣装―」(『網野善彦著作集　第一一巻　芸能・身分・女性』岩波書店、二〇〇八年、初出一九八二年)

網野善彦「摺衣と婆娑羅―『標注　洛中洛外屛風　上杉本』によせて―」(前掲書、初出一九八四年)

石井　進「中世社会論」(『石井進著作集　第六巻　中世社会論の地平』岩波書店、二〇〇五年、初出一九七六年)

石井進・石母田正・笠松宏至・勝俣鎮夫・佐藤進一校注『日本思想大系二一　中世政治社会思想　上』(岩波書店、一九七二年)

石母田正「古代の身分秩序」(『石母田正著作集　第四巻　古代国家論』岩波書店、一九八九年、初出一九六三年)

大山喬平「中世の身分制と国家」(同『日本中世農村史の研究』岩波書店、一九七八年、初出一九七六年)

笠松宏至・羽下徳彦「中世法」(『岩波講座　日本歴史　第六巻　中世二』岩波書店、一九六三年)

勝俣鎮夫『一揆』(岩波書店、一九八二年)

勝俣鎮夫「ミ、ヲキリ、ハナヲソグ」（網野善彦・石井進・笠松宏至・勝俣鎮夫編『中世の罪と罰』講談社、二〇一九年、初出一九八三年）
黒田俊雄「中世の身分制と卑賤観念」（『黒田俊雄著作集　第六巻　中世共同体論・身分制論』法藏館、一九九五年、初出一九七二年）
黒田日出男「「人」・「僧侶」・「童」・「非人」」（同『境界の中世　象徴の中世』東京大学出版会、一九八六年、初出一九八二年）
高橋昌明「中世の身分制」（同『中世史の理論と方法—日本封建社会・身分制・社会史—』校倉書房、一九九七年、初出一九八四年）
田中　稔「侍・凡下考」（同『鎌倉幕府御家人制度の研究』吉川弘文館、一九九一年、初出一九七六年）
三枝暁子「中世の身分と社会集団」（『岩波講座　日本歴史　第七巻　中世二』岩波書店、二〇一四年）

第三章　家族と法――相続と婚姻を中心に――

菅原　正子

1　中世の家族

家族法と親族

現代の民法では、第四編「親族」と第五編「相続」を合わせて家族法と呼んでいる。本章では、親族法・相続法の領域にあてはまる中世後期の成文法や慣習法を取りあげるとともに、それらの法を取り巻く社会についても考える。なお慣習法とは、文字には書かれていないが、慣習として行われていて成文法と同じ効力を持つ法のことをいう。

まず、現代の親族の名称と範囲について一応知っておこう。民法第七二五条では、親族を①六親等内の血族、②配偶者、③三親等内の姻族、と定めている。血族は自分と血のつながりのある人びと、姻族は配偶者の血族にあたる人びとである。血族には直系と傍系がある。親等は、自分の父母と子は一親等、祖父母・兄弟姉妹・孫は二親等……という具合に数えてゆく。六親等ともなると、少々遠い親戚まで含まれることになる。

中世では、親族の範囲を定めた法令は見当たらないが、それに近いものとしてよく参考にされるのが、裁判のときの退座の規定である。文暦二年（一二三五）閏六月二一日の「鎌倉幕府追加法」第七二条（『中世法制史料集　第一巻　鎌倉幕府法』）では、幕府の評定のときに、裁判官が退座しなければならない訴訟当事者をあげている。すなわち、訴訟者が裁判官と次の続き柄である場合には、裁判官は退座する必要がある。

祖父母　父母　養父母　子孫　養子孫　兄弟　姉妹　聟〈姉・妹・孫の聟も同じ〉　舅　相舅
伯叔父　甥姪　従父兄弟　小舅　夫〈妻訴訟の時は退く〉　烏帽子子

相舅とは、嫁と聟（婿）の双方の親同士の呼び名である。烏帽子子は、男子が元服するときに烏帽子親が烏帽子をその子の頭に載せ、仮の親子関係を結んだ子のことをいう。

ここにあげられている人びとは、法的な意味での親族とは異なり、男性から見た身近な身内・親類の名称とみてよいであろう。

「御成敗式目」にみえる家族法

「御成敗式目」は、鎌倉幕府が貞永元年（一二三二）七月に制定した法典である。これは執権北条泰時らが御家人（将軍と主従関係を結んだ武士）を対象に「道理」にもとづいて作成した法典で、全部で五一ヵ条ある。「御成敗式目」は戦国大名の分国法にも大きな影響を与えた。ここで「御成敗式目」にみえる家族法を取りあげ、その特徴をみておこう。

五一ヵ条には、家族法といえる法令が一〇ヵ条、家族法も含んでいる法令が四ヵ条ある。これら家族法の多くは所領の問題がからんだ相続法であり、それ以外は家族間の刑罰に関わる刑法といえる。

相続法といえる一〇ヵ条のうち、八ヵ条は家族の所領相続に関する法令である。

親子間の相続問題では、第一八条は娘に所領を譲った後に娘と仲たがいをして所領を取り戻したい場合、第二〇条は所領の譲状（ゆずりじょう）を与えた子が父母に先立って死去した場合、第二二条は父母が子らへの所領配分のときに勘当していない成人の子に譲り与えなかった場合、第二六条は所領を子に譲って将軍からも承認の下文（くだしぶみ）をもらった後に取り戻して他の子に譲ることについての法令である。また第二五条は、幕府御家人が公家を娘の婿にして所領を譲り、幕府の公事（所領に賦課される課役）を務めない場合である。

これら親子間の相続問題では、第一八・二〇・二六条は、親は子に与えた所領を取り戻すことができるとし、第二五条では父親は婿に課役を務めさせよとしており、親の権利は強かったといえる。

夫婦間の所領に関する法令もある。第二一条は妻妾が夫からもらった所領を離婚後も所有できるのか、第二四条は夫の所領を譲り得た未亡人が再婚した場合の法令である。前者では妻に問題がなければ所有できるとし、後者では所領を亡夫の子に与えよとしている。

家族関係の刑法では、第一一条は夫が重罪の場合は妻の所領も没収とし、第一七条は、承久の乱のときに父・子の一方が朝廷方であった場合、東国では罪科は別々としている。

また、第三四条は一般に「密懐法」と呼ばれている法令で、「他人の妻を密懐する罪科の事」として、強姦・和姦を問わず人妻と不倫をした場合は、所領の半分を没収されて出仕を罷免され、所領がなければ遠流とし、女性の方も所領没収または流罪とするものである。

これらの家族法は、家族間では所領が重要な問題であったことを示している。

2　家督と財産の相続法

家督相続

「家督」は、現代では「家」の跡継ぎを意味するが、古代の中国では「家の長子」を意味した。日本の中世では、「家督」は一族・一門の長である「惣領」のことを指し、戦国時代の分国法には、「家」の跡継ぎに相当する語として「名代」「名跡」「跡職」がみえる。しかし、ここでは、「家」の跡継ぎとして現代の用法である「家督」を用いて以下述べることとする。

家督を相続する者は「嫡子」と呼ばれたが、実は「嫡子」には二つの意味がある。一つは、嫡妻（正妻）から生まれて家督を継ぐべき子、もう一つは、嫡出・庶出・養子を含めて家督を継ぐ子である。どちらを意味しているのかは、その時々で考える必要がある。

鎌倉時代では、嫡妻から生まれた長男のことを、生まれつきの嫡子という意味で「生得嫡子」と呼んだ。家督を継ぐのは生得嫡子が多かった。中田薫氏は家督相続の優先順位を、(1)嫡出長男（生得嫡子）、

(2)生得嫡子が相続できない場合は、ⅰ生得嫡子の子、ⅱ生得嫡子の弟、(3)相続できる子孫がいない場合は一族親類中から選定した養子、としている（中田一九二六）。

しかし、生得嫡子が跡を継がない場合も存在した。延慶三年（一三一〇）二月七日の鎌倉幕府の関東下知状（「烟田文書」）には、嫡子は父祖が立てるものであって生得の長男に限らない、とする幕府の見解がみえる。実際に長男以外が嫡子になった例はいくつもあり、建長元年（一二四九）一二月一五日の妙蓮（市河能成）譲状（「市河文書」）では、長男の太郎光成は親の心にそむいて嫡子の器量（能力）がないとして、二郎忠能を嫡子にして地頭職を譲っている。

戦国時代でも同様であった。天文二二年（一五五三）に今川義元が制定した「仮名目録追加」第一一条には、「父の跡職、嫡子相続すべきこともちろんなり。しかりといえども親不孝、その上奉公なき者においては、弟または他人を養子としても、子孫奉公つづくべき者に申し付くべきなり。」とあり、嫡子（ここでは長男の意味）が親不孝で今川家に奉公しない場合は、弟か養子で、子孫が今川家に奉公し続ける者に跡を継がせよとしている。

家督の相続では、相続する嫡子にはそれ相応の能力が求められ、とくに親への孝行が重視されたが、戦国時代では主家の大名への奉公も大切な条件であった。

いっぽう、長男でありながら不当な理由で家督を相続できないこともあった。伊達稙宗が天文五年に制定した「塵芥集」第一二四条では、家督相続については親に任せるが、嫡子が親孝行で主家伊達家への奉公も長年勤めているのに、幼い子の方を溺愛したり、継母の讒言で他の人に跡を継がせるというならば、場合によっては伊達家から命令を下すとしている。家督相続は親が決めるとしながらも、親の偏愛や継母の讒言で弟が継ぐケースがあるため、その場合には主家の大名が介入するという姿勢をみせている。

女子・婿の家督相続

家督を相続する男子がいない場合、女子が継いだ例もわずかながら存在する。上野国（現群馬県）の武士赤堀上野守の娘は、天文一五年の河越合戦で討死した父の跡を継ぐことを、関東管領上杉憲政から「おふなこの事に候とも」（女子ではあるけれども）承認されており（「埼玉県立文書館所蔵文書」、四月二七日上杉憲政書状）、「おふなこの事に候とも」とあることからも、女子の家督相続は異例であったことがわかる（峰岸一九九七）。

合戦が多かった戦国時代では、女子に婿を取って跡を継がせることが一般的であった。女子に婿を取って跡を継がせた場合、婿が家督を相続して公役を勤めた。戦国大名の毛利氏の領国では婿の相続の事例がいくつもみられる（田端一九九四）。毛利隆元は弘治三年（一五五七）二月一九日に田中元通に対し、田中政重の娘と結婚して政重の跡を継ぐことを命じ、娘と離婚した場合には給地を返上するのが当然である、としている（『萩藩閥閲録』巻八六「田中神五郎」家文書）。娘婿が跡を継いでも、娘と離婚をすれば婿は継いだ財産も返さなければならなかった。

結城政勝が弘治二年に制定した「結城氏新法度」第五三条では、討死した者の子が女子であっても、その女子を本体として結婚させて跡を継がせよ、兄弟に継がせるのはよくない、と定めている。さらに第五七条では、女子の婿を養子として跡を継がせたとき、養子が養父の名字を名乗ったまま女子を追い出して別の女性と結婚することを禁止している。娘の婿が家督を相続してその名字を名乗っても、相続の本体はあくまでも娘の方にあった。

財産相続のあり方

中世では公家・武家の財産といえばおもに所領であった。所領が荘園であった時代には、荘園からの収益（現地の百姓らが納める年貢・公事）を得る権利として、皇室・大寺社が本家職、公家階級が領家職、武士が在地の地頭職を所有した。室町時代に荘園は次第に消滅して郷・村を単位とする地域が形成され、それらは在地の武士の所領になっていった。

財産相続のあり方は、鎌倉時代前期までは、嫡子を含めた男女の子供たちに分配する分割相続が主流であった。しかし、一三世紀後半頃を転換期として、嫡子一人が相続して嫡子からほかの兄弟（庶子）に所領を分配する嫡子単独相続に変化していった。それは、この頃に父から子に継がれる継続的な「家」、家名、家紋が成立したことと関係している。

豊後国（現大分県）の大友志賀氏の場合、大友能直の後家（未亡人）尼深妙は、延応二年（一二四〇）四月六日に、嫡子を含めた男子五人と女子二人、亡き男子の後家一人の合計八人に、能直の遺言に従って均等に所領を分配した。やがて、約一世紀後の貞和四年（一三四八）正月一一日には、能直の子志賀能郷の曾孫にあたる志賀頼房は、所領を嫡子一法師丸（氏房）に譲り、ほかの男子・女子については一法師丸が扶持せよとしている（「志賀文書」）。戦国時代の分国法では、今川義元の「仮名目録追加」第一〇条で、跡を継いだ嫡子が弟たちに所領を分け与えて扶持を加える、としている。

これらにみえる嫡子による「扶持」は、誤って「扶養」と解釈されることがあるが、「塵芥集」第一〇六条の「惣領より庶子の扶持分として所帯を貸す事」（原文に漢字を当てた文。「所帯」は所領のこと）や諸史料から、「所領の分給」を意味していたことがわかる。嫡子は親から譲られた所領の一部を弟たちに分け与えなければならなかった。

なお嫡子・庶子の所領相続に関しては、阿波国（現徳島県）の三好氏が永禄年間（一五五八～七〇年）頃に制定した「新加制式」第一七条では、子孫への私領の譲与は父祖の意に任せるとしつつ、三代相伝の地は庶子に譲ることを禁止している。また室町幕府は、私領については父祖の譲状に任せるが、将軍が与えた給恩地は、公儀からの命令がない限り嫡子が取り戻せるとしている（年月日未詳、幕府某奉行書状案、「石井良助氏所蔵文書」）。

親が嫡子を決定して所領を相続させることは共通しているが、庶子の相続分については幕府や大名によって規定に違いがみられる。

女子の相続については、転換期の一三世紀後半頃から次第に「一期知行」という形の相続が多くなっていった。「一期知行」は、生きている間だけ所領を所有し、死後は実家に返すという相続の方法である。弘安六年（一二八三）の「宇都宮家式条」第三二条では、弘長元年（一二六一）以降後家・女子の分は一期としており、一期知行の早期の例といえる。室町・戦国時代には女子の一期知行が慣習法になっていた。石山本願寺の証如の『天文日記』天文六年（一五三七）四月二八条には、「町野祖父女子に譲らせ扶助し候ところに、（中略）女子死去し候はば、すなわち町野へ返付するは大法に候」（原文の読み下し文）とあり、女子の死後は所領を実家の町野家に返すことが「大法」であるとしている（菅原二〇一三）。「大法」とは、慣習法のことである（中田一九四三）。女子の一期知行は、婚姻により所領が他家に流出することを防ぐための相続方法であった。

なお永禄一〇年（一五六七）制定の「六角氏式目」第四八条では、妻の「粧田」（親が女子に譲る所領）については「約諾の文書」に従い、文書がなければ妻の一期の後に生家に返せ、と定めている。つまり、まずは親の譲状の内容に依れということであり、親の意思を優先している。また「塵芥集」第一〇四条では、女子への所領譲与は親の配分に任せるとしている。戦国大名の分国法では、女子への所領の譲与に関しては一期知行という慣習法が存在したが、まずは親の意思を尊重していたことになる。

3　婚姻に関する親族法

離婚のあり方

室町・戦国時代では戸籍というものがなく、公的な婚姻届・離婚届もなかった。この時代の数少ない婚姻・離婚関係の法は、これらの制度がなかったためにトラブルが起き、法を定める必要が生じて制定されたと考えられる。

現代の日本では、民法第七六三条で夫婦は協議で離婚できるとし、離婚届を役所に提出して受理されれば離婚が成立する。この法は明治三一年（一八九八）施行の明治民法に由来するが、簡単に離婚ができるのは世界の中でも日本くらいで、他の国々では裁判所の判決や厳しい審査を経ないと離婚が成立しない。このことは、日本では離婚率が非常に高かったことと関係している。明治民法以前の日本の離婚率は、元来は離婚を禁止していたキリスト教の西欧諸国にくらべてはるかに高かった（村上一九九四）。

一六世紀後半に来日したイエズス会士たちも、日本人の離婚の多さについて記している。同会の宣教師ルイス・フロイスの「日欧文化比較」（一五八五年）第二章31には、「ヨーロッパでは、妻を離別することは、罪悪である上に、最大の不名誉である。日本では意のままに幾人でも離別する。妻はそのことによって、名誉も失わないし、また結婚もできる」（『ヨーロッパ文化と日本文化』岩波文庫、一九九一年）とある。また、同会の巡察師として来日したヴァリニャーノの「日本諸事要録」補遺四には、離婚は日本では珍しいことではなく、「夫が妻に離縁状を与えることは、日本人の間では普通であり、また妻の方も能うれば夫に離縁を迫る」（『日本巡察記』〈平凡社東洋文庫、一九七三年〉）とある（菅原二〇一二）。離婚は夫が妻を離縁する形で頻繁に行われていた。

妻に落ち度がないのに離縁される場合には、妻は家を出るときに好きなだけ家の中の物を持って行ってよいという慣習があった。鎌倉時代の無住著『沙石集』（一二八三年）巻九（巻七）の「嫉妬の心無き人の事」には、「人の妻のさらるる時は、家の中の物、心に任せて取る習ひなれば」とある。これは現代の慰謝料に相当すると考えてよいであろう。

妻の再婚をめぐって

中世後期では夫が妻に与える離縁状を「去状（さりじょう）」と呼んだ。しかし、離婚の際に必ずしも去状が作られていたわけではなく、狂言の「箕被（みかずき）」では、妻は「暇の印（いとましるし）」（離婚の証明）として夫から箕（み）をもらっている。戦国時代の分国法からは、離縁状がなくて再婚のときに問題になる場合があったことがわかる。

伊達稙宗が制定した「塵芥集」第一六七条は、夫婦喧嘩をして夫を追い出した妻（旧説では、夫が妻を追い出す）が「夫に暇を得たるのよし申、改め嫁がん事をおもふ。その親・兄弟、もとの夫の方へ届にをよばすして、かの婦、夫を改む。いま嫁ぐところの夫・女ともに罪科に行ふべき也。ただし離別紛れなきにいたつては、是非にをよばざるなり。しかるに前の夫、なかばは後悔、なかばはいま最愛の夫に遺恨あるにより、離別せざるよし問答にをよぶ。暇を得たる支証まぎれなくば、まへの夫罪科にのがれがたし。」（原文に漢字を当てた文）（大意：妻が「夫から離婚された」と言い、親・兄弟、元夫の家に離婚の届けを出さずに再婚しようとしたが、この再婚する男・女をともに処罰する。ただし離婚が明白であれば問題はない。しかし前夫が、半分は後悔、半分は前妻の夫を恨み、離婚を拒否して争いになった場合、離婚の証拠に間違いがなければ前夫は処罰される）という。

離婚の証拠に関する分国法は他にもあり、相良晴広（さがらはるひろ）が天文二四年（一五五五）に発布した「相良氏法度（さがらしはっと）」第三八条は、「男のいとま然々きれす候女子、そこつに中たち無用たるへき事」（夫との離婚がはっきりとしない女子に、気安く結婚の仲介をするな）としている。

これらの分国法からは、離婚の証拠と両家への離婚の届け出がない場合に、再婚する妻を取り戻そうとする前夫と紛争が生じるケースがあったことがわかる。

江戸時代の離縁状の「三行半（みくだりはん）」は、近年の高木侃氏の指摘により、妻が誰と再婚しても構わないとする文言を入れた、夫から妻への再婚許可証であったことが明らかにされている（高木一九九九）。近世では、中世に妻の再婚をめぐるトラブルが続出したことから、妻が問題なく再婚できるように「三行半」が作成された可能性がある。

密懐法の真相

密通をした人妻・密夫に対する密懐法の刑罰は、「御成敗式目」では密夫と人妻の所領没収または流罪であったが、戦国大名の分国法では密夫・人妻をともに討てとする内容に変化する。しかしその条文をよく読むと、密懐者を討つためにはある条件が必要であった。

戦国時代の分国法で密懐法を定めているのは、A伊達稙宗が制定した「塵芥集」第一六二～一六四条と、B六角承禎（ろっかくじょうてい）・義治（よしはる）が永禄一〇年（一五六七）に制定した「六角氏式目（ろっかくしきもく）」第四九条の二つである。

Aの第一六二条では、人妻と密通すれば「男・女共にもつて誡め殺すべきなり。」（原文に漢字を当てた文）、Bでは「件の女・密夫、一同に討つべき事。」とあり、どちらも、「共にもつて」や「一同に」という文言があり、密夫と人妻を一緒に同時に討てとしている。

なぜ一緒に同時に討つのかという疑問に答えている法が、元和三年（一六一七）に吉川広家が制定した「吉川氏法度」第五九条である。この条文では、人妻が密懐した場合、その寝所を去らないうちに討て、世間の噂ばかりで証拠がなければ処罰もできず、夫の分別も大事であり、その時の状況にも依る、としている。つまり、密懐の証拠がなければ不十分で、密懐の現場を押さえて明白な証拠をつかんだうえで討てという。A・Bの密懐法の真意は、二人を密懐の現場で討てとするものであり、密懐の噂や疑いだけで殺してはいけないという意味を含んでいた。

Aの一六四条は、夫が密懐した妻を現場の寝室で討ち損じても過失にはならないとしており、討つのは夫であった。そして前述の「吉川氏法度」の条文では、夫が妻の密懐の噂だけで処罰することを誡めており、密懐法は夫の誤解による妻殺害を防止するための法でもあった。

なお、夫が罪のない妻を殺した場合には殺人罪になった。室町幕府は天文一四年（一五四五）に、夫が妻を理不尽に殺した場合には殺人罪になるという見解を示している（「伺事記録」同年八月一九日条）。「六角氏式目」第六二条でも、夫が妻を殺害することを「咎」（罪）とみなしている。

夫が密懐した妻と密夫を殺害する理由として武士の名誉の問題があった。このころにインドのゴアの聖パウロ学院院長であったニコラオ・ランチロットが、日本人アンジロー（ヤジローとも）から聞いた話を書きとめた日本報告には、夫が妻の密懐を見つけたときに、妻・密夫のどちらも殺さなければ著しく名誉を傷つけられた、とある（菅原二〇〇六b）。中世後期に世の中が武家主導の社会へと変化し、それとともに武士の名誉を重んじる風潮が生まれ、密懐法にも影響を与えて変化させたと思われる。

【参考文献】

石井良助『日本相続法史』（創文社、一九八〇年）
浦本寛雄『家族法〔第二版〕』（法律文化社、二〇〇三年）
勝俣鎮夫「中世武家密懐法の展開」（同『戦国法成立史論』東京大学出版会、一九七九年、初出一九七二年）
後藤みち子・菅原正子「日本中世社会にみる家督・家業とジェンダー」（長野ひろ子・松本悠子編著『ジェンダー史叢書 第六巻 経済と消費社会』（明石書店、二〇〇九年）
菅原正子「中世後期における相続と家族法」（『日本歴史』六九七号、二〇〇六年）a
菅原正子「戦国大名の密懐法と夫婦―家父長権力再考―」（『歴史評論』六七九号、二〇〇六年）b
菅原正子『日本人の生活文化〈くらし・儀式・行事〉』（吉川弘文館、第二刷二〇一二年）
菅原正子「戦国大名の「法度」と分国法―中国の法典と比較して―」（『経済志林』八〇巻三号、二〇一三年）
高木　侃『〔増補〕三くだり半 江戸の離婚と女性たち』（平凡社ライブラリー）（平凡社、一九九九年）
高橋秀樹「中世の家と女性」（『岩波講座　日本歴史　第七巻　中世二』岩波書店、二〇一四年）
田端泰子「戦国期女性の役割分担―経済活動と財産相続―」（同『日本中世女性史論』塙書房、一九九四年、初出一九九〇年）
中田　薫「法制史漫筆一　大法」（同『法制史論集　第三巻下　債権法及雑著』岩波書店、初版一九四三年）
中田　薫「中世の家督相続法」（同『法制史論集　第一巻　親族法・相続法』岩波書店、初版一九二六年、初出一九一八年）
新田英治「中世の相続制」（日本法社会学会編『家族制度の研究（上）歴史』有斐閣、一九五六年）
峰岸純夫「戦国期東国の女性」（前近代女性史研究会編『家・社会・女性　古代から中世へ』吉川弘文館、一九九七年）
村上一博『明治離婚裁判史論』（法律文化社、一九九四年）

第四章　経済と法——徳政令と撰銭令——

川戸　貴史

1　中世の経済法

日本中世は荘園制のもとで土地売買や土地を担保とした貸借が活発化した時代であった。それゆえ土地取引をめぐるトラブルも多く、その調停を求めて幕府への訴訟が頻繁になされるようになった。訴訟では、主に貸借の時効や利息について争われることが多かったため、幕府などの諸権門はそれらについての法を定め、時代に応じて改訂を重ねていった。

中世で貸借が活発化したことにより、返済に窮する人びとが増加することにもなった。とりわけ鎌倉後期以降は御家人層で、室町期には広く一般の間で貸借をめぐるトラブルが増加し、その救済を幕府に求める動きが生じた。対する幕府は、徳政と称して彼らの負債を免除するという強引な政策を繰り返すことになった。この法を一般に徳政令と呼ぶが、このような法が横行したことは中世日本の大きな特徴であったといえよう。

中世日本の経済の特徴としてもう一つあげるならば、中国からの渡来銭を貨幣として採用したことにあった。これは権力による強制ではなく市場が自律的に受け入れたことに端を発している。それゆえ権力は貨幣統制には関心を寄せていなかったが、一五世紀末期になると市場で貨幣授受をめぐるトラブルが生じたため、権力側はようやく秩序の統制に乗り出すようになった。この時トラブルとなった原因は、雑多な種類からなる渡来銭に価値の相違が生じたため、その価値の合意を得られずに貨幣の請け取りを拒否されたためである。このような行為を撰銭と呼ぶため、その統制を図った法は撰銭令と呼ばれている。（撰銭禁令と呼ぶこともある）。

本章では、中世日本における代表的な経済法として、徳政令と撰銭令について取りあげることとしたい。いずれも長らく中世特有の経済に関わる法として研究対象として注目されてきたものであるいっぽうで、その歴史的意義について近年見直しが進んだ。以下それぞれ具体的にみていくこととしたい。

2　徳　政　令

徳政令の法理

中世社会の特殊性を象徴するものとして広く知られている語句でありながら、これまで多くの中世史研究者を悩ませてきたのが、徳政である。本来は仁政・善政とほぼ同義の語句であるが、中世においては本来あるべき姿への回帰という理念にもとづく政策との意味が与えられた（勝俣一九七九など）。具体的には、一三世紀のモンゴル襲来を契機として朝廷や幕府が推進した神領興行政策、それに付随する寺社などに対する資産保護が徳政と呼ばれた（村井二〇〇五）。当時は飢饉が頻発し、人びとの困窮が深刻化した時代でもあった。領主層たる御家人もその例外ではなく、所領などを質入れするなどして債務が拡大し、その返済に窮するようになった（井原二〇一五）。

鎌倉時代の話になるが、永仁五年（一二九七）七月に幕府が発布した徳政令は、以上のような社会事情をふまえた幕府による御家人救済令として知られている。しかしその内容は、現代人にとっては少々奇妙に映るものである（佐藤進一・池内義資編『中世法制史料集　第一巻　鎌倉幕府法』〈岩波書店〉「追加法」六六二条）。笠松宏至氏の現代語訳によると（笠松一九八三）、「所領の質流し・売却が御家人の経済的困窮を招く根本原因である。したがって質流し・売却をともに禁止する。すでに流され売却された分は、元の所有者に返却させる。ただし、契約認可の安堵状をもつもの、あるいは二〇年以上経過した分については公領私領を問わず現状を変更しない。この規定に背いて、強引に返還を迫るものは処罰する。非御家人・凡下の質得分については、二〇年の除外例を認めない」とある。

この徳政令の最初の箇所は、とくに違和感はないだろう。当座の資金目当てに所領を売却したり質入れしたりすることで生活が行き詰まることは明白であるので、それを禁止するというものである。しかし、次が問題である。すでに売却されたり質流れしたりした所領は、それを確定させた幕府による安堵状がない場合や、売却・質流れの後に二〇年が過ぎていない場合は、元の所有者に無償で返却させるというのである。しかもこれは御家人が売主だった場合であり、非御家人や凡下（ぼんげ）（一般庶民）の場合は二〇年の時効が適用されなかった。

売主が御家人であれば、すでに売却したり借金が返せずに質流れしたりした所領を無条件に買主から取り戻せることを明確に規定したこの法令は、経済事情を無視した強引な法令との評価が長らく与えられてきた。実際にこの法令は社会の反発を招き、翌年には早くも撤廃に追い込まれたとの評価がされてきた。しかし実際には、幕府が撤回したのは所領売買の禁止についてのみにすぎず、債務破棄を命じた徳政令の根幹が撤廃されたわけではなかった（笠松一九八三）。つまり、社会は徳政令を受け入れたことになる。このことこそが、後世の多くの研究者がこの法令を前にして大きな関心を寄せることになった。すなわち、買主に絶対的な不利を招く無茶苦茶なこの法令が、なぜ当時の社会では受け入れられたのだろうか。現代人にはまったくもって不可解きわまる。

では、徳政令に当時の人びとがどのような合理性を見出したのか。これを解明する手がかりとして、勝俣鎮夫氏や笠松氏は「商返し（あきないがえし）」という慣習が古来日本に存在していたことに注目した（勝俣一九七九、笠松一九八三）。商返しとは、売買した品物について、ある一定期間内であれば元の持ち主がそれを取り戻して契約を取り消すことができたという慣習である。これが徳政令の法理に合致するものであり、所領を売主が無償で取り戻すという行為を支える理念であるとした。このような慣行にもとづいて所有物が売主のもとへ戻る現象は「ものの戻り」と呼ばれ、中世社会の基底をなす慣習とされた。また、もとの所有者が帯びるこの強固な所有権は「本主権」と呼ばれ、中世では本主権が強固で土地の永代売観念が未成熟だったと判断されてきた。

しかし土地取引の実態解明が進むと、上記の本主権理解には疑問が呈されるようになった。古代より日本では正当な土地の永代売買であれば買い戻しができず、それが中世へも継承されていたことが明らかになり、広く売買の対象となっていたのはその土地の得分権（収穫物の取得権）であり、徳政の対象になったのはこの得分権であったとの指摘がなされた（菅野一九八四）。そもそも売買と貸借との区別はその額の多寡による違いでしかないとの指摘もあり、中世では貸借契約が圧倒的に多いことからも、徳政令において取り戻し対象となった売買とは永代売ではなく質であったとの理解をするのが合理的との指摘がなされている（井原二〇一五など）。かかる議論は、そもそも中世における土地所有の実態が多様であり（西谷二〇〇六）、それらをつぶさに把握しなければ、徳政令の持つ歴史的意義を見通すことがもはやむずかしくなっていることを物語っているだろう。

室町・戦国時代の徳政令

徳政令とはその名のとおり「善政」である民衆の救済を果たす法令の一つとして発布されたものであったが、鎌倉時代においては、徳政というスローガンは朝廷や幕府といった権力者側から発するものであった。しかし一五世紀になるとその主客が逆転した。つまり、徳政を求めたのは発布主体である幕府ではなく、被支配者の側であった。応永三四年（一四二七）九月、京都近郊の醍醐で、地下人（住民）らが「徳政と号して」蜂起し、借書などを焼き捨てるという事件が起こった（『満済准后日記』同年同月一八日条）。この頃の畿内では、同時多発的に徳政を求める徳政一揆（民衆蜂起）が勃発したことが知られている。「号す」とは正当性を主張する含意があったことから、当時の人びとは権力に対して徳政を求めることは正当な権利であるとの認識があったとされている（勝俣一九七九）。

そして、ここでいう徳政とは、負債免除そのものであった。著名な大和国（現奈良県）柳生の徳政碑文には、「正長元年ヨリサキ者（は）、カンへ（神戸）四カンカウ（箇郷）ニ、ヲヰメ（負い目）アルヘカラス」と刻まれた。神戸四箇郷では、正長元年（一四二八）より以前の負債は免除となったという内容である。これ以後、畿内では将軍の代替わりを機に徳政一揆が頻繁に発生するようになり、暴徒化して京都の金融業者（土倉・酒屋など）を襲撃することもしばしばあった。

いっぽうの幕府は、主な徴税対象だった金融業者が土一揆の襲撃によって経営難に陥ったうえ、嘉吉元年（一四四一）に足利義教が暗殺されて権力が動揺すると、財政難が鮮明になった。それでもなお徳政要求が止まない状況下に置かれていた幕府は、享徳三年（一四五四）一〇月に次のような法令を発布した（佐藤進一・池内義資編『中世法制史料集　第二巻　室町幕府法』〈岩波書店〉「追加法」二三八条。以下『室町幕府法』と略す）。

先度徳政の事、堅くこれを制禁され、高札を打たるるといえども、今においては、永地を除き、年記（紀）本物返地等を棄破せられおわんぬ。早く請文の旨に任せて、借銭十分の一をもって、収納せらるべきの由なり。よって執達件の如し。

現代語訳すると、次のとおりである。「以前から徳政は堅く禁じられており、その旨を高札を打って広く知らせたけれども、今回は永代売の地を除いて、年紀売りや本物返の土地の貸借については破棄さ

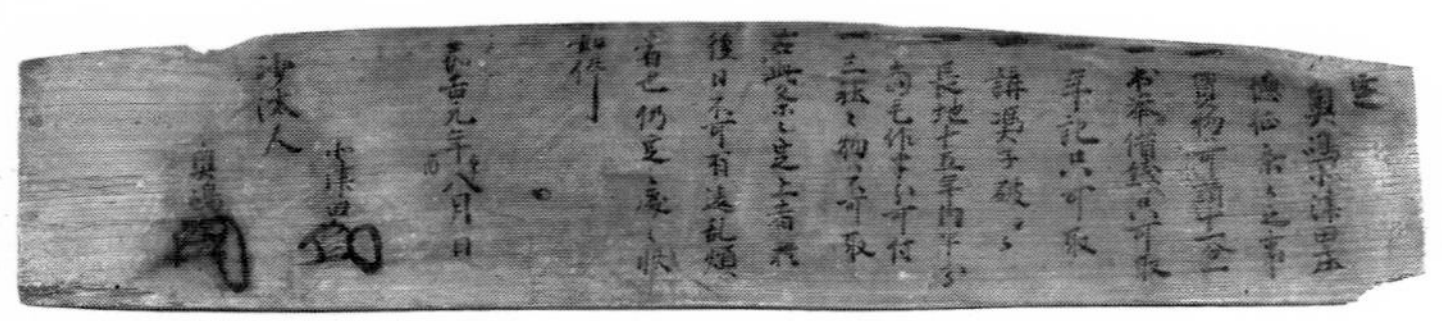

図10　嘉吉元年徳政条々定書木札（大嶋奥津嶋神社文書）
（大嶋奥津嶋神社寄託、滋賀大学経済学部附属史料館保管）

れることになった。ついては、急ぎ請文（借用証文）の内容のとおりに、借銭の一〇分の一の額を幕府へ納入せよとのことである。よってその旨を伝える」。

幕府は、徳政の適用（あるいは回避）を保証する見返りとして、適用申請者に対して借金の一割の額の銭（分一銭）を納めさせようとしたのである。そのため、この法令は分一徳政令と呼ばれている。同様の徳政令は以後もしばしば発布され、後にはその手数料も二割に引き上げられた（ただし当事者同士で済ませることも多く、その場合は、手数料は幕府ではなく債権者に渡った〈前川一九九五〉）。

その後、徳政の対象は金銭貸借や土地の売買・質入れのみに限らず、さまざまな支払いの滞納に対しても無差別に適用されるようになった。野放図に徳政の対象が拡大し続けたため、徐々に権力の制御も効かなくなり、徳政一揆は将軍の代替わりにかかわらず頻発するようになった。各地でランダムに発生する戦国時代の徳政一揆は、しばしば在地社会で「徳政が行く」と呼ばれるように、誰が主導するわけでもなく突発的に発生したムーブメントであったことを物語っている。戦国時代の地域社会で突発的に発生するこのような徳政は、「在地徳政」と呼ばれている（瀬田一九八三、桜井二〇〇三、呉座二〇一二など)。こうなっては、突発的な徳政適用に備えて、人びとの間で契約時に適用除外を保証するための対策が講じられる事態になった。一六世紀に入る頃には、徳政は人びとにとってむしろ迷惑な存在へと変質していったともいえる(早島二〇一八)。

3 撰銭令

撰銭令発布の背景

日本は七世紀後半から独自に金属貨幣を発行していたが、一〇世紀にそれが途絶え、米や絹が物品貨幣として使用されるようになった。一二世紀後半になると、主に中国から日本へ流入した銭貨(銅銭)が主要貨幣として徐々に定着し、一四世紀後半になると銭貨がほぼ唯一の貨幣として使用されるようになった。

そのため、中世日本では貨幣供給を中国に依存する状況下にあった。それでも一五世紀前半までは供給は比較的安定していたが、一五世紀後半になると供給が細り始めた。その理由はいくつかあるが、最大の理由は、当の中国(明朝(みん))が銭貨発行をほとんど行わなくなったためである。庶民が日常的に使用する銭貨に対する需要は常に存在したため、中国でたちまち銭不足に陥り、それが日本へも波及した。銭不足に陥ると、潤沢に流通していた時代には自然に排除されていた粗悪銭や偽造銭なども取引に用いられる場面が増加していったが、支払いを受ける側がそれらの銭の受け取りをしばしば拒否してトラブルが発生するようになった。この時に受け取る側が行う銭の選別行為を撰銭と呼ぶ。

商取引や年貢銭の授受においてこのようなトラブルがしばしば発生する事態を受けて、幕府や戦国大名などの権力は、そのトラブルによる混乱を収めるべく、銭の選別に関するガイドラインを示し、混乱を鎮めようとした。このガイドラインを示した法令が撰銭令である。

撰銭令で示されたガイドラインは、どの銭が貨幣として使用できるか（つまり受け取りを強制できるか）、どの銭が貨幣として使用できないか（つまり受け取りを拒否できるか）をそれぞれ銭の名称で列挙したものや、一〇〇文のうちどの銭を何枚混ぜて良いかという指針を示した内容のものが一般的である。なお、どの銭を貨幣として使用を強制したか、あるいは排除を強制したかは、発布した主体や対象地域、発布された年代によっても異なっている。次にいくつか代表的な撰銭令を取りあげて、それについてみてみよう。

大内氏の撰銭令

まずは、大内氏の撰銭令を取りあげたい。一五世紀後半に中国地方から九州北部にかけて勢力を拡大した大内氏は、文明一七年（一四八五）にこの撰銭令を発布した。現時点では、これが日本で初めて発布された撰銭令であり、明応九年（一五〇〇）に初めて発布した室町幕府の撰銭令よりも古い。ほかには九州南部で勢力を拡げた相良氏もまた室町幕府より早く撰銭令を発布しており、九州で畿内よりも先行して撰銭令が発布されていたと考えられる（本多二〇〇六、高木二〇一〇など）。大内氏の撰銭令は、次のとおりである（佐藤進一・池内義資・百瀬今朝雄編『中世法制史料集　第三巻　武家家法Ⅰ』〈岩波書店〉「大内氏掟書」六一・六二条）。

> 一、銭を撰ぶ事
>
> 段銭の事は、往古の例たる上は、撰ぶべき事勿論たりといえども、地下の仁宥免の儀として、百文に、永楽・宣徳の間二〇文充て加えて、収納すべきなり。
>
> 一、利銭ならびに売買銭の事
>
> 上下大小をいわず、永楽・宣徳においては、撰ぶべからず。さかい銭と洪武銭（縄切りの事なり）・うちひらめ、この三色は撰ぶべし。ただし、かくの如く相定めらるるとて、永楽・宣徳ばかりを用うべからず。一〇〇文の内に、永楽・宣徳を三〇文加えて、使うべし。

前者の条文は、大内氏に納入する段銭（田畠への課税）の規定で、かねてより撰銭して納入することが当然ではあるが、納入者に対する負担緩和措置として、段銭は一〇〇文のうち永楽通宝と宣徳通宝を合計二〇文混ぜた銭を収納すると定めている。

なぜこれが納入者の負担緩和になったのか。それは、次の条文から理由がうかがえる。すなわち、何人たりとも永楽通宝と宣徳通宝は「撰ぶべからず」、つまり受け取りを拒否してはならないと定めていることである。大内氏がこの二つの銭の受け取りを強制するのは、大内氏領国では永楽通宝と宣徳通宝（ともに一五世紀前半に明朝が鋳造した銭貨＝明銭）が実際には市中で受け取り拒否の対象となり、取引や納税に際してトラブルになっていたからである。当時の日本で長らく、そして最も多く流通していた北宋銭が珍重され、品質が良く新しいにもかかわらず、流通の歴史が浅い永楽・宣徳の両種の銭貨は市中での信用が低かったのである。そのため大内氏は、両種の銭貨を段銭として従来より多く受け取るよう譲歩したのであった。

なお、後者の条文によると、排除すべき銭として、「さかい銭」と洪武通宝（これも明朝が鋳造した銭）、打平（うちひらめ）の三種をあげている。「さかい銭」は畿内の堺で鋳造された偽造銭（模鋳（もちゅう）銭ともいう）、打平は文字のない偽造銭である無文（むもん）銭を指すと考えられている。また、市中で嫌われていた永楽通宝と宣徳通宝の使用を強制したことによって、両種の銭のみで支払おうとする行為も禁じており、銭一〇〇文のうちに両種は三〇文とするよう定めている。

室町幕府の撰銭令

明銭に対する忌避意識は、京都においても同様であった。次に、明応九年に初めて室町幕府が発布した撰銭令をみてみよう（『室町幕府法』「追加法」三二〇条）。

一、商売の輩以下撰銭の事

近年ほしいままに撰銭の段、はなはだ然（しか）るべからず。所詮、日本新鋳（しんちゅう）の料足（りょうそく）においては、堅くこれを撰ぶべし。根本渡唐銭（こんぽんととうせん）（永楽・洪武・宣徳）等に至りては、向後これを取り渡すべし（ただし自余の銭を相交うべし）。もし違背の族（やから）有らば、速やかに厳科に処せらるべし。

この頃の京都では、撰銭をめぐる商取引のトラブルが深刻化していたことがわかる。そこで幕府は、

「日本新鋳の料足」（偽造銭や模鋳銭）を排除の対象と定め、そのほかについては貨幣として使用するよう規定した。そこで注目すべきは、「根本渡唐銭」のうちに永楽・洪武・宣徳の三種の明銭をわざわざ明記している点である。つまり、これらの明銭は市中で忌避されることが多く、それゆえにトラブルが多発していたと幕府はみており、それらの使用を強制しようとしたのである。そして、支払いにはほかの渡唐銭（宋銭など）を交えて用いよとの注記も忘れてはいない。優先的に忌避された銭を支払いに充てようとする動きを制するものであった。

以後、一六世紀前半の西日本では、一部の地域を除いて明銭は忌避の対象となっていたことが知られている。いっぽうで、逆に永楽通宝を珍重する地域もあった。それは、伊勢神宮門前地域と関東であった（中島一九九二、千枝二〇一一など）。なぜこれらの地域で永楽通宝が珍重されるようになったかはいまだ不明であるが、重要であるのは、同じ日本列島においてもどの種類の銭が好まれるか、あるいは嫌われるかは、それぞれの地域によって異なっていたことである。戦国時代における権力の地域分化は、貨幣流通の秩序そのものの分裂も招いたのであった。

織田信長の撰銭令

一五六〇年代になると、中国から日本への銭の流入はほぼ途絶状態に陥り、日本では深刻な銭不足に見舞われるようになった。永禄一一年（一五六八）に上洛した織田信長（おだのぶなが）は、その翌年に畿内を含む自らの領国内に充てて撰銭令を発布した。その内容は、室町幕府がそれまでに発布した内容とは大きく異なっている。すなわち、一枚＝一文として使用する従来の銭に加え、「ころ」（洪武通宝か）・焼け銭・宣徳通宝は二枚で一文に、「恵明」（詳細不明）・「大欠け」・割れ銭・摩耗銭は五枚で一文に、打平・「南京」は一〇枚で一文とし、それ以外は排除するよう命じた（佐藤進一・百瀬今朝雄編『中世法制史料集第五巻　武家家法Ⅲ』〈岩波書店〉六八五号）。このように銭の種類に応じてそれぞれ異なる価値を与えたことは画期的であった。この頃の京都市中ではすでに数枚で一文として処理する銭が出回っており、それを法令として明確化しようとしたものと考えられる。その点では当時の流通事情に配慮したものといえる。しかしいっぽうで米を各種支払いに充てることも禁じたが、一五七〇年代には米を支払いに充てる事例はむしろ増加しており、この撰銭令が法的効果を発揮したとはいえなかった。結局は混乱の根本原因であった銭不足の解消を果たせず、市中では金・銀・米を実質的に貨幣として使用する状況となった。

その後も一七世紀にかけて撰銭令はしばしば発布されたが、寛永一三年（一六三六）に寛永通宝が発行されて日本でみずから銭貨供給を行うようになった後は、徐々に銭貨流通秩序は落ち着いていった。ただし秩序の地域格差は一切解消したわけではなく、近世を通じてしばしば銭貨流通をめぐってトラブルが発生したことも忘れてはならない。

【参考文献】

井原今朝男『中世日本の信用経済と徳政令』（吉川弘文館、二〇一五年）
笠松宏至『徳政令—中世の法と慣習—』（岩波書店、一九八三年）
菅野文夫「中世における土地売買と質契約」（『史学雑誌』九三編九号、一九八四年）
勝俣鎮夫『戦国法成立史論』（東京大学出版会、一九七九年）
呉座勇一「在地徳政論再考—伊勢・近江を中心に—」（天野忠幸・片山正彦・古野貢・渡邊大門編『戦国・織豊期の西国社会』日本史史料研究会企画部、二〇一二年）
桜井英治「在地徳政・私徳政について」（『歴史と地理』五六七号、二〇〇三年）
瀬田勝哉「中世末期の在地徳政」（永原慶二編『戦国大名論集一　戦国大名の研究』吉川弘文館、一九八三年、初出一九六八年）
高木久史『日本中世貨幣史論』（校倉書房、二〇一〇年）
千枝大志『中近世伊勢神宮地域の貨幣と商業組織』（岩田書院、二〇一一年）
中島圭一「西と東の永楽銭」（石井進編『中世の村と流通』吉川弘文館、一九九二年）
西谷正浩『日本中世の所有構造』（塙書房、二〇〇六年）
早島大祐『徳政令—なぜ借金は返さなければならないのか—』（講談社、二〇一八年）
本多博之『戦国織豊期の貨幣と石高制』（吉川弘文館、二〇〇六年）
前川祐一郎「壁書・高札と室町幕府徳政令—形式からみた中世法の機能—」（『史学雑誌』一〇四編一号、一九九五年）
村井章介『中世の国家と在地社会』（校倉書房、二〇〇五年）

第五章　軍事と法——軍隊の編成と規律——

則竹　雄一

1　「軍法」とは

軍事関係の法を指す「軍法」についての先行研究は、中世史研究に限らず近現代史研究においてもほとんど見られない。そもそも軍法とは何を指すのかさえも不明確である。法制史家の藤田嗣雄氏によれば、軍法は四つの意義を持つとしている。①主として軍人に対して適用される法律、②非常事態に処する非常法、③主として軍人によって執行される占領地行政、④軍事委員会によって審判される軍事裁判とする（藤田一九五三）。瀬野精一郎氏は『国史大辞典』の「軍法」で「戦闘に出陣するに際し、将たる者は、軍中の士卒が守るべき規律として軍令を定め、軍令を犯す者を処断する法を軍法と称した」ともっぱら軍律のみの規定を行っている（瀬野一九八四）。近世史唯一の専論と見られる谷口眞子氏の「近世軍隊の内部組織と軍法」（谷口一九九四）では、近世軍隊の軍隊構成員の遵守すべき諸規則を軍法として、①外面的側面としての武具・衣服に関する規則、②軍隊構成員に求められた行動規律の二面から徳島藩初期の事例を分析している。ここでは、戦国大名北条氏の関係文書に現れる「軍法」を中心に、谷口氏が指摘した軍隊組織法および軍隊規律法ともいうべき法令を中心に紹介したい。なお、高鷲江美氏は享禄四年（一五三一）から慶長一九年（一六一四）までの軍法五八通の文書の紹介を行っていることを付け加えておく（高鷲一九九五）。

2　軍隊編成法としての軍法

北条氏「着到帳」

戦国大名北条氏は次のような「着到帳」と呼ばれる文書を発給し、給人に対して知行地＝知行貫高に見合った軍役負担を命じている。

【史料1】北条氏政印判状写（「武州文書」『戦国遺文　後北条氏編』二五七一号文書、以下、戦北二五七一号と略す）

　　改定着到、

　拾八貫五百文　　　岩淵下郷領家

　　此着到、

一本　指物、四方竪六尺五寸・横四尺二寸、持手、具足・皮笠、金銀の間にて紋を出すべし、

一本　鑓、二間々中柄、金銀の間推すべし、持手、具足・皮笠、右同理、

一騎　馬上、甲大立物・具足・手蓋・面肪、

已上、三人、

右の着到、近年有り来り候のごとくと雖えども、猶改めて此の節申し付け候、軍法において聊も法度に背くに至りては、厳科に処すべく候、能々着到帳を朝夕に見分し、寸分傍に相違なき様に、此れを致すべく候、自然此の内、兼日支度なきの儀之れあらば、十月五日を限って、悉く立ち致すべく候、仍って定む所件の如し、

(天正一一年)癸未 九 月十六日(「有効」朱印)

小熊孫七郎

【史料1】は、天正一一年六月二日の江戸北条氏秀(うじひで)の病死にともない、当時、江戸支配を任された北条氏政が、代替わりに際して江戸衆小熊孫七郎の着到＝軍役を改定した文書である。小熊孫七郎は、武蔵国岩淵下郷領家（現東京都北区）での知行地一八貫五〇〇文に対して、「指物(さしもの)」「鑓(やり)」「馬上」（＝小熊自身）の三人の軍役が規定され、それぞれの装備も決められていた。この「着到」規定は、「軍法において聊も法度を背くに至るは、厳科に処すべく候」と「軍法」とも称され、その規定への違反は「法度」として厳罰に処せられたことがわかる。「着到帳」に記載された着到人数や武具規定の遵守は、大名軍隊の編成にとって欠くべからざるものであることは言うまでもなく、このため「着到帳」には、遵守のために違反者に対する罰則規定が記されることになる。代表的な罰則規定を列挙すると以下のとおりである。

①伊波着到帳「右、人衆の嗜、かくの如く致すべし、毎陣両人互に相い改ため、厳密に申し付くべし、少く人衆を定めず、又は武具以下嗜これなきに至るは、その身を払い、後年には一人に申し付くべきもの也」（戦北五〇六号）

②来住野着到帳「右、着到知行役に候処、毎陣不足せしめ候、是非なく候、来秋不足の儀これ有にては、知行を召し上げらるべし、御断度々重ね上げ、来秋において指し置かれまじきもの也」（戦北九五六号）

③岡本着到帳「各少も相違なくこれを致すべく候、抑も軍法は、国家安危の所也、法度に背くについては、罪科の軽重に随い、用捨なく申し出でらるべく条、兼て誤りなき様に覚悟専肝に候」（戦北一四九七号）

③道祖土着到帳「右着到、分国中何も等しく申し付け候、自今以後、この書出の処、聊も相違あるべからず候、違背においては、越度は法度の如くたるべきもの也」（戦北一五六九号）

④市野着到帳「軍法たるの間、一騎一人不足においては、知行を召し放ちたるべく候」（戦北一五七一号）

⑤植松着到帳「軍法たる間、無沙汰については、知行を召し放ちたるべきもの也」（戦北一五七七号）

⑥池田着到帳「着到の内、一騎一人不足せしむ儀これあるは、分明にその断披露すべし、着到の品々委細に見届け、猶もって相違なき様、走り廻るべく候、かくの如く定の上、無沙汰せしむは、厳科に処すべきもの也」（戦北二二五八号）

多くの場合、軍役の不足が問題とされている。不足の際は、「厳科」「越度」とその内容が明確でない場合もあるが、ほとんどは知行の「召放」＝没収を規定している。給人（きゅうにん）には一騎一人の不足もないこと、「着到の品々」をしっかりそろえることが要求され、このことが「軍法」とされたのであり、軍法の遵守は「国家安危所」と領国の安全に関わる事項として厳重に給人に命じられた。

武装規定の軍法

武装規定の厳守は、「着到帳」の後書き記載だけでなく、「着到帳」とは別に独立した武装規定のみが記載された文書が発給されることになり、これも「軍法」と呼ばれた。

【史料2】北条氏邦（うじくに）印判状（「山口文書」戦北一八五六号）

軍法の事、

一、差物四方地黒、いつれもあたらしく致すべきの事、

一、立物、金銀たるべき事、

一、弓かつぎまで、走あて、皮笠きせべし、御陣へわらはべ一円に召し連れまじき事、

一、手がい、定の如く致すべきの事、

一、たて、長さ二尺五寸、ひろさ七寸、あつさ五分のたて、一まちつゝこしらへ、もたせべき事、

一、差物、さほにまき候事、堅く致すまじく候、はづす度にかわごへ入るべし、はおりをも、平せいきざるやうに、たしなミきせべき事、

右、七夕以前出来させ、御目に懸けるべきもの也、仍って如の件し、

以上

(天正四)
子六月十三日(虎朱印)

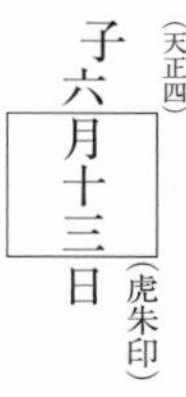

山口雅楽助殿

【史料2】は、「軍法之事」ではじまる鉢形(はちがた)城主北条氏邦の印判状である。規定内容は①指物四方の色(黒)、②山口自身の立物を金銀で飾ること、③弓担ぎに走当・皮笠の装備、④手蓋を付けること、⑤楯の大きさ、⑥指物を竿に巻くことを禁止して革籠へ仕舞うこと、など装備に関する大きさや色といった規定と普段の管理規定であった。戦時における所持のみならず、常に「あたら敷く」見えるように管理保管することが強調されている点が注目されよう。ここでの「軍法」とは、人数にはまったくふれておらず、もっぱら武装の詳細な規定を指している。

前掲の小熊孫七郎着到帳の後書きには、「右の着到、近年有り来り候のごとくと雖えども、猶改めて此の節申し付け候、軍法において聊も法度に背くに至りては、厳科に処すべく候、能々着到帳を朝夕に見分し、寸分傍に相違なき様に、此れを致すべく候、」とあり、「着到帳」を手元において朝夕の見分により装備の厳密な整えを命じている。「着到帳」が軍役を規定した事だけでなく、普段からの武具の整えと管理において機能した文書であったことがわかる。この命令は罪科文言と罪科規定によって厳しく

命じられたが、「軍法」を遵守させるために北条氏は、定期的に武具改めを実施したのである。【史料2】には「七夕以前出来させ、御目にかかるべきもの也」と規定された武具の整備状況を七夕期限に北条氏邦に見せるとしているし、これは「軍法」が自己管理命令という意味だけでなく、北条氏の見分に対応したものと考えられるのである。

3　軍隊規律としての軍法

軍律としての喧嘩両成敗法

戦国期になると北条氏の「着到帳」に見られるような軍役規定による統一的な軍隊が編成されるようになる。さらに軍役による着到人数は、岩付衆の事例に見られるように給人（＝騎馬兵）の馬廻り（うままわり）を残し、装備別の軍隊へ再編され、ひとつの備（そなえ）となった（戦北一九二三号）。このような軍隊を組織的に働かせるためには、構成員の行動を統制すべき軍律としての「軍法」が必要となった。次の史料は、徳川家康（とくがわいえやす）が慶長五年（一六〇〇）の関ヶ原合戦に際して発令した一五ヵ条の「軍法」である。

【史料3】徳川家康軍法案（「鈴木重信旧蔵文書」『茨城県史料　中世編Ⅰ』）

軍法事

一、喧嘩口論堅く停止せしめ訖、若し違犯の輩においては、理非を論ぜず、双方成敗せしむ、其上或いは傍輩、或いは知音の好を以て、荷擔せしむは、本人より曲事たるの間、急度成敗すべし、

若し用捨せしむるは、縦え後日といえども相聞え、その主人曲事たるべき事、

一、味方地において、放火・濫妨狼藉仕るにおいては、成敗を加えるべきの事、付たり、敵地において男女を乱取すべからざる事、

一、味方の地、作毛をとり散し、田畠の中に陣取る儀、堅く停止せしむるの事、

一、先手へことわらずして、ものみを出す儀、堅く停止せしむるの事、

一、先手を差し越し、縦え高名せしむといえども、軍法を背く上は、成敗すべき事、

一、子細なくして、他の備へあい交ともからあらば、武具・馬ともにこれを執るべし、然にその主人異儀に及ぶは、共もに以て曲事たるべし、但し、用所あるにおいては、その備へあひことはり通るべき事、

一、人数押の時、わき道すべからざる由堅く申し付くべし、若みだりに通るについては、成敗を加えるべき事、

一、諸事奉行人の指図を違背せしめば、成敗せしむべき事、

一、時の使として、いかやうの人を差し遣うというとも、違背すべからず、若し右の旨背くにおいては、曲事たるべき事、

一、もち鑓は軍役の外たるの間、長柄を指し置きもたする事、かたくこれを停止す、但し、長柄の外もたしめば、主人馬廻に一丁たるべき事、

一、陣取において馬を取りはなす儀、曲事たるべき事、

一、小荷駄押の事、兼日に相触るの条、軍勢にあい交わらず様に堅く申し付くべし、若しみたりにあい交わるは、成敗すべき事、
一、諸商売、押買狼藉、堅く停止せしめ畢、若し違犯の族においては、見あいに成敗すべき事、
一、下知なくして陣払仕るは、曲事たるべき事、
一、陣中おいて人返の儀、一切停止せしむるの事、
右条々違背の輩においては、用捨なく成敗すべき者也、
慶長五年七月七日　　御朱印（徳川家康）

喧嘩口論の禁止・抑制は、一般的には中世社会の大法としての喧嘩両成敗法と規定されるが、組織的軍隊にとって内部からの組織崩壊を防止するためには必要な規定であった。喧嘩口論当事者はもちろんのこと、本人よりも荷担者への成敗をより厳しく取り締まり、問題の拡大化を防止している。このように組織的軍隊の維持を図るための規定が内容の多くを占め、軍役負担者の個人的行動を抑制しようとする点に特徴がある。五ヵ条目の「先手を差越」禁止条項は、その特徴をよく示している。軍役負担者は、戦功による恩賞を得ることを目的として行動するが、ここでの規定は、たとえそれが「高名」として戦功をもたらしたとしても、「先手を差越」＝備としての軍隊構成を乱す行動は、「成敗」の対象として禁止された。つまり、個々の戦闘による個人の功名より、軍隊組織全体を維持し、戦争全体の勝利を優先する軍隊へと性格を変化させていることを物語る。同様に二ヵ条目の先手を無視しての物見行為の禁止、三ヵ条目の他の備の自由な出入りの禁止、一四ヵ条目の勝手な陣からの退却禁止なども統一的軍

隊維持を図るための規定である。一〇ヵ条目の持鑓禁止項目も組織的軍隊編成と軍役負担との関係を示している。軍役負担の装備として鑓には「持鑓（もちやり）」「長柄（ながえ）」が存在するが、組織的な鑓隊としての軍備は、「長柄」であり、「持鑓」はあくまでも馬上の主人の武具として使用されることを基本とするため、「持鑓」は「軍役の外」と規定されることになる。それが認められたとしても、「持鑓」一丁が主人の馬廻りのみとされることがこの点を示している。

軍隊内規律としての喧嘩両成敗法の存在は、大内（おおうち）氏の大永二年（一五二二）の「今度陣中法度条々」に「喧嘩の事、当陣中は、理非を謂わず、先ず無為（ぶい）を専にせらるべし」（「大内氏掟書（おおうちしおきてがき）」『中世法制史料集　第三巻　武家家法Ⅰ』一七三号〈条〉）と、また、今川義元（いまがわよしもと）の永禄二年（一五五九）の戦陣定書（さだめがき）写には「喧嘩口論立ち候は、双方その罪遁れまじき事」と見えて（『中世法制史料集　第五巻　武家家法Ⅲ』。以下『武家家法Ⅲ』と略す）、戦国大名の統一的軍隊編成の進展とともに軍律の規定も整備されたのである。

非戦闘員の保護法

いっぽう、もうひとつの家康軍法の特徴は、非戦闘員への濫妨狼藉（らんぼうろうぜき）などの禁止事項が見られる点であろう。これは二・三・一三ヵ条に見られる。味方地と敵地を区別しうえで、味方地における放火・濫妨狼藉・田畠の陣取、敵地での男女乱取を禁止している。このような事項は、次のような天正一八年（一五九〇）の小田原陣における豊臣秀吉（とよとみひでよし）の定書にも見られる。

【史料4】豊臣秀吉印判状（「浅野家文書」一九号、『大日本古文書』家わけ第二）

定

一、軍勢味方の地において、濫妨狼藉の輩、一銭ぎりたるべき事、

一、陣所において火をいたす族これあるは、からめとり出すべし、自然逐電せしむるは、その主人罪科たるべき事、

一、糠、わら、たきゞ、さうし以下、亭主にあひことはりこれを取るべき事、

右条々若し違犯せしむるは、忽に御成敗せらるべきもの也、

天正十八年七月　日

浅野弾正少弼とのへ

戦時において迫りくる軍勢による濫妨狼藉から財産と生命を守るために地域住民は、自らの努力によって禁制（きんぜい）を戦争の指揮官から獲得し実現をはかったことは、周知のことである。禁制と家康軍法や秀吉定書との相違は、濫妨狼藉の客体側の住民や寺社ではなく、主体の軍勢に対して発給されたものであることである。戦後の地域支配を展望するならば、非戦闘員に対する無秩序な濫妨狼藉は、極力回避すべきである。ましてや味方地での回避は支配の正当性を維持するためには必要なことであろう。

高木昭作氏によれば、公儀の軍隊としての濫妨狼藉の禁止＝規律化の前提として、戦国期の食料自弁から小荷駄（こにだ）隊の編成による食料支給があると指摘されている（高木一九九三）。しかし、戦国大名軍隊においても組織的軍隊の編成と規律化は同時に進行したとみられ、前掲の今川義元の「戦陣定書写」には、「兵粮并馬飼料、着陣の日より下行なすべき事」とあり、大名から軍勢に対して兵粮と馬飼料の支給が

行われている。このように食料支給の状況も見られ、戦国大名軍隊と近世的軍隊との差異を強調することは再考を要すると考えられるのである。

軍事に関する規定は、いわゆる分国法にはほとんど見ることができない。「甲州法度之次第」の一五条には、「天下が戦国であるうえは、何を差し置いても武具の準備が大切である」と、自らの時代を「戦国」と認識していることで有名であり、この項目が家訓的とする評価もあるが、武具の準備を規定していることは分国法で軍事関連の項目のひとつである。武田氏は信玄から勝頼にかけて多項目にわたり軍役規定を示す個別定書を発給していることが知られるが（『武家家法Ⅲ』六五三・六九七・七九一・八一三・八四六号など）、これらの個別法は甲州法度の次第には反映されていないのであるが、戦国期以前に、ほとんど見られない軍隊組織法と軍隊規律法の登場は、戦国期における統一的軍隊の形成過程と軌を一にしているのである。

軍事に関する法として、軍隊組織法と軍隊規律法を中心に紹介を行ってきたが、軍事拠点としての城郭維持のための城掟書、軍事動員を命じる陣触、陣立書、停戦令なども軍法として位置づけられようか。軍法全体の解明は今後の課題であると言えよう。

【参考文献】

黒田基樹「戦争史料からみる戦国大名の軍隊」（小林一岳・則竹雄一編『戦争Ⅰ　中世戦争論の現在』青木書店、二〇〇四年）

杉山博・下山治久編『戦国遺文　後北条氏編一―五』（東京堂出版、一九九〇～九三年）
瀬野精一郎「軍法」（『国史大辞典』吉川弘文館、一九八四年）
高木昭作『日本近世国家史の研究』（岩波書店、一九九〇年）
高木昭作「乱世―太平の代の裏に潜むもの―」（『歴史学研究』五七四号、一九八七年）
谷口眞子「近世軍隊の内部組織と軍法」（『民衆史研究』四七号、一九九四年）
谷口眞子『近世社会と法規範―名誉・身分・実力行使―』（吉川弘文館、二〇〇五年）
高鷲江美「戦国・織豊・徳川初期の軍法」（『栃木史学』九号、一九九五年）
則竹雄一「戦国大名北条氏の着到帳と軍隊構成」（『獨協中学高等学校研究紀要』二三号、二〇〇九年）
則竹雄一「戦国大名武田氏の軍役定書・軍法と軍隊構成」（『獨協中学高等学校研究紀要』二四号、二〇一〇年）
則竹雄一「着到史料からみた戦国大名軍隊」（『歴史評論』七五五号、二〇一三年）
藤田嗣雄『軍隊と自由　シビリアン・コントロールへの法制史』（河出書房、一九五三年、書肆心水、二〇一九年再版）

第六章　宗教と法——法華宗の京都進出と為政者の宗教政策——

生駒　哲郎

1　為政者と仏教

「法　式」

寺院から出される法制に関する史料は、その内容が多様である。対世俗に関すること、寺院内の規律（戒律）に関すること、宗の教義に関することなどなかなか統一して考えることはむずかしい。そうしたなかで、本章では、為政者が仏教の各宗派の寺院をどう外護したのか。それに対し寺院側はどう対応したのかという視点で検討してみたい。

具体的には、京都を舞台に法華宗（日蓮宗ではなく中世で呼ばれていた法華宗に統一する）を中心にする。鎌倉時代に誕生した宗は、祖師の教えに特化した信仰を基本とする。したがって、古代から存在する宗とは異なり、新興の法華宗は他宗と衝突するのである。

室町時代から京都に勢力を伸ばした法華宗は、いままでの仏教の勢力と相容れない部分があった。為政者の仏教政策との矛盾点を「法式」と呼ばれる寺院法をとおして浮き彫りにしたい。

夢窓疎石が語る為政者の仏教

京都五山の礎を築いた臨済宗の夢窓疎石によって、康永三年（一三四四）に『夢中問答集』が刊行された。この書は、足利尊氏の弟直義の仏教に関する問いに夢窓疎石が答えるという問答集である。この書の第一〇話「有力の檀那の祈禱」には、為政者の仏教に対するかかわり方についてふれられている。その一節を現代語訳すると次のようである。

仏法は国王大臣、有力な檀那に付嘱すると説いている。下賤の人は各々の宿習にまかせて、何れの宗（どの仏教の宗派）にても、一宗を信じていれば出離の要道に不足はないであろう。しかれども、外護となり、檀那となりて、あまねく仏法を流通させることはできない。この故に（仏法は）国王大臣、有力の檀那に付嘱すと宣している。そうであるから、この付嘱をうけたまわった人は、偏に一法のみを御信あって、余宗を捨ててしまうことがあってはならない。たとえ、諸宗を漏らさず信じたてまつっても、もしまた諸々の仏法をもって、ただ世俗の御祈りにあてられたならば、それもまたよろしくない。末代であるといえども、かたじけなくも如来の付嘱におなりになったことは、嬉しい御事ではないのだろうか。先ずは仏の付嘱であることに背かないという大願を発して、外には大小の伽藍を興隆し、内には真実の道心に安住して、諸宗を流通させて、あまねく善縁を結び、万人を引導して、同じく覚果（悟り）を証せしめんと、深くお誓いすべきである。もしそうであるなら、すなわちこれは真実の御祈禱であり、広大な御善根となるべきである。十善・五戒の宿薫（前世からのよい影響）によって、国王大臣、有力の檀那になることができたのも、しかしながら、三宝の恩力である。もしまた仏の付嘱に背きましたならば、仏の付嘱を受けていない下賤の人と異ならない。

この文章は、夢窓疎石が足利直義に対して為政者として仏教をどう流通させるべきかを説いたものである。要点をまとめると次のようである。

①まずは、仏教は国王大臣、有力な檀那に付嘱するとあるが、ここでいう「付嘱」とは仏教語で、「仏から任される」ことを意味する。つまり、国王大臣や有力な檀那は、仏教の布教を仏から託されるということである。

②下賤の人びとは、浄土宗や浄土真宗の「南無阿弥陀仏」の称名念仏や法華宗の「南無妙法蓮華経」の題目など、一つの宗に帰依し信仰していれば出離解脱に不足はないという。しかし、こうした下賤の人びとは、仏教の外護者となり檀那となってあまねく世間に仏教を流通させることはできない。したがって、仏教は国王大臣、有力な檀那に付嘱するのである。そうであるから、仏の付嘱を受けた者は、一つの仏教の教えのみを信じ、他宗の教えを捨ててはならない。また、諸宗を漏らさず信じたとしても、諸宗に世俗の事を祈るのもよろしくない。

③仏の付嘱を受けた者は、外には大小の寺院を興隆し、内には真実の道心を保ち、諸宗を流通させ、万人を悟りの道に導くと誓うべきである。それが、真実の御祈禱であり、広大な御善根になる。

④仏の付嘱を受けるような国王大臣、有力な檀那になることができたのは、「十善・五戒の宿薫」によるという。「十善・五戒」とは、在世時の釈迦が定めたという世俗の者が守るべき戒律である。これらの戒律を前世に守った因縁として現世に「国王大臣、有力の檀那」として生を受けたということである。下賤の人は同じく前世の因縁によってそうした身分に生まれたという。つまり、さまざまな宗派の仏教を世間に弘めなければならない立場の者と、一つの宗を信仰していればよい立場の者とは、それぞれこの世に誕生する前から定まっているということなのである。

『夢中問答集』は、足利直義の問いに、夢窓疎石が答えた内容であるので、夢窓は、直義に仏の付嘱を受けた者としての心構えのような返答をしたのである。

仏性の問題

為政者は、何故に諸宗を流通させなければならないのか。それは、日本中世の仏教には、衆生（仏教で救いの対象となる者）の機根は一つではないという考え方が根底にあるからである。

仏教の頂点に位置づけられるのは仏（如来）であるが、人を含めた衆生は、本来仏になるべき要素である仏性を持っているという。しかし、衆生はさまざまな煩悩などによって、本来備えている仏性を目覚めさせることができない。したがって、出離解脱ができないのである。

さらに厄介なのが、人びとが持っている仏性がどの仏の仏性なのかは、人という衆生では知ることはできないと考えられている点である。仏とは言っても、釈迦・阿弥陀・薬師・大日・阿閦、毘盧遮那などさまざまな仏が存在し、自分の仏性がいったいどの仏のものなのか、衆生という立場ではわからないというのが基本的な考え方である。

平安貴族の日記などに記された、昼に『法華経』を読誦（どくじゅ）し、夜に念仏を唱えるなどという仏事の修し方は、自分がどの仏性を持っているかわからないので、さまざまな仏に対応するための信仰のかたちである。したがって、中世の貴族や武士が宗派を問わずさまざまな仏事を営み、多くの寺社に参詣するなどの行為は、決して節操がないわけではなく、仏教に熱心であればあるほど、多仏信仰となるのである。

したがって、為政者は、一宗ではなく、多くの人びとに対応するため諸宗を世間に流通させなければならないのである。それは仏の付嘱を受けた者の宿命であるというのが仏教側からの解釈である。

他生解の問題

為政者が諸宗を流通させなければならない他の理由として、「他生解（たしょうげ）」という問題がある。他生解とは、相手に応じた説法の仕方のことである。たとえ、ありがたい大乗仏典の内容を説法したとしても、それを聴聞した者が理解しなければ意味をなさない。人はそれぞれ学力、知識などに差があり、また、立場によっても理解の仕方が異なる。僧が説法する目的は、相手を仏道に導くことであるから、相手の能力や立場に応じたやり方をしなければならない、という仏教の考え方である。

日本には法相宗、華厳宗、天台宗、真言宗、禅宗などさまざまな宗派があり、これらの宗は悟りに達するためという究極の目的は同じであるが、人それぞれの能力に応じるため、仏教の教義や修し方が諸宗によって異なっているというのである。したがって、仏の付嘱を受けた為政者は、自分が統治する土地に暮らす多様な人びとのため、一宗ではなく、諸宗を流通させなければならないということなのである。

冒頭に『夢中問答集』の一節を引用したが、前世の因縁によって仏の付嘱を受けた為政者は、「万人を引導」するため、自身の祈願寺や菩提寺のみではなく、あまねく諸宗を保護するのである。歴代の足利将軍が、祈願寺の東寺（とうじ）や菩提寺の相国寺（しょうこくじ）のみではなく、神仏習合（しんぶつしゅうごう）した神社も含めて多くの寺院を保護する理由として、こうした仏教の思想を少なからず念頭に置く必要がある。

2　祈願寺

北野天満宮と紅梅殿の住人

鎌倉時代から南北朝期にかけて仏教は復興される。その様子をまずは京都で確認したい。

延慶三年（一三一〇）七月一五日、京都の五条坊門西洞院（にしのとういん）で騒動が起こった。この地は紅梅殿（こうばいどの）と通称され、かつて菅原道真（すがわらのみちざね）の邸宅があった場所である。道真を偲んで小さな祠が建立されていたが、道真が失脚し九州の大宰府（だざいふ）に左遷されたのは、延喜元年（九〇一）のことである（海津二〇一八）。

道真が失脚してから約四〇〇年後の延慶三年、この場所には多くの住人が暮らしていた。職種は高利貸し、馬具職人、僧、六波羅探題（ろくはらたんだい）の被官などさまざまであった。そこに突然、北野天満宮（きたのてんまんぐう）から宮仕え法師らが派遣され、住人らと乱闘になったのである。北野天満宮側の言分は、明日一六日は北野天満宮の恒例大祭であるのに、紅梅殿の住人は祭礼費を納めていないということであった。住人らは今まで徴収されてこなかったので納得できず、結局、白昼の乱闘へと展開し、六波羅探題から派遣された武士によって、目に余る暴力をふるった法師らは逮捕された。

しかし、後々北野天満宮側の主張が認められることになる。証拠はかつて菅原道真の邸宅があったという古証文だけであったが、北野天満宮は、紅梅殿は自分たちの末社であると位置づけ、そこに暮らす住民に北野天満宮の祭礼費の奉納を求め、それを認める後宇多上皇の院宣を徳治二年（一三〇七）四月にすでに得ていたのである。

紅梅殿に暮らす住民は現実問題として税の負担が増えたことになり、たまったものではない。しかし、北野天満宮の主張がとおったのは、蒙古襲来時の「異国調伏」の祈禱の成果であった。

蒙古と戦った恩賞は、武士ばかりではない。朝廷や鎌倉幕府の依頼に応じて祈禱を行った寺社に対しても与えられた。しかし、新たな土地が与えられたのではなく、旧領復興を認めるというものであった。天満宮は菅原道真を天神として祀ってはいるが、紅梅殿が道真の旧跡であることはすでに忘れ去られていた。しかし、紅梅殿の地は北野天満宮の末社として復興された。史実は、新たに末社になったと言ってもいいのであるが、北野天満宮の主張が認められたのは蒙古襲来時に祈禱を修したという戦功によるものである。恩賞という意味では、北野天満宮の主張に正当性があった。住人にとっては理不尽極まりなかった。

朝廷や幕府は、蒙古襲来時、寺院に祈禱を依頼したが、実際に蒙古軍と戦ったとされるのは、日本の神々であったと当時の人びとには考えられていた。それは神と仏は神仏習合していたからである。北野天満宮が強引な主張をしたのも、天台宗の総本山比叡山延暦寺が北野天満宮を末社としていたからである。つまり、北野天満宮の背後には当時の朝廷や武家も容易に手が出せない延暦寺の存在があったのである。

後醍醐天皇と足利尊氏の祈禱命令

南北朝の動乱期、南朝の後醍醐天皇と北朝を擁立した足利尊氏は、互いの戦力を削ぐために祈禱合戦を繰り広げた。先んじたのは尊氏の方である。尊氏の寺院に対する祈禱依頼には傾向がある。つまり、先例があるのである。

尊氏が祈禱依頼をした寺院は、蒙古襲来時に朝廷や鎌倉幕府が祈禱依頼をした寺院が多い。他方、後醍醐天皇も尊氏と同じように蒙古襲来時を基準にしたようであるが、尊氏に先を越された面がある。両者により互いを調伏するため祈禱依頼された寺院もあるが、後醍醐天皇は尊氏が依頼をしていない寺院に祈禱を命じる傾向があった。したがって、後醍醐天皇が依頼した寺院には、今までそのような祈禱をしたことがない寺院が含まれている（中井二〇一四）。

そうした寺院のなかに京都の妙顕寺があった。妙顕寺は日蓮を宗祖とする法華宗の寺院である。建武元年（一三三四）四月一四日付後醍醐天皇綸旨が妙顕寺に発給された。この綸旨は妙顕寺を「勅願寺」とする内容であった。他方、尊氏方もその二年後の建武三年（一三三六）に妙顕寺に祈禱依頼をした。建武三年六月二六日付足利直義書下によれば、尊氏の弟直義によって「将軍家御祈禱の事」として、妙顕寺は祈禱依頼されたのである。

京都の法華宗寺院

法華宗は、関東を中心に教線を拡大していた。法華宗が京都の都で展開するのは、日蓮の弟子の六老僧（とくにすぐれた六人の弟子）のなかでも日朗の系統の日像による。日像は宗祖日蓮の旧蹟を巡って京都に入り辻説法を行っていた。しかし、他宗はこれを嫌い朝廷に訴えた。日像は都を追放になるが、赦免されると再び都にもどり説法を行った。日像は、追放・赦免を徳治二年、延慶三年（一三一〇）、元亨元年（一三二一）の三度繰り返し、ようやく西の京に妙顕寺を建立したのである。

妙顕寺は、後醍醐天皇の「勅願寺」認定をきっかけに、教線を拡張していくことになる。日像の弟子たちは四条門流という門流を展開し、京都には二一ヵ寺の法華宗の本山寺院が建立されたのである。

蒙古襲来と南北朝の動乱は寺院が再編成されるきっかけであった。既存の寺社は寺社領を拡大させ、新興勢力もこの乱を機に新たな展開を見せ始めるのである。

3　天正三年「諸寺法式」

法華宗の法式

天正三年（一五七五）八月　日付「諸寺法式」の写が、京都の法華宗寺院の妙顕寺、本能寺、立本寺に現存している。この法式は、全五ヵ条からなるが、注目するのは一条と二条である。

一つ、諸寺によらない僧・檀（檀家）の粗忽な「法理の相論」は、停止するように。但し達して申分に背くときは、諸寺へ相届けてから対論に及ぶようにする事。

一つ、宗論の時、問答の役者（問答する僧）は、諸寺が人指（指名）する事、付　諸寺が推挙の状を出しがたいときは、そうじて談合（相談）すべき事。

これらの条々は、法華宗が他宗に対する宗論（仏教の論争）を規制した内容である。「諸寺」とは、京都における法華宗本山寺院の総称のことである。僧や檀家による勝手な相論を禁止し、行う時は本山に届けてから臨めということである。また、宗論時の担当僧は、本山寺院が指名しろということである。これら条々を破った者は門流から追放すると述べられている。

ただし、内容は他宗に対する宗論の全面禁止ではない。宗論は祖師日蓮が行ってきたことだからである。しかし、法華宗の宗論はしばしば世間で問題となった。

「諸寺法式」が出された二ヵ月後の天正三年一〇月、正親町天皇による綸旨が浄土宗の知恩寺に下された。その綸旨には「日蓮党は宗ではない」という内容が含まれていたのである。ことの発端は、正親町天皇が知恩寺の住持と前住持に会おうとしたことである。しかし、二人は留守であった。留守にしている理由を、正親町天皇は関東で法華宗と宗論するためと聞かされたのである。正親町天皇の綸旨は、知恩寺住持と前住持に対し「宗の外」の法華宗などと宗論せずに帰洛しろというものであった。

法華宗内では、どうもこうした事態を把握していたようで、「法式」として京都の各本山寺院に宗論の規制をしたと思われるのである。

宗論と法難

室町時代、法華宗は本山寺院を二一ヵ寺まで増やしたが、法華宗の宗論によってしばしば法難を招いている。

天文五年（一五三六）七月、比叡山西塔（さいとう）の華王房（けおうぼう）なる僧が、都の一条観音寺（かんのんじ）で阿弥陀の談義を行っていた。そこに上総国茂原（現千葉県茂原市）妙光寺の信徒であった松本久吉（まつもとひさよし）が問答を仕掛けた。これは、華王房の惨敗で、これを機に、延暦寺の法華宗への攻撃が始まったのである。結局、武力衝突におよび、二一ヵ寺の法華宗本山寺院は焼失し、京都の都から堺（現大阪府）に退いたのである。

天文一一年（一五四二）に後奈良（ごなら）天皇の綸旨によって、法華宗は京都への帰洛が許されるが、延暦寺は法華宗が延暦寺の末寺になることを要求してきた。法華宗はこの要求を、後醍醐天皇の妙顕寺を「勅願寺」とする綸旨を「宗（しゅう）」としての根拠にして切り抜けたが、しかしこの武力衝突により、法華宗の本山寺院は一五ヵ寺に減った。

また天正七年（一五七九）、織田信長によって安土（現滋賀県）で浄土宗と法華宗による宗論が行われた。結果は、法華宗の負けと判断された。この宗論は信長により仕組まれていたとも言われ、法華宗は信長によってむやみな宗論を止めるよう命じられた。また、信長は、負けた詫料を法華宗の各本山寺院から徴収したのである（辻一九五二）。

正親町天皇にしろ、織田信長にしろ、先に述べたように「諸宗を流通」させる立場にある。しかし、法華宗の『法華経』に特化した教義では、他の経典を拠りどころにする他宗を批判することになる。為政者が問題とする点は、法華宗が他宗を批判する宗論を行うことであり、法華宗が「法式」で問題とする点は、「粗忽」でない内容や手続きをふまえたうえで宗論を行えということである。両者の主張は噛み合っていないのである。

信長はしばしば寺院に武力を行使したが、それは信長の攻撃を受けた寺院が武力を保持していたからである。また、寺院の武力とは異なっていたが、この時代、教義で他宗を批判する法華宗は統治するにあたって厄介な存在になりつつあった。室町時代に入ってから京都で展開したと言っても過言ではない法華宗の勢力は、短期間のうちに為政者が無視できないほど大きくなっていたのである。法華宗の他宗への批判は、豊臣秀吉の時代になり問題が表面化することになるのである。

署名の仕方

天正三年八月　日付「諸寺法式」には、注目すべき点がある。差出者の署名の仕方である。

署名は連署で、日付の下から順番に列挙すると本禅寺日聚、本法寺日里、妙満寺日国、頂妙寺日実、立本寺日言、妙顕寺日玖、妙泉寺日円、本満寺日然、妙蓮寺日近、妙伝寺日潤、本圀（国）寺日宝、要法寺日周、妙覚寺日保、本隆寺日宣、本能寺日林となっている。

つまりは、京都法華宗の十五本山すべての代表者が署名しているのである。年月日の下には「鬮次第」と記され、署名の順番はくじ引きによるという。つまり、一五ヵ寺の本山に序列がないことを表しているのである。

「くじ」とは現代人の感覚とは異なり、中世では神仏による判断と考えられていた。石清水八幡宮のくじ引きで将軍となった六代将軍足利義教は有名であるが、薩摩の島津氏も合戦の戦法の決定を正八幡宮（現鹿児島県霧島市）や霧島社（現鹿児島県霧島市）の「御鬮」で決定していたことが知られている（栗林二〇一八）。

「諸寺法式」は、くじ引きによりすべての本山寺院が署名し、京都の法華宗全体に内容が周知・共有されたのである。実際には、一五ヵ寺のうち妙顕寺・本國寺・妙覚寺・本能寺・立本寺が主導していた側面が強いが、宗内の重要事項は、本山寺院全体で事にあたったのである。こうした本山寺院の連署の文書は学術的に「会合書類」と呼ばれ、「本能寺文書」のなかに永禄七年（一五六四）八月二〇日付本山一五ヵ寺連署の会合文書がみられる。

4　千僧供養と不受不施

千僧供養

永禄一〇年（一五六七）一〇月一〇日、奈良東大寺の大仏が焼失した。治承四年（一一八〇）に源平の合戦に巻き込まれて焼失して以来二度目であった。三好三人衆（三好長逸・三好政康・岩成友通）と松永久秀軍との争いが奈良で行われたことで、東大寺大仏殿が炎上したのである。東大寺大仏殿が再建されたのは江戸時代の宝永七年（一七〇九）であった。

豊臣秀吉は東大寺の復興に手を差し伸べなかった。それは、奈良ではなく、京都の都に大仏を復興させようと試みたからである。それが東山大仏である（河内二〇〇八）。

新大仏の造立は天正一六年（一五八八）頃から始まり、文禄四年（一五九五）九月二二日に「大仏千僧供養」「大仏千僧会」という大規模法会が開始されたのである。

大仏千僧供養は、秀吉によって企画された。その先例は源平の合戦で焼失した東大寺の復興の際、嘉禎四年（一二三八）一〇月八日に行われた大仏殿千僧供養である。この供養会に参加した千人の僧は、奈良に所在する寺院の僧であった。秀吉は、東山大仏の供養で京の都に所在する「八宗」の僧を集めて執り行おうと考えたのである。秀吉による八宗とは、天台宗・真言宗・律僧（律宗）・五山禅僧・浄土宗・日蓮党（法華宗）・遊行（時衆・時宗）・一向衆（一向宗・浄土真宗）であった。

秀吉による新たな宗の枠組みは、今まで国家的仏事に参加したことがない宗が加わることになった。

そのなかには法華宗も組み込まれていた。法華宗内では、この法会の参加をめぐって大問題となったのである。

「妙覚寺法式」

法華宗一五ヵ寺の本山のなかで主導的立場にあったのは、京都に最初に建立された妙顕寺であった。妙顕寺は公武政権に接近することで勢力を拡大してきた側面があるが、その結果、宗祖日蓮の教義から外れることも間々あり、寺院内でも反発が生まれた。

応永二〇年（一四一三）六月、妙覚寺第七世となっていた日成（にちじょう）は、妙覚寺門徒が厳守すべき「妙覚寺法式（ほっしき）」九ヵ条を定めた（寺尾・北村編二〇〇四）。

この法式は、妙顕寺が行った他宗の信者からの布施と、他宗の僧への供養が一般的な風潮になりつつあることを嘆き、妙覚寺の僧・信者にこれを厳しく規制するために執筆された。

この法式で重要なのは、最初の第一条から第三条までである。内容は次のようである。

一つ　謗法（ほうほう）の堂社において参詣を致してはならない事、但し見物・遊覧・公役（くやく）等は除く。

一つ　謗法の僧等に供養をしてはならない事、但し世間の仁義・愛礼等を除く。

一つ　たとえ引誘するための方便とは言っても、ただちに謗法供養を受けてはならない事。

法華宗には、日蓮の教義をどう解釈して実践していくかを理念化した不受不施（ふじゅふせ）という制法がある。内容は三つに大別され、それらは①法華宗の僧や信者による他宗派の寺院や神社への参詣の禁止、②他宗の信者からのお布施は受けないこと（不受）、③他宗の僧には何も施さないこと（不施）、である。「妙覚寺法式」の第一条から第三条は、第一条が謗法（他宗）の寺社への参詣の禁、第二条が他宗の僧への供養の禁、第三条が他宗の信者からの布施を受け取ることの禁が述べられ「不受不施」の三つの柱からなっていることがわかる。

つまり、「妙覚寺法式」を順守すれば、秀吉の東山大仏千僧供養参加の呼びかけに応じることは、法華宗の信仰理念に背くことになるのである。

妥協案

京都の法華宗内では東山大仏千僧供養会に出仕するかどうかで激論が交わされた。出仕すれば布施・供養の物が下され、食事が饗される。しかし、秀吉は法華宗の信仰者ではないので、これを受ければ不受の制戒に背くことになる。

文禄四年九月二二日、京都の法華宗の有力寺院が集まり、協議が重ねられた。結論がなかなか出ずに、長老格の本満寺日重がまとめ役として案を出した。

日重の案は、千僧供養への出仕は承諾しかねる。しかし、出仕を拒めば秀吉の怒りをかい、寺院の破却、法華宗の京都からの追放となるかもしれない。したがって、一回は出席して、次回以降は不受不施の制法を説明して、出仕御免を願い出るというものであった。

しかし、「妙覚寺法式」がある同寺の住持を務めていた日奥はこの案に納得しなかった。本圀寺の日禛は日奥に賛同したが、二人を除くその他の僧はみな千僧供養会に出仕することが確認された。つまりは、一五ヵ寺による「会合」が崩れたのである。

不受不施派と受不施派

日奥は不出仕を妙覚寺内でも説いた。しかし、妙覚寺の僧俗からも日奥の主張は反対された。それは不出仕を貫き罪科がおよぶことを恐れたためである。日奥は出仕をあくまでも拒否したので、四年間住持を務めた妙覚寺を出て、丹波小泉（現京都府亀岡市）に草庵を結び五年間そこで過ごした。いっぽう、法華宗内では、「出仕御免」を上奏できずに千僧供養会への出仕を続けたのである。

日奥は最初こそ孤立していた感があるが、日奥の主張に共鳴する僧らによって「不受不施派」という集団が出来つつあった。これに対し、千僧供養会に出仕した集団は「受不施派」と呼ばれるようになっていった。

大坂対論

日奥は、本満寺日重を政治権力に屈した謗法者と厳しく責め立てた。これに危機感を抱いた受不施派の僧らは、慶長四年（一五九九）、大坂城の徳川家康に訴えたのである。家康は、日奥と同じく出仕を拒否した日禛を大坂城に呼び出し、千僧供養会に出仕した僧らと対論させた（大坂対論という）。

家康はその場で、面と向かって一度の出仕で後は免除すること、一飯を受けるのが嫌なら箸をとるだけでもよい、と譲歩案を勧めた。しかし、日禛は受け入れたが、日奥は拒んだのである。家康は激怒して日奥の袈裟・衣・念珠を剥ぎ取り、対馬への流罪を命じた。

日奥は翌年の六月に対馬へと流されたのである。日奥は一三年間、対馬で過ごすことになるが、その地で『御難記』『諫暁神明記』『三箇条尊答』などを著し、不受不施の理論を固めていったのである。

「妙覚寺法度条々」

日奥は慶長一七年（一六一二）赦免されて京都に戻ったが、すでに江戸幕府が開かれていた。つまりは、東山大仏千僧供養会は廃止され、出仕するかどうかの問題は消滅していたのである。

日奥は京都の法華宗諸寺と和解し、不受不施義を立てることを申し合わせて、妙覚寺で活動を再開した。元和九年（一六二三）には「妙覚寺法度条々」を著した。最初の一・二条の内容は次のようである。

一つ　宗旨の法制を堅く守ること、当寺（妙覚寺）の九ヵ条は委悉であり、そのうち肝要なのは最初の三ヵ条である。第一に謗法の寺社への参詣は禁制である。第二に謗人には施してはならない。第三に謗施は受けてはならない。この三箇は宗義法度の眼目である。

一つ　天下一同の謗法供養であっても、当門流において大衆一同は法制を守るべきである。万一、大衆一同の義が叶いがたければ貫首（住職）一人は身命を捨てて堅くこの法度を守るべきである。

（後略）

日奥は、妙覚寺日成著「妙覚寺法式」の第一条から第三条が不受不施にとって重要であることを再度説いた。また、国家的仏事には改めて出仕しないことを確認したのである。

日奥のもとには多くの弟子が集まり、関東の池上本門寺（現東京都大田区）の日樹や中山法華経寺（現千葉県市川市）の日賢らが共鳴して、関東においても不受不施派が多数を占めるようになった。

次は、江戸幕府が不受不施の問題で対応に困ることになり、不受不施派は禁止されたのである。

為政者と京都の新仏教

朝廷や幕府は、蒙古襲来時、寺院に祈禱を依頼したが、実際に蒙古軍と戦ったとされるのは、日本の神々であったと述べた。寺院では、祈禱依頼を受けて修したのは『大般若経』六〇〇巻の転読や真読である。何故なら、『大般若経』は神仏習合を説く経典だからである。それは宗派を問わず同じである。しかし、南北朝動乱期に法華宗の妙顕寺が行った祈禱は、『法華経』の読誦である。あくまでも日蓮が説く『法華経』で行うのである。この点からしても『法華宗』は他宗と異なる宗であった。

為政者の諸宗を外護しようとする姿勢は一貫している。そうした点で豊臣秀吉は新たな「八宗」の枠組みを作ったのである。しかし、枠組みを明確化したことで、法華宗内は分裂した。中世は、制度が整ってくることにより、その問題点が表出する時代でもあったのである。

【参考文献】

今谷　明『天文法華の乱　武装する町衆』（平凡社、一九八八年）
海津一朗『新　神風と悪党の世紀　神国日本の舞台裏』日本史史料研究会ブックス〇〇二（文学通信、二〇一八年）
河内将芳『中世京都の都市と宗教』（思文閣出版、二〇〇六年）
河内将芳『シリーズ権力と仏教　秀吉の大仏造立』（法蔵館、二〇〇八年）
河内将芳『日蓮宗と戦国京都』（淡交社、二〇一三年）
川瀬一馬校注・現代語訳『夢中問答集』（講談社学術文庫、二〇〇〇年）
栗林文夫「中世以来、修験道・真言密教に慣れ親しんできた島津氏」（日本史史料研究会監修・新名一仁編『中世島津氏研究の最前線―ここまでわかった「名門大名」の実像―』洋泉社、二〇一八年）
辻善之助『日本仏教史　近世篇之二』（岩波書店、一九五二年）
寺尾英智・北村行遠編『日本の名僧一四　反骨の導師　日親・日奥』（吉川弘文館、二〇〇四年）
中井裕子「後醍醐天皇による勅願寺認定について」（原田正俊編『日本古代中世の仏教と東アジア』関西大学出版部、二〇一四年）
村山修一『京都大仏盛衰記』（法蔵館、二〇〇八年）
湯浅治久『戦国仏教　中世日本と日蓮宗』（吉川弘文館、二〇二〇年）
立正大学日蓮教学研究所編『日蓮教団全史　上』（平楽寺書店、一九六四年）

第七章　災害と法——戦国大名による災害対応——

西川広平

1　戦国時代の災害と法

災害が相次いだ戦国時代

戦国時代は、戦乱とともに自然災害が相次ぎ発生した時代であった。人びとによる災害への対応が、法の制定にどのように反映されたのか。本章では、この課題について考える。

災害の発生に際して、中世には徳政が朝廷や幕府、さらには在地社会により実施されたことは、広く知られているところであるが、戦国大名による徳政の研究もまた進んでいる。中でも、数多くの研究が見られる後北条氏の場合、天文一八年（一五四九）の大地震や「永禄の大飢饉」をきっかけに、年貢・公事の改定や借米・借銭などの債務の破棄を行った徳政が注目されている。これらの徳政は、百姓に対する撫民政策であるとともに、後北条氏と百姓中との契約的関係をふまえて実施され、村落経営の維持を図りつつ、後北条氏が「公儀」として支配を確立するための手段となったという（佐脇一九八一、

則竹一九八九・一九九三、久保一九九六、阿部二〇〇二、黒田二〇〇七）。

こうした戦国大名による徳政は、国制における非常時公共機能として、一五世紀以降の気候変動と相次ぐ戦乱により、その社会的役割が増大したことが指摘されている（西谷地一九九九）。しかしながら、弘治二年（一五五六）、下総（現茨城県西部・千葉県北部）の結城氏によって制定された「結城氏新法度」二一条（『中世政治社会思想　上』。以下『政治社会思想上』と略す）には、「水損・風損・日旱は、人間の業になき物にて候間、不如意・不弁も余儀なく候」とあり、風水害や旱魃といった自然災害は、領主や百姓を含む人びとの責任を超越した範疇に属し、不都合も致し方ないとみなされていた。このような認識をふまえたうえで、災害に対応して制定された法は、戦国時代の社会や災害の影響を受け、どのような特徴を持っていたのであろうか。本章では、分国法における災害への対応、および後北条氏が実施した徳政の状況をとおして、この課題について探ってみよう。

2　分国法に見る災害対応

「六角氏式目」に見る災害への対応

まずは、分国法をとおして、戦国時代における災害への対応が、法としてどのように定められたのかを考える。【史料1】は、永禄一〇年（一五六七）、近江（現滋賀県）の六角氏が制定した「六角氏式目」一四・一五条（『政治社会思想上』）である。

【史料1】

一、損免の事、庄例・郷例有りといへども、先々の次第棄破せられ畢んぬ、自今以後においては、所務人・地主・名主・作人等立ち相ひ内検せしめ、立毛に応じこれを乞ひ下行有るべし、もし立毛これを見せず刈り執り、損免申す族これ在りといへども、限り有る年貢減少せず、悉く納所有るべし、公方年貢米銭等、先々免行はざる下地は、向後において損免の沙汰有るべからず、なかんづく、礼儀をもつて損免を乞ひ取る儀停止せしめ畢んぬ、然る上は、礼銭を出す輩、執る輩、共にもつて曲事たるべき事、

一、請切・請詰・切米・定斗代等、損免の沙汰有るべからず、たとひ先例これ在りといへども、自今以後においては、損免行ふべからず、員数に任せて弁償せしむべき事、

【史料1】は、風水害や旱魃などにより生じた損害に対する年貢の減免措置に関する規定である。それによると、荘郷における慣習を破棄し、所務人（加地子得分権の所有者）・地主・名主・作人が立ち会い臨時に作柄の調査を行わせ、その状況に応じて年貢を減免することが定められている。そして、年貢の減免を目的とした立毛の刈り取りや礼銭の手配による不正を排して、その供与者と受託者を処罰すること、また毎年一定額の納入を請け負うことを契約した年貢は、先例があっても減免しないことが記されている。

このように、六角氏の当主と家臣団は、自然災害の発生に際して、中世社会で広く行われていた慣例にもとづく年貢減免の措置や礼銭の授受による領主と在地との関係を排して、近世の年貢収納制度に見

図11　信玄堤（筆者撮影、山梨県甲斐市竜王）

られる検見・定免に則った新たな対応を図ったのである。そして、その背景には、従来の荘園や郷に代わり、名主や作人によって構成される村落が六角氏領国の地盤となっていたことがうかがわれる。

「甲州法度之次第」に見る災害への対応

次に目を東国に転じ、天文一六年（一五四七）に甲斐（現山梨県）の武田氏が制定した、【史料2】の「甲州法度之次第」三七条（『中世法制史料集　第三巻　武家家法Ⅰ』）を見てみよう。

【史料2】

一、河流家の事、新屋をもつてその償ひを致すべし、新屋無くんば、郷中同心せしめ、これを弁済すべし、もし流るる事、十間に至らば、改め及ばざる也、付けたり、死去の跡の事は、右に准すべし、

【史料2】によると、河川の洪水によって流失した家が務めてきた棟別役の負担は、その家に付随した「新屋」が引き継ぐこととし、さらに「新屋」が無ければ、郷中（村落）が協力して納入するよう定

められている。そして、流失した家が一〇間（軒）に達した場合には、役負担そのものを減免することなどが記されている。水害が多発した甲斐を領国とする武田氏においても、自然災害時には、家を単位とした役負担の引き継ぎが、村請による負担を前提に行われるとともに、甚大な被害が生じた際には、武田氏が役負担の減免により救済措置を図った事実を確認できよう。

「塵芥集」に見る災害への対応

いっぽう、直接的な自然災害とは異なり人為的に発生した災害への対応は、どのように法に反映されたのであろうか。【史料3】は、天文五年（一五三六）に陸奥（現東北地方）の伊達（だて）氏によって制定された「塵芥集（じんかいしゅう）」の八五・八六・八八条（『政治社会思想上』）である。

【史料3】

一、用水に付て堰をあけ、堤を築くのとき、先々通り候溝・堀、河崩として退転のとき、ならびの在家之内に江堀をたて、用水を通すところに、くだんの地頭・百姓違乱にをよぶべからず。堰銭のありなしは、先例にまかせべきなり。

一、先々の堰場、或は深き淵となり、或は荒野となり、修理たいとたるのうへ、退転のとき、地形のこしらへやすき便に付て、川上にても河下にても、堰場を改むる事、一郷のうちたらば、是非の違乱にをよぶべからず。もし他郷にいたつては、事の子細を披露致べし。其上をもつてその沙汰有べきなり。

（省略）

一、用水のために堤を築くのところに、連々水増し、人の領分この堤ゆへに荒地となる。仍かの地主違乱にをよぶ、その謂なきにあらず。しからばこれをあい止めべきなり。たゞし用水は万民の助けなり。一人の損亡によりこれをやめん事、すこぶる民を孚む道理にかなはざるもの也。詮ずるところは、荒れつべき分際勘定をとげ、相当の年貢をくだんの地主へ働かせ、こしらへかたむべきなり。

【史料3】には、新たに引水のため河川に堰(せき)を設け、水流を誘導する目的で築堤した際、従来の溝や堀がその影響を受け、河川の浸食により崩落して放棄された場合には、隣接する在家の敷地に新たな堀を通して引水すること、また、従来の堰が深い淵や荒野となり復興が困難な場合、堰の設置場所の変更が郷内であれば許容され、他郷の場合には子細を伊達氏に報告し、その処置に従うことが定められている。さらに、引水用の築堤により流路が変わって水位が増し、他人の土地が荒廃した場合、築堤を停止するいっぽう、引水は生業を支える基盤であるため維持し、荒廃地の損失を算出して地主に弁償するよう記されている。

すなわち、水資源を取得するための築堤により人為的に発生した災害では、村落内で完結する井堰の管理を前提に水資源の取得が認められたいっぽう、他村との調整を要する場合には伊達氏が関与した。また、いずれの場合でも被害地への補償が行われていた。

以上のとおり、分国法には、村落を基盤として、災害時における年貢・公事賦課の調整や、資源の取得にともない発生した損害の補償などの措置が定められたのである。

3　後北条氏による徳政と災害

天文一九年の徳政

分国法に続き、本節では、戦国大名の徳政において災害への対応がどのように反映されたのかという問題を、後北条氏を事例に探りたい。【史料4】は、天文一九年（一五五〇）に同氏が発給した朱印状（『中世法制史料集　第四巻　武家家法Ⅱ』三九四号）である。

【史料4】

国中諸郡退転につき庚戌四月諸郷公事赦免の様躰の事

弐拾八貫文　　　　　相州西郡一色郷

卅弐貫四百四十文　　同所河成の内三ヶ二

この外拾六貫二百廿文、河成の内三ヶ一これを除く、

右、諸点役の替として、百貫文の地より六貫文懸に出すべき趣、相定め□(候)、然れば、一色の村弐拾八貫文の地、この役銭三ヶ一五百六十文、この外川成の内より出す卅弐貫四百四十文、この役銭三ヶ一六百五十文の分、合はせて壱貫弐百十文、六月半分、十月半分、両度に御蔵へ納むべし、これ已後は、昔より定め候諸公事、一つも残らず赦免せしめ候、郡代、触口綺有るべからず候、もし

この旨に背き申し懸くる者これ有らば、百姓御庭へ参り直奏致すべし、但し、陣夫并びに廻陣夫、大普請をばこれを致すべし、廻陣夫をば、年中八貫文積もりにて、夫銭をもつて出すべき事、

一、地頭に候とも、百姓迷惑に及び候公事以下申し懸くるに付きては、御庭へ参り申し上ぐべきの事、

一、退転の百姓、還住致し候者には、借銭、借米赦免せしむべく候、但し、今日より以前の儀也、今日より以後欠落の者には、赦免有るべからざる事、

一、御印判無く郡〔代脱〕夫立つべからざる者也、よつて件の如し、

（虎朱印）
天文十九年庚戌四月朔日

一色

百姓中

【史料4】には、国中諸郡の退転により、後北条氏が諸郷に賦課した従来の公事を免除するいっぽう、貫高（かんだか）の六（パーセント）の割合で新たに役銭（やくせん）を課すことが記されている。相模（現神奈川県）の一色郷では、二八貫文の貫高に対して六（パーセント）のさらに三分の一にあたる五六〇文、また同郷の河成（かわなり）（水害被災地）の一部にかかる三二貫四四〇文に対しても、同じ割合で六五〇文とし、合計一貫二一〇文を六月・一〇月に分割納入することが定められた。そして、退転した百姓が還住（げんじゅう）（帰村）した場合には、【史料4】の日付以前の借銭・借米が破棄された。

同様の定書（さだめがき）は、複数の後北条氏直轄領や古河公方（こがくぼう）領に宛てて作成されたが、このきっかけは、天文一八年四月の大地震による不作にもかかわらず、年貢・公事などが減免されなかったため、領国の全域規模で百姓の欠落が生じる事態となり、後北条氏は、彼らを帰村させることで村々の復興を図ったと考えられている（黒田二〇〇四）。この地震は、過去五二年間に発生したことの無い規模と伝えられ、甲斐でも同年一一月、武田氏と国衆（くにしゅう）の小山田（おやまだ）氏との協議により、新たに「過料銭」が賦課された（『勝山記（かつやまき）』）。【史料4】でも、従来の諸公事の廃止に代わり、新たな役銭が賦課されており、災害に際して税制の改定という共通の政策が見られる。また、帰村した百姓を対象に借銭・借米を破棄する内容から、災害に際して年貢・公事を負担する百姓の経営を維持するねらいがあったと考えられるが、このことは、【史料2】で武田氏が洪水で流失した家にかかる棟別役の負担先の確保を図ったことと目的が共通する。いっぽう、陣夫（じんぷ）・廻陣夫（まわりじんぷ）・大普請（おおふしん）という夫役の賦課は継続されたが、これらは災害復興や戦乱への対応のために維持されたのであろう。

永禄三年の徳政

こうして、後北条氏は、災害をふまえて徳政を実施したが、永禄三年（一五六〇）、再び徳政に関わる朱印状（『中世法制史料集　第五巻　武家家法Ⅲ』五〇三号。以下『武家家法Ⅲ』と略す）を発給した。

【史料5】

御領所方諸百姓御侘言申し上ぐに付きて御赦免の条々

一、来秋御年貢半分、米成に定められ畢んぬ、納法、六舛目七舛目の間にこれを定むべし、なほ世間の売買に随ひ、来秋御印判をもつて仰せ出さるべし、残り半分精銭をもつてこれを納むべし、去年定めの如く、百文の内廿五銭は中銭たるべし、重ねて料足の本を下さるべき事、

一、借銭、借米、日拾、懸下等并びに質物諸色、本利共に徳政に入れらる上、請札持参致さば、公文相談し、穏便にこれを取り返すべし、但し、未歳春夏の間しち物、俵物共に、三嶋酉町を限り流れ候しち物の儀は、たとひその蔵にこれ有りといへども、取り返すべからざる事、

一、□(田)畠年期売の事、

三ヶ年約諸に至りては、二年百姓に返付し、一年買手が拘ふべし、五年期は、三ヶ年百姓方へ返附すべし、然れば、申酉両年百姓に附け、戌歳以後買手が拘ふべし、この積もりをもつて、約諸の年記これを定むべき也、

以上三ヶ條

この外徳政入れまじき条々

一、御年貢、反銭、棟別銭等、地下中未進に付きて、或は代官、或は諸奉行取り越し納め候かの料足においては、速やかに百姓皆済致すべき事、

一、御一家中蔵銭、これを除かるる事、

一、無尽銭これを除く事、

以上三ヶ條

右条々、御赦免の上は、諸納所夫銭以下、毛頭未進無く皆済致し、向後田畠荒れまじく御請状を捧げ、この御書出頂戴致すべし、しかれば、出家、奉公人、商人、諸職人以下田畠出作の者に、努々徳政下されまじく候、但し、是等の類も、百姓役これを致すに付きては、百姓同前に徳政に入れらるべし、所詮、代官、名主等分別せしめ申し付くべし、なほ相紛らはしき儀これ有るにおいては、披露を遂ぐべき旨、仰せ出ださるる状件の如し、

庚申（虎朱印）
三月十六日
網代
百姓中

【史料5】は、弘治三年（一五五七）からの天候不順や前年からの疫病の流行により東日本で発生した大飢饉をきっかけとして、後北条氏が発令した、村落を維持するための対策である（黒田二〇〇七）。直轄領の百姓の要請を受け、同氏が来秋の年貢を半分ずつ米納および精銭（せいせん）による銭納とし、地悪銭である中銭の混入を許容したこと、また、田畠の年期売における百姓への土地の返還期間を定めるとともに、借銭・借米などや各種の質物を徳政による取り戻しの対象とし、その期限を「三嶋酉町」の日としたことが記されている（阿部一九九七）。

このように、【史料5】には年貢の納入方法の改定、並びに借銭・借米などの質物や田畠の年期売の

取り戻しについて記されているいっぽう、年貢・反銭（たんせん）（段銭）・棟別銭などに係る百姓の未進を代官や諸奉行が立て替えて納入した「料足分」について、蔵銭や無尽銭（むじんせん）とともに徳政の対象外とし、その皆済を百姓に指示している。すなわち、「料足分」は事実上の借銭・借米であり、年貢・公事収取と貸借関係・債務返済は、相互に関連し合っていたと考えられる。

災害に向き合う戦国大名と村落

さらに、同年五月一五日、後北条氏は、相模の酒匂（さかわ）代官小嶋左衛門太郎に宛てて、西郡一〇ヵ村の百姓が酒匂蔵年貢の未納分の質物として左衛門太郎に預けた俵物（たわらもの）の取り返しを要求し、目安（めやす）を提出した件について、年貢にかかる質物が徳政の対象外であることを認める朱印状を作成した（『改訂新編相州古文書』第一巻、「足柄下郡文書」二二七号）。この朱印状は同人の子孫に伝来しており、百姓による年貢にかかる質物の徳政要求に直面した代官が、それを拒否する拠り所とするために、主体的に朱印状を取得したのであろう。

また、【史料5】には、徳政を実施する上は、村落は田畠を荒廃させないよう約諾する「御請状」を提出して、本文書を後北条氏当主から受け取るよう記されていることに注目すると、戦国大名は、村落との単なる互恵関係で領国全域に惣徳政を実施したのではなく、文書を交換した村落との間で、災害復興に対する戦国大名と村落がそれぞれ負う責任の所在を明らかにして、徳政を実現したと考えるべきであろう。戦国大名の徳政は、彼らと村落との合意にもとづき執行された、災害からの復興政策であったのである。

なお、【史料5】に先立つ同年二月晦日付で、後北条氏が牧之郷百姓中に宛てた朱印状（『武家家法Ⅲ』五〇〇号）には、【史料5】と類似した内容に加えて、「妻子下人等」の年期売の取返や田畠永代売の禁止などを確認できる。この相違について、後北条氏は私領・給人（きゅうにん）領に本朱印状を発し、影響を見定め修正を施した後、【史料5】を直轄領に発給したと考えられている（阿部一九九七）。すなわち、同氏は当初、人身売買や田畠永代売買を制限したが、自然災害に直面した在地社会では、百姓の経営維持を目的に、これらが進行していたため、容認の方針に転じて妥協を図ったことが読み取れよう。

災害と戦国法を考える

以上、本章では戦国時代における人びとの自然災害への対応が、法の制定にどのように反映されたのかを考察した。この結果、分国法では、村落を基盤に、災害時における年貢・公事賦課の調整や、資源の取得にともない発生した損害の補償などの措置が定められたことが注目される。また、後北条氏の徳政では、災害からの復興や戦乱への対応に要する在地への役の賦課を維持しつつ、年貢・公事負担の確保と借米・借銭の免除による百姓経営の維持という二つの課題を一体的に処理することが図られており、戦国大名と村落との合意にもとづき両者の責任を定めて執行された、災害からの復興政策として位置づけられよう。

冒頭で指摘したとおり、自然災害は、人びとの責任を超越した範疇に属するとみなされていた。だからこそ、自然災害や資源の確保にともない発生した損害への対応は、戦国大名と村落との双方が、相互の合意をふまえて主体的に担うべき課題として認識されたのではなかろうか。災害への対応は、まさに戦国時代の社会を構成する各層が、それぞれ連携しながら取り組むべき課題として、当時の法に反映されたのである。

【参考文献】

阿部浩一「永禄三年後北条氏徳政令と「西町」」（同『戦国期の徳政と地域社会』吉川弘文館、二〇〇一年、初出一九九七年）
阿部浩一「戦国期徳政の事例検討」（同『戦国期の徳政と地域社会』吉川弘文館、二〇〇一年）
久保健一郎「戦国大名領国における高利貸と「徳政」」（同『戦国大名と公儀』校倉書房、二〇〇一年、初出一九九六年）
黒田基樹「北条氏康の徳政令―戦国大名の構造改革―」（同『戦国期の債務と徳政』校倉書房、二〇〇九年、初出二〇〇四年）
黒田基樹「戦国期東国の徳政」（同『戦国期の債務と徳政』校倉書房、二〇〇九年、初出二〇〇七年）
佐脇栄智「北条氏の領国経営（氏康・氏政の時代）」（『神奈川県史　通史編一　原始・古代・中世』神奈川県、一九八一年）
則竹雄一「後北条領国下の徳政問題―永禄三年徳政令を中心に―」（同『戦国大名領国の権力構造』吉川弘文館、二〇〇五年、初出一九八九年）
則竹雄一「大名領国下における年貢収取と村落」（同『戦国大名領国の権力構造』吉川弘文館、二〇〇五年、初出一九九三年）
西谷地晴美「中世の集団と国制」（同『日本中世の気候変動と土地所有』校倉書房、二〇一二年、初出一九九九年）

第八章　慣習と法——民間慣習の成文化——

松園潤一朗

1　慣習と法をみる視点

本章の課題

中世の法は、文字・文章によって書きあらわされた成文法だけではなく、社会的な慣習を基礎にした不文の慣習法という形でも存在した。現代とは異なり、前者が規律する対象は一部に限られ、後者が法の形式・内容の基礎にあったと考えられている。

成文法（制定法）主義がとられる現代でも慣習法は一定の条件下で法源（裁判における規準）とされる。公序良俗に反する慣習は除き、法令によって承認されている場合と法令の規定が欠けている場合である（法の適用に関する通則法三条）。

習俗や慣習（事実たる慣習）が慣習法となる要件として、継続的な社会的慣行や人びとの共通の法的確信などの要素が古来さまざまに論じられてきたが、これらは西欧における体系的な制定法（法典）を前提にした、法律学的な概念規定である。法典編纂以前において法は、地域ごとの慣習やその記録、象徴的な行為などの形でも存在し、慣習法が「法書」として成文化され、裁判実務で広く用いられる場合もあった。法領域の性質によって慣習法の生成には差異があるが、商慣習法をはじめ多様に存在し、制定法との関係が問題となったのである。

他方、伝統中国の裁判（「聴訟」）をみると、裁判官の判断の規準となる法源（民事的法源）は、国家の制定法たる「法（国法）」と中国的良識としての「情（人情）」「理（天理）」であったと言われる（滋賀一九八四）。慣習法が法源とされるのは自明ではなく、地域間の比較も重要な問題であろう。

日本中世でも法的効力を有したとされる慣習は民衆の生活や思想を知る格好の素材でもある。慣習（法）という視点自体は西欧に由来するためその含意を問うことに意義もあるが、これまで概念の分析・整理は十分に行われていない。そのため、本章では、研究史をごく簡単に振り返ったうえで、具体的な事例を交えながら室町・戦国時代の慣習と法の内容や論点を提示したい。

古典学説上の慣習（法）概念

戦前・戦後の日本法制史の概説書を見ると、律令（りつりょう）という制定法が機能した古代に対し、中世は公家法・本所法・武家法が分立して、先例・傍例・大法（たいほう／だいほう）などと称された慣習法が中心となった時代と特色づけるものが多い。たとえば石井良助氏の概説書では、公家法においては官庁執務の慣例・先例などの慣習法が重視され、武家（幕府）の成文法は武士の間や荘園内で発生した慣習法を改廃や補充、確認し、新たな制度を設けるために利用された、と説明される。慣習法は制定法と区別され、法実務慣行や武士などの慣習（「法慣習」なども）が法や裁判に取りいれられたものを指した。

他方、中田薫氏は法源に焦点を当てた前近代日本法の通史叙述において民間の慣習に注目した。室町時代以降、従来は法の外の事実にすぎなかった民間慣習が制定法と同様に「法（大法）」と称されて、法源とされる変化を説いた。戦国大名の分国法を「公家法武家法民間慣習の三者を綜合して一となした」と特色づけるが、裁判や人びとの法的取引において制定法は不備であったため、民間慣習が地位を向上させ、制定法と「二元的対立」を示すに至ったとしている。

また、日本史学一般でも、律令との対比で平安時代以来の国衙の実務慣行などが「慣習法」とされ、一九六〇年代頃までは「御成敗式目」に代表される武家法は武士や民間の慣習を「道理」として立法したものととらえる学説が有力であった。

社会史研究・習俗論

慣習をめぐる議論は一九八〇年代の社会史研究において盛んとなる。清水克行氏の整理によると、非国家史や習俗への着眼などを特徴とする研究であるが、歴史貫通的な慣習・思想への着目や人類学・民俗学の成果の積極的利用などを行い、それらに民衆的な基盤を見出す「習俗論」が重要な前提をなしていた（清水二〇〇七）。

代表的な論者をみていくと、近代法的概念にもとづく分析に疑義を呈したのが笠松宏至氏である。氏は、「慣習法支配」として、㈠ある社会に普遍的かつ永続的に行われている行為規範としての慣習が権力の裁判を通じてその権力の持つ法の体系の一部として効力を認められる、㈡ある基準をもってなされた判決が判例として以後の裁判を規制する（厳密には判例法）、に分け、鎌倉幕府の法はいずれの要素も有さないとし、室町幕府法に㈡の方向への変化がみられることを指摘した。

また、氏は徳政令（とくせいれい）の背景に所領などが本主にもどることを正当とする民俗的な観念を見出した。逆に、寺社に寄進された所領は寄進者やその子孫による取りもどしを許さないこと（「仏陀施入（ぶつだせにゅう）の地、悔い返すべからず」）も「大法」であったとし、さまざまな慣習とその基盤をなす観念（「法理」）を明らかにした。

勝俣鎮夫氏は、土地を本来のあるべき姿にもどす「地発（じおこし）」の論理を徳政要求の背景に見出した。また、個人的私闘が集団的私戦に容易に転化しうる中世の状況下での、「大法」と呼ばれる社会的慣習の存在に注目した。喧嘩などで人が殺された場合、被害者の所属する集団は加害者の所属する集団に下手人（げしにん）（解死人とも。犯人以外でも集団のメンバーであれば誰でもよい）の引渡しを要求し、その差出によって和解する慣習などである。当事者双方に同等の刑罰（原則として死刑）を科す、戦国大名の喧嘩両成敗法（けんかりょうせいばいほう）は、当時の社会の紛争解決法にもとづいており、私的復讐を絶ち、大名の裁判権のなかにこれを吸収する目的があったとされる。

他方、藤木久志氏は独自の武力（「自力」）を有する村落間の不文の紛争解決法（「作法」「習俗」）を明らかにした。武技に先行する言技である「言葉戦い」や人質、わびごとなどの「作法」である（藤木一九八七）。また、領主権力が完全には独占できない山野河海（さんやかがい）は村落による用益の保全が村ごとの実力行使によって実現されるという在地の慣行によって規制されていた。それらは「中世社会の流れを通して自から積み重ねられた、社会の共同意志や生活の秩序や紛争処理の先例」とされる（藤木一九九七）。

近年当該分野の研究を牽引している清水克行氏は、慣習に代えて、民俗に通じた呼称である「習俗」の語を中心的に用いる。さまざまな習俗が明らかにされているが、喧嘩両成敗法については中世の人びとが有した強烈な衡平感覚を背景とした折中・中分の思想の延長線上に位置づけられるという。同法は戦国法の「強権性」によるものではなく、民衆レベルの意識をすくいあげて一般化したものとし、比較対象としては、西欧に限らず、ポリネシア・メラネシアなどの未開社会のメンタリティーとの共通性などを見出す（清水二〇一五）。

以上のように、おもに権力の立法や裁判における慣習法を問題にした法制史学の議論に対し、社会史研究・習俗論では、論者により多様な用語が用いられながら、法の基礎にある民俗的な慣習や観念、そして自力救済が横行する室町・戦国時代における裁判外の慣習的な紛争解決法が明らかにされた。これらについては上記の論者により一般書も多く刊行され、豊富な叙述がなされている。以下では、法制史学の論点にも立ちかえりながら、室町・戦国時代に「法」と称された法と慣習の内容を紹介し、この時代の特色として民間慣習の成文化の問題を取りあげたい。

2 「法」の内容と構成

「法」の内容

先行研究をふまえて、「法」（「御法」「大法」「法度」「本法」「古法」「例」「習」「故実」などとも）と称された法や慣習の内容をみたい。

中世史料に見られる「法」の語彙は今日とは異なって、必ずしも特定の法や規範を意味するわけではなく、漠然と方法や状態を示す用例も多い。たとえば、幕府の命令文書に記される「法に任せて」という文言は、実力行使を容認する場合や命令を強調する場合などの慣用句でもある。

しかし、室町・戦国時代には「法」が特定の法の呼称として用いられる場合も多い。佐藤進一・池内義資編『中世法制史料集　第二巻　室町幕府法』（岩波書店）には室町幕府法を幕府や訴訟人が「法」と表記した事例も収録されているが、南北朝・室町時代には半済令や徳政令など法令の呼称として見られ、戦国時代になると、上記のような法令に加え、裁許の法源として訴訟手続法などを示す用例が見られる。

戦国大名の分国法や単行法令、個別の寺社などへの禁制も等しく「法」と称された。分国法を持たなかった北条氏の命令文書では、天正一一年（一五八三）四月一一日北条氏照朱印状（「立石知満氏所蔵文書」、杉山博・下山治久編『戦国遺文　後北条氏編』〈東京堂出版〉二五二二号）に「人返しの義（儀）は御国法たり」とあって、逃亡した百姓・町人の人返しの措置を「国法」と呼ぶ。

訴訟人による呼称としては、応永三三年（一四二六）七月四日近江（現滋賀県）小幡住民等申状（「日吉神社文書」、笠松宏至・佐藤進一・百瀬今朝雄校注『中世政治社会思想　下』〈岩波書店。以下『政治社会思想下』と略す〉「申状（近江商人職人）」一号）は二〇年以上の訴訟年紀（提訴の期限）を「公方の大法」と呼んで相手方の訴訟の棄却を求める。

寺社の法や慣行も「寺家大法」「神宮大法」などと呼ばれ、村法も「法度」と称された（延徳三年〈一四九一〉九月八日近江菅浦地下掟、「菅浦文書」、『政治社会思想下』「掟書」二九号）。

では、民間慣習としての「法」はどのようなものであろうか。中田薫氏があげたのは、被官人殺害に対する主人の仇討権や売買物の追奪担保として本銭または本銭一倍（あるいは数倍）を弁償する法、荘園の用水や下地の作職の耕作に関する地域的な慣習法などである。狂言や謡曲、御伽草紙などの文学作品からも当時の「法」の実態が知られるが、謡曲「自然居士」（横道萬里雄・表章校注『日本古典文学大系　謡曲集上』岩波書店）に見られる、

図12　「月次風俗図屏風」
（出典：ColBase〈https://colbase.nich.go.jp/〉）

少女を買った人商人が買いもどそうとする説教師に対し「人を買ひ取りてふたたび返さぬ」との「大法」の存在を主張して拒否し、説教師も「われらが中にも堅き大法の候」と応じる一節などもあげている。謡曲「鵜飼」（前掲『謡曲集上』）でも旅僧が一夜の宿を求めたところ、「里の男」は「往来の人に、宿を借し申すこと禁制にて候ふ」と返答し、外来の旅人の宿りを禁じる「所の大法」があるという。実際に弘治二年（一五五六）近江今堀？・地下掟（『日吉神社文書』、『政治社会思想下』「掟書」四七号）に規定が見られる（藤木一九九七）。

他方、先述したように、下手人による紛争解決や寄進地の取りもどしの禁止、山野河海の領有権を示す習俗も「大法」であった。近江の惣村(そうそん)菅浦が隣村大浦との日差(ひさし)・諸川(もろかわ)をめぐる紛争を記した文安六年（一四四九）二月一三日菅浦惣荘置書（『菅浦文書』、『政治社会思想下』「申状（菅浦大浦両庄）」一号）の冒頭に次のようにある。

同年（文安二年）の三月ころ、敵方大浦より状をこし、大浦山へ地下人入るべからざるの由の状付け了(おわ)んぬ。然ればひさし（日差）・もろかわ（諸川）へ大浦の者入るべからずとて、同六月八日敵方のかま（鎌）を七ちやう取り、同日地下人大浦へのりて候船ををしとどむ（押留）る。（下略）

菅浦による大浦方の鎌、大浦による菅浦方の船それぞれの差押えが記されるが、山野で鎌を取る行為は、漁場での相手方の網の差押え、川漁での網・カギの差押えなどと同様に、「当知行」（事実的支配）の実現により「ナワバリ」の領有権を主張する象徴的行為であった（藤木一九九七）。

ほかにもさまざまな用益慣行が見られる。戦国大名毛利(もうり)氏の家臣が主君元就(もとなり)に協定の遵守を誓い、大名権力が領主の一揆を取り込む形で形成されたことを示すとされる（勝俣一九七九）、天文一九年（一五五〇）七月二〇日福原貞俊以下連署起請文（「毛利文書」、佐藤進一・百瀬今朝雄編『中世法制史料集 第四巻 武家家法Ⅱ』〈岩波書店〉四〇〇号）のなかに「鹿は里落はたをれ次第」などとあり、鹿は倒れ次第という在地の狩猟慣行が知られる。

「法」の構成

以上のように、室町・戦国時代の「法」の形式・内容は、権力の制定法をはじめとする成文法のほか、法実務慣行や各団体・身分集団の法と慣行、人びとの取引や山野の用益などに関する慣行・紛争解決法など多岐にわたる。権利の主張や紛争解決において「法」を示すことに意義が見出された。

慣習法の成文化も特徴であるが、一六世紀には、旧来の秩序が動揺するなか、商人集団内、商人集団連合、商人一般と重層的に存在した、商人の「慣習法」の成文化が進む（桜井一九九八）。商工業者の座法（永正一四年〈一五一七〉の紺灰座中法度など）、海事慣習法たる「廻船式目（廻船大法）」なども成立する。

これらが等しく「法」と呼称され、裁判などでの適用可能性を帯びた点は注目される。しかし、当時の裁判手続は客観的法の個別事例への適用ではなく、慣行と合意に立脚している。そのため、「法」は不確定かつ非体系的であり、相互の対立も見られる。「仏陀施入の地、悔い返すべからず」を否定する「大法」として、年欠若狭（現福井県）太良荘百姓等申状に「京都にはさやうに御座候とも、田舎の大法は神社仏物をきらわず徳政にやふり（破）候」（「東寺百合文書ツ」、『政治社会思想下』「申状（太良庄）」二七号）とあるように、徳政があれば取りもどせるのが「田舎の大法」と主張される。

上記のような「法」の相互関係の検討は重要な課題である。中田氏は「天下の大法」としての「支配者法」と民衆の行為規範としての「民間法」の「二元的対立」にあって、前者の優越を説いた。しかし先述したように近年の研究では民間での紛争解決法が権力の法に吸収されたとの理解が有力と言える。次に民間慣習の成文化の事例からこの点を考えたい。

3　慣習と権力

慣習と立法

清水克行氏は戦国大名の分国法の意義を「既存の法慣習の吸収・再編」に見出す（清水二〇一八）。先述したように私的復讐を抑止する紛争解決法を成文化した喧嘩両成敗法がよく知られるが、比較的検討の少ない民事法の事例をみたい。

刑事法上の復讐に相当するのが民事法上の自力報復としての差押えである。たとえば、分国法などには、農作物に損害を与えた家畜（牛馬）を耕作主が差押えて、それを担保として家畜の所有者に損害賠償を請求すべきことを規定した法文が見られる（中田一九二三）。

「塵芥集（じんかいしゅう）」一五六条（佐藤進一・池内義資・百瀬今朝雄編『中世法制史料集　第三巻　武家家法Ⅰ』岩波書店）に「一つ、馬・牛あひはなれ、作毛（さくもう）を喰い候時、かの牛・馬をつなぎをき、主のかたへ損亡の多き少きにより科銭をとるべし（下略）」と上記内容が規定され、牛馬を殺傷した場合は逆に賠償責任を負うとする。鎌倉時代の本所法（文永八年〈一二七一〉の紀伊〈現和歌山県〉神野真国猿川荘荘官等起請文、「高野山文書宝簡集」、竹内理三編『鎌倉遺文』〈東京堂出版〉一〇八三九号）でも確認できるが、戦国時代には同様の弁償法が地域的な差異をともないながら各地で法定されている。

「過分」に損害を与えた場合に差押えを認める「相良氏法度」（「為続・長毎両代之御法式」一〇条）、故意の放牧による作毛被害に賠償責任を規定する「結城氏新法度」五五条のほか、近世初頭の立法でも、放牧自体に過銭一〇〇文を科して作毛に損害を与えた場合は作主にも同額の支払いを規定する「長宗我部氏掟書」七八条、「犬猫鶏など」も牛馬同様とするという「板倉新式目」四四条がある。狂言「右近左近」でも左近が放った牛が右近の田の作物を食べたことを右近が訴える際の問答が素材とされ、先述した福原貞俊以下連署起請文にも三度被害を受けた場合はその牛馬を差押えてよいとある。

放牧家畜による作毛の損害をめぐる紛争の展開が知られ、賠償は実害全部と解されるから、同額の賠償によりそれ以上の紛争の抑止を図る趣旨と考えられる。ただし、先述のように規定に差異もある。「塵芥集」八四〜九一条の「用水の法」は水論について「先規」すなわち先例を規準としながらも、実力行使を禁じ、新しい裁定原則を設けたと言われるが（藤木一九九七）、個々の慣習によるのではなく、差押えの目的物や方法を定めた点に成文化の意義が認められる。

また、上記の損害賠償法は、江戸幕府によって刑事法を中心に編纂された「公事方御定書」――財物の毀損に関する損害賠償規定は乏しい――にも規定されず、中世に特徴的な制定法であったようだ。

なお、今日の法律用語では不法行為責任に相当し、西欧法史上、ゲルマン諸族の部族法典ほかの加害家畜差押法（中田一九二三）や放牧訴権（actio de pastu）など放牧家畜に関する法が見られる。

このように戦国時代に特徴的な立法が確認でき、立法の社会的条件や時代による変化など慣習と法（制定法）の歴史的な関係性の変化が注目される。

慣習と法の歴史的関係

もう一例みたい。清水氏は「長宗我部氏掟書」五三条や「吉川氏法度」四四条に規定された、係争地を裁定者が没収する「係争地収公の原則」について、狂言「茶壷」などにある「論ずる物は中から取れ」という「法諺」との共通性を見出す。この原則も折中・中分の思想の延長線上に生じた説得力のある紛争解決法で、この措置を「強権的」と論じた法制史学の理解を疑問とする（清水二〇一五）。

「長宗我部氏掟書」（前掲『武家家法Ⅰ』）五三条は次のとおりである。

> 一つ、堺論の事、如何様も検地帳次第たるべし。双方共に言上を遂げ、沙汰分明のうえ、非分の者には、過怠として五貫文これを出すべし。ただし、双方申し分聞き分けざるにおいては、論所の地、ただちに召し上ぐべき事。

清水氏が注目したのは但書の部分である。しかし条文の趣旨は天正の総検地における給人の知行関係の整理・確認（平井二〇〇八）という大前提のもと、それにもとづく知行の認可にある。敗訴した者には五貫文の過銭が科され、新たな土地所有の基準として検地帳の記載の遵守が求められており、双方

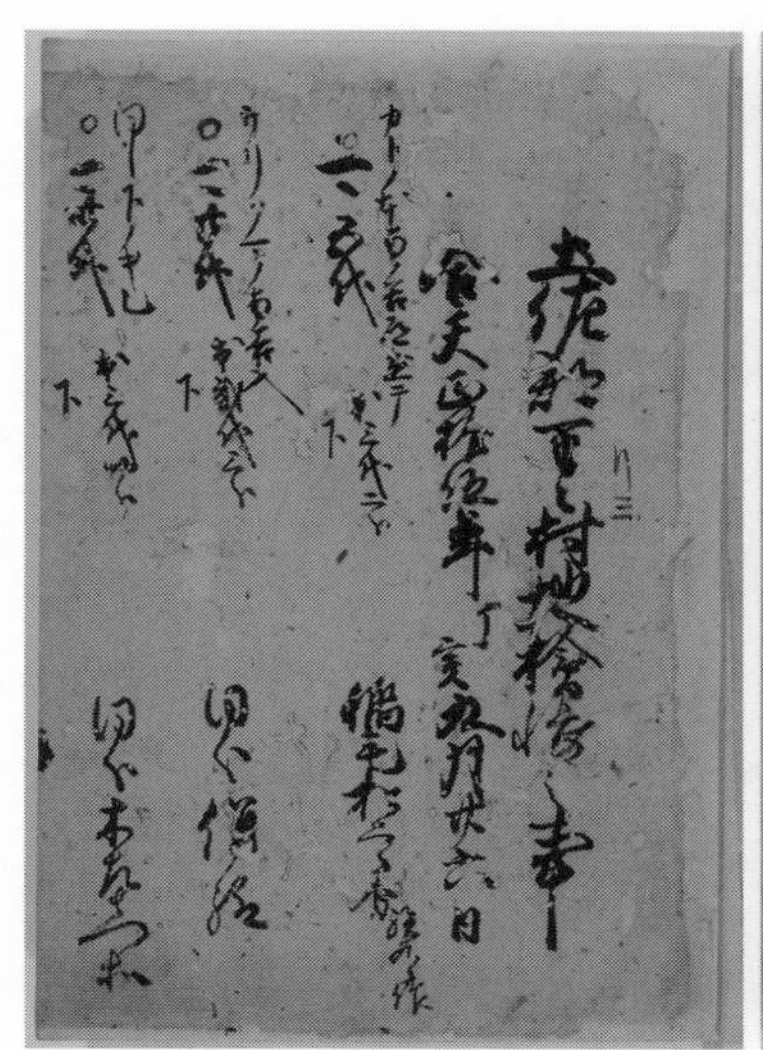

図13　「長宗我部地検帳」
（高知県立高知城歴史博物館所蔵）

が納得しない場合に係争地が没収される。社会が生み出したとされる紛争解決法はそれ自体ではなく、権力の制定法との関係のもとで存立している。

検地帳主義は近世土地法の原則で、収公の原則も、論所の出入（訴訟）で領主権力の認可を示す「証拠」（検地帳や判物など）が存在しない場合は「公儀」が取りあげるという形で存続する（「論所取扱準則」〈法制史学会編・石井良助校訂『徳川禁令考　後集第一』創文社〉、「庁政談」一七〇条、など）。先述の損害賠償法とは異なり、権力の法として機能していく。

「強権的」というのはこのような法の性質に注目した議論でもある。西欧法のように土地の所有権が国家意思から独立した、人びとの固有の権利（自然権）として存立せず、検地帳という権力の認可によってはじめて認められる点、公法上の税制（検地帳にもとづく年貢納入）の反射として権利が保護される点、これらを没収という罰則によって担保する権力の支配との関係から「私法的秩序の自律性の欠如」として論じられた（石井紫郎一九六六）。民間の法の成文化は私人間の権利義務の法（私法）の成立を意味せず、支配と不可分な法の持つ性質を認識していく必要がある。

ここまで、事例をあげて慣習と法の時代的な変化を述べた。最後に近世法との関係から今後の論点を考えたい。中田薫氏は、江戸時代には判決例（裁判例）も「大法」と表現され、制定法・判例法・慣習法が一元的に総合されるとした。民間慣習は訴訟ごとに判決を通じて法化され慣習法となったとして裁判の作用を重視する。が、多様な動向も存在した。「公事方御定書」の編纂がなされた時期には漁業慣行調査にもとづいて山野河海の争論を裁く規準の定式化が試みられ、結実はしなかったが、地域の個別的コンテクストから自律した規程を定める志向も認めうる（杉本一九九九）。

中田氏の議論は分国法の特色づけのみが単独で取りあげられることが多いが、室町・戦国時代以来の慣習と法の関係の変化に加え、判例（裁判例）や法実務慣行の意義、近年では区別が重視されない習俗・慣習と慣習法の用語法なども改めて検討すべき課題である。

習俗・慣習と法の境界は今日でも流動的と言われる。権力の法の性質は習俗・慣習を生み出す人びとの諒解に依拠する側面があり、その特質の認識が問題となる。また、慣習と法は相互に影響し、その関係のなかで変容していくことにもなろう。法強制の主体となる権力の秩序にも注意しながら、それらを歴史的な関係としてとらえることが重要と考える。

現在でも家族法のように習俗・慣習の作用の大きい法分野もある。過去の慣習は準拠すべき伝統をめぐる現代的な論点でもあるのである。

【参考文献】

石井紫郎『日本国制史研究Ⅰ　権力と土地所有』（東京大学出版会、一九六六年）
石井良助『日本法制史概説［改版］』（創文社、一九六〇年［初版一九四八年］）
笠松宏至『日本中世法史論』（東京大学出版会、一九七九年）
勝俣鎮夫『戦国法成立史論』（東京大学出版会、一九七九年）
桜井英治「商人道の故実」（国立歴史民俗博物館編『中世商人の世界―市をめぐる伝説と実像―』日本エディタースクール出版部、一九九八年）
滋賀秀三『清代中国の法と裁判』（創文社、一九八四年）
清水克行「習俗論としての社会史」（中世後期研究会編『室町・戦国期研究を読みなおす』思文閣出版、二〇〇七年）
清水克行「戦国の法と習俗」（『岩波講座　日本歴史　第九巻　中世四』岩波書店、二〇一五年）
清水克行『戦国大名と分国法』（岩波書店、二〇一八年）
杉本史子『領域支配の展開と近世』（山川出版社、一九九九年）
中田　薫「板倉氏新式目に就て」（同『法制史論集　第三巻上　債権法及雑著』岩波書店、一九四三年、初出一九二三年）
中田　薫「古法雑観」（同『法制史論集　第四巻　補遺』岩波書店、一九六四年、初出一九五二年）
平井上総『長宗我部氏の検地と権力構造』（校倉書房、二〇〇八年）
藤木久志『戦国の作法―村の紛争解決―』（講談社、二〇〇八年［初版一九八七年］）
藤木久志『村と領主の戦国世界』（東京大学出版会、一九九七年）

関連年表

年次	法制および関連事項	政治・社会
明徳三年（一三九二）		閏10 南北朝合一。
明徳四年（一三九三）	11 幕府、洛中辺土散在土倉并酒屋役条々。	6・7 旱魃。
応永元年（一三九四）	6 本成寺（越後）規式。	7 災異改元。12 足利義満、太政大臣任官。
応永九年（一四〇二）	1 妙興寺天祥庵規式。10 青蓮院尊道法親王袖判出雲鰐淵寺定書。	（この夏）旱魃。
応永一一年（一四〇四）	7 陸奥国人一揆契状。9 安芸国人一揆契状。	5 足利義満、明使を北山第で引見（「日本国王之印」を受ける）。
応永一五年（一四〇八）	3 紀伊粉河寺寺内肥灰掟。11 幕府、諸国關所事（守護に尋ねて判断）。	5 足利義満没。
応永一七年（一四一〇）	2 陸奥五郡一揆契状。	
応永二〇年（一四一三）	5 肥前宇久浦中一揆契状。6 妙覚寺法式。	
応永二一年（一四一四）	12 五島住人等一揆契状。	
応永二六年（一四一九）	10 幕府、山門条々規式。	6 応永の外寇。10 関東で洪水・大風・旱魃により飢饉。
応永二七年（一四二〇）	1 観心寺衆議評定事書。5 幕府、禅律飲酒禁制。	応永の飢饉（～翌年）。
応永二九年（一四二二）	7 幕府、御成敗条々。（この頃）建武以来追加の編纂（初度）カ。	1 一条兼良、公事根源を著す（一説）。
応永三二年（一四二五）	9 幕府、洛中洛外酒屋土倉負物事。11 近江今堀郷座主衆議掟。	閏6～12 京都で断続的に地震。8 京都で大火。
正長元年（一四二八）	5 幕府、近年非分御寄進神領事（返付）。10 幕府、論人出対事。	1 足利義持没、義円（義教）が後嗣となる。4 三日病流行。7 後花園天皇践祚。9 正長の土一揆。（この年）大和柳生の地蔵岩に徳政碑文。

永享元年（一四二九）	**8** 幕府、奉行人伺事規式。**12** 幕府、押領不知行地後経訴訟事（押領後の訴訟を禁止）。	**1** 播磨の土民蜂起。
永享二年（一四三〇）	**5** 朝廷、女犯之輩罪科事。**10（11）** 幕府、諸人借物事。洛中洛外土倉質物事。	
永享三年（一四三一）	**7** 幕府、洛中米商売事（売惜しみを禁止）。	**7** 京都で飢饉。
永享八年（一四三六）	**5** 幕府、諸人借物請人事・諸人借物事。**6** 幕府、諸人庭中事。**9** 上杉持朝壁書。	
永享一〇年（一四三八）	**8** 良貞（後藤季持）鹽湯郷地頭職掟書・同置文。	**5** 飢饉・疫病。**8** 永享の乱（〜翌年二月）。
永享一一年（一四三九）	**4** 金剛峯寺小集会衆契状。	
嘉吉元年（一四四一）	**8** 近江奥島・北津田両庄徳政定文。**閏9** 幕府、徳政条々（徳政令）。	**6** 嘉吉の乱。**9** 京都周辺で土一揆。
文安元年（一四四四）	**3** 播磨三郡散合事書。**6** 近江富永庄定書。**9** 幕府、以御恩地令沽却事（禁止）。	
宝徳元年（一四四九）	**2** 菅浦惣庄置書。**8** 高梨一族規式。**閏10** 東寺交衆俗姓定書。**11** 近江今堀郷衆議掟。**12** 幕府、河上諸関停廃事。	**4** 足利義成（義政）、将軍宣下。**7** 災異改元。
宝徳三年（一四五一）	**7** 清原業忠、飯尾之種らに式目講釈。**9** 小早川本庄・新庄一家中契約状。	
享徳三年（一四五四）	**10・12** 幕府、徳政事・徳政条々（分一徳政令）。	**9** 京都近郷で土一揆。**12** 大和で土一揆。享徳の乱（〜文明一四年一一月）。
康正元年（一四五五）	**8** 宇佐宮条書。**9** 幕府、諸酒屋役条々。	**6** 足利成氏、下総古河に移座。**7** 災異改元。
長禄元年（一四五七）	**2** 東寺鎮守八幡宮供僧中評定式目（暦応五年〈一三四二〉制定のものを再掲）。	**9** 災異改元。
長禄三年（一四五九）	**4** 幕府、諸五山禁法条々。**11** 幕府、洛中洛外諸土倉質物利平事。	**3** 飢饉。**8** 若狭太良庄惣庄一揆。

年	法	事項
寛正元年（一四六〇）	**9** 幕府、闕所証人事。**11** 大内氏、養子事（御家人の養子縁組を制限）。**12** 細川勝元田村大社壁書。	（この年）旱魃・虫損・暴風雨。寛正の飢饉（～翌年）。**12** 災異改元。
寛正二年（一四六一）	**6** 大内氏、従山口於分国中行程日数事（出廷日数）。**7** 近江菅浦諸沙汰惣庄掟。	
寛正四年（一四六三）	**4** 幕府、奉公仁躰対守護人其咎出来時可注進事（守護への注進命令）。**10** 興福寺大和国中并寺門掟法。	
寛正六年（一四六五）	**7** 清原業忠、細川勝元に式目講釈。	**8** 近畿で暴風雨・洪水。**11** 山城西岡で土一揆。
文正元年（一四六六）	**5** 幕府、作替借書事（禁止）。	**9** 文正の政変。
応仁元年（一四六七）		**3** 災異改元。**5** 応仁・文明の乱（～文明九年一一月）。
文明八年（一四七六）	**8** 幕府、被仰出条々（訴訟・安堵・意見の手続）。	（この年）長尾景春、武蔵鉢形城に入り、翌年挙兵。
文明一二年（一四八〇）	**10** 島津友久等連署契状。	
文明一三年（一四八一）	（文明三年五月～この年七月まで）朝倉孝景条々。	（この年）疫病。
文明一七年（一四八五）	**2** 田総豊里置文。**4** 大内氏、禁制（撰銭令）。**12** 山城国一揆、国中掟法。	**8** 山城・大和・河内で徳政土一揆。（この年）旱魃。
長享二年（一四八八）		**6** 加賀一向一揆。**11** 武蔵高見原の戦い。
延徳元年（一四八九）	**11** 近江今堀地下掟。	**3** 足利義煕（義尚）没。翌月、足利義視・義材（義稙）が美濃より上洛。**5** 京都で大火。**8** 災異改元。（この年）疫病。
延徳三年（一四九一）	**9** 近江菅浦地下掟。	**8** 足利義材、近江に出陣。
明応元年（一四九二）	**11** 相国寺雲頂院壁書。	**5** 飢饉・疫病。近畿・東海で大雨・洪水。**7** 災異改元。**9** 幕府、江北に六角氏を攻める。
明応二年（一四九三）	**4** 相良為続、相良氏法度。	**4** 明応の政変。**8** 伊勢宗瑞（早雲）の伊豆侵攻。**11** 近江で徳政一揆。
明応三年（一四九四）	**9** 小倭衆連署起請文・小倭百姓衆起請文。	**5** 京都・奈良で地震。**12** 足利義高（義澄）、将軍宣下。
明応四年（一四九五）	**9** 大内氏掟書の編纂開始ヵ（同月に大内政弘没）。	**10** 京都で土一揆。

明応五年（一四九六）		**10** 柿帷衆（馬借）、出張。
明応六年（一四九七）	**4** 幕府、就納銭地下有目算用条々。**6** 幕府、銭主誘取借状於沽券事（禁止）。**11** 柏原村寄合人数定書。	
明応七年（一四九八）		**8** 明応の地震。（この年）飢饉。
明応九年（一五〇〇）	**10** 幕府、商売輩以下撰銭事（撰銭令）。	
文亀元年（一五〇一）	**4** 九条政基制札。**6・閏6** 細川政元定書。	（この年）飢饉。
永正元年（一五〇四）	**10** 近江今堀？直物掟。幕府、徳政条々。	**9** 京都で土一揆。（この年）疫病。東国で飢饉。
永正四年（一五〇七）	**8** 源某評定条目（本国寺宛）。**11** 多賀社社家神官中定書。	**6** 細川澄之、養父政元を殺害。
永正五年（一五〇八）	**8** 幕府、撰銭事（撰銭令）。	**6** 足利義尹（義稙）、大内義興らと入京。翌月、将軍宣下。
永正六年（一五〇九）	**4** 永平寺定書。**5** 幕府、条々（召符以下訴訟法の整備）。**8** 壬生于恒禁制。	**9** 大内問答が成る。
永正七年（一五一〇）	**3** 高橋元光契状。**10** 幕府、右筆方意見条々。**12** 佐竹義舜人返起請文。	**6** 上杉顕定、越後で敗死。**8** 河内・摂津で地震。
永正九年（一五一二）	**3** 吉川元経他八名契約状。**8** 幕府、撰銭条々（撰銭令）。**10** 長野憲業壁書。	（この年）飢饉。
永正一一年（一五一四）	**4** 河野通宣伊予国分寺禁制。幕府、故戦防戦事（禁止）。	
永正一二年（一五一五）	**8** 赤松義村、条々。**12** 大友義長条書・追加条書。	
永正一四年（一五一七）	**4** 斎藤利良汾陽寺禁制。**9** 紺灰座中法度。（この年）清原宣賢、式目を講釈（大永五年に永正一四年清原宣賢講貞永式目聞書が成る）。	**7** 大雨・洪水。
永正一五年（一五一八）	**1** 北畠具国証文。（明応九年六月～この年五月まで）相良長毎、相良氏法度。**10** 北条氏定書（竹木の御用等）。**12** 近江得珍保内？南郷諸商売掟。	（この年）飢饉（～翌年）。

永正一七年（一五二〇）	**2** 幕府、徳政条々。	
大永元年（一五二一）	**2** 長尾氏重臣等連署掟（一向宗の禁止）。	**3** 足利義稙、京都出奔。**7** 細川高国、足利義澄の子（義晴）を擁立し、一二月に義晴の将軍宣下。**8** 災異改元。**9** 浦上村宗、赤松義村を殺害。**10** 近畿で地震。
大永二年（一五二二）	**1** 大内氏、喧嘩事（陣中法度条々）。	**12** 伊達稙宗、陸奥守護職に補任。
大永四年（一五二四）	**4** 北条氏伝馬制札（相模大麻宿）。	**1** 北条氏綱、武蔵江戸城主上杉朝興を破る。**12** 小槻伊治、御成敗式目（大永版本）刊行。
大永六年（一五二六）	**4** 今川氏親、今川仮名目録。**12** 幕府、徳政事（徳政令）。	**3** 博多商人神谷寿禎、石見銀峯山で銀鉱発見。**4** 後奈良天皇践祚。
大永七年（一五二七）	**3** 三好元長等連署堺南庄定書。**5** 近江山越商人衆中掟。**10** 法隆寺諸法則規式定書。	
享禄三年（一五三〇）	**10** 吉見頼清等連署契状。**12** 大友義鑑？置文。	**11** 越後享禄・天文の乱（～天文五年頃）。
享禄四年（一五三一）	**1** 越後衆連判軍陣壁書。	**6** 三好元長、摂津天王寺で細川高国を破る。
天文元年（一五三二）	**7** 福原広俊以下連署起請文。	（この春夏）飢饉。**6** 細川晴元・一向一揆、堺で三好元長を破る。**7** 災異改元。**8** 六角定頼、山科本願寺を焼く。
天文三年（一五三四）	**閏1** 清原宣賢式目抄。（この年）領中法度（澤氏古文書）。	**9** 足利義晴、近江より入京。
天文五年（一五三六）	**2** 清原宣賢、式目を講釈（天文一〇年に受講者の筆録より倭朝論鈔が成る）。**4** 伊達稙宗、塵芥集。	**7** 天文法華の乱。
天文六年（一五三七）	**6** 朝倉教景奉行人連署奉書（十郷用水掟書）。	**7** 北条氏綱、武蔵川越で上杉朝定を破る。
天文七年（一五三八）	**9** 浅井亮政徳政条書。	**10** 国府台の戦い。
天文八年（一五三九）	**7** 幕府、徳政を停止。	**1** 三好範長（長慶）、入京。**8** 暴風雨・洪水。（この年）天文の飢饉（～翌年）。

天文一一年（一五四二）	4 幕府、定（撰銭令）。12 本能寺定書。（この年～翌年）北条氏康、相模・武蔵・伊豆に代替り検地。	6 伊達氏洞の乱。9 武田晴信、諏訪頼継を破る。（この秋）大風。
天文一六年（一五四七）	6 武田晴信、甲州法度之次第。	
天文一八年（一五四九）	8 今川義元皮作商売定書。12 六角定頼奉行人奉書（近江石寺新市に楽市令）。	4 地震。7 ザビエル、キリスト教を日本に伝える。
天文一九年（一五五〇）	4 北条氏公事赦免定書（税制改革令）。閏5 北条氏懸銭定書（同前）。7 三好長慶洛中洛外定書。福原貞俊以下連署起請文。	2 二階崩れの変（大友義鎮の家督相続）。7 毛利元就、家臣井上一族を粛清。
天文二一年（一五五二）	11 阿波国念行者修験道法度。（この年）六角義賢？条書。	1 上杉憲政、上野平井城を追われ長尾景虎を頼る。足利義藤（義輝）、三好長慶と和し帰京。
天文二二年（一五五三）	1 伊達晴宗改判定書。2 小早川隆景条書。今川義元、友野座定書・仮名目録追加。9 毛利元就・同隆元連署条目（軍法）。	
天文二三年（一五五四）		3 北条氏康・今川義元・武田晴信、和睦。
弘治元年（一五五五）	2 相良晴広、相良氏法度。3 北条氏船番匠定書。	10 厳島の戦い。災異改元。
弘治二年（一五五六）	11 結城政勝、結城氏新法度。（この年）近江今堀？地下掟。	
弘治三年（一五五七）	8 肝付氏家中起請文条趣書。11 武田信豊若狭諸山寺僧法度。12 毛利元就等一揆契状。	4 大内氏滅亡。5～8 旱魃・飢饉。8 近畿で暴風雨。10 正親町天皇践祚。
永禄元年（一五五八）	4 斎藤義龍井水定書。6 三好之康本興寺禁制。尼子晴久杵築社法度。	（この夏）近畿で旱魃。東国で旱魃・長雨・飢饉・疫病（～翌年）。11 足利義輝、三好長慶と和し帰京。
永禄二年（一五五九）	5 松平元康条書（諸公事裁許等）。	
永禄三年（一五六〇）	2・3 北条氏年貢納法改定徳政定書。3 安見宗房富田林道場定書。5 長尾藤景等連署越後府内定書。8 武田氏甲斐龍王川除定書。長尾景虎在陣留守中掟書。	3～6 近畿で旱魃。5 桶狭間の戦い。

永禄四年（一五六一）	3 長尾氏徳政掟書。10 北条氏参陣定書。	1 三好義長・松永久秀、入京し幕府に出仕。3 長尾景虎、小田原城を攻略。9 川中島の戦い。
永禄六年（一五六三）	3 今川氏指出外増分定書。10 武田信玄、甲斐恵林寺領で検地（検地帳・納物帳を作成）。	10 六角氏で観音寺騒動。
永禄八年（一五六五）		5 三好義継ら、足利義輝を殺害。（この年）東国で長雨・飢饉。
永禄九年（一五六六）	3 細川昭元撰銭定書。今川氏駿河富士大宮市・関定書（楽市令）。12 近江三方惣一揆契状。	6 飢饉。11 尼子氏滅亡。
永禄一〇年（一五六七）	4 六角承禎・同義治、六角氏式目。10 織田信長楽市場定書。（天文二一年～この年まで）伊賀惣国一揆掟書。	8 稲葉山城落城、斎藤氏滅亡。（この年）旱魃。
永禄一一年（一五六八）	10 織田信長、分国中の諸関諸役を廃止。11 武田氏諸役免許定書。12 近江菅浦惣中壁書。	9 織田信長、足利義昭を奉じて入京。翌月、義昭、将軍宣下。
永禄一二年（一五六九）	1 織田信長、幕府殿中掟条々・追加条々。2・3 織田信長撰銭定書・精撰追加条書。4 信玄（武田晴信）駿河久能城定書。11 北条氏普請人足定書。	5 今川氏滅亡。10 三増峠の戦い。
元亀元年（一五七〇）	3 大原同名中与掟書。（永禄年間頃）三好氏、新加制式。	4 災異改元。6 姉川の戦い。
元亀二年（一五七一）	3 北条氏人改定書。7 北条氏着到定書。	8 近畿・東海・関東で水害。9 織田信長、延暦寺を焼討ち。
元亀三年（一五七二）	2 武田氏市設置定書。6 北条氏朱印状（駿河泉郷築堤命令）。9 織田信長近江金森町定書。10 高倉永相家壁書。12 毛利氏年寄衆奉行掟書。	12 三方原の戦い。
天正元年（一五七三）	11 武田勝頼軍法。	7 織田信長、足利義昭を追放（室町幕府の滅亡）。災異改元。8 朝倉・浅井両氏滅亡。11 三好氏滅亡。

天正三年（一五七五）	**3** 織田信長徳政定書（門跡・公家宛）。**8** 法華宗諸寺法式（宗論の禁止）。	**5** 長篠の戦い。
天正四年（一五七六）	**2** 武田氏伝馬定書。**6** 北条氏邦軍法。**8** 鋳物師職座法之掟。	
天正五年（一五七七）	**6** 織田信長近江安土山下町中定書。閏**7** 武田氏出陣条目。**10** 上杉氏能登国制札。蘆名盛氏荷物定書。**12** 宗歴（朽網鑑康）家中掟書。	（この年）疫病。
天正六年（一五七八）	**9** 北条氏武蔵世田谷新宿楽市掟書。	**5** 近畿から東海で水害。御館の乱。**10** 遠江・三河等で地震。**11** 耳川の戦い。
天正七年（一五七九）	**3** 徳川家康大樹寺定書。**6** 羽柴秀吉淡川市庭宛制札。**5** 安土で宗論（安土問答）。**11** 武田氏被官夫丸還住定書。	
天正一〇年（一五八二）	**7** 羽柴秀吉、山城で検地。**11** 近江安治村惣中掟。**12** 蒲生賦秀近江日野町定書。近江今堀?・年寄・若衆掟。	**3** 武田氏滅亡。**6** 本能寺の変。神流川の戦い。
天正一一年（一五八三）	**9** 北条氏印判状（着到帳）。	**7** 大雨・洪水。
天正一三年（一五八五）	**1** 京冷泉町掟。	**7** 羽柴秀吉、関白任官。長宗我部元親、秀吉に降伏。**11** 近畿・東海で地震。（この年）飢饉。
天正一四年（一五八六）	**6** 羽柴秀次近江八幡山下町掟。	**12** 戸次川の戦い。
天正一五年（一五八七）	**1** 伊達政宗、新宿通宛朱印状（荷留）。**6** 豊臣秀吉、バテレン追放令。**9** 長宗我部元親、土佐で総検地（〜天正一八年）。**11** 京十四町組汁定文。	**5** 豊臣秀吉、九州平定。
天正一六年（一五八八）	**3** 京冷泉町掟。**7** 豊臣秀吉、刀狩令・海賊取締令。**9** 豊臣秀吉、諸職人の座を撤廃。	**4** 後陽成天皇、聚楽第行幸。

天正一八年（一五九〇）	2 徳川家康軍法。7 豊臣秀吉朱印状（非戦闘員の保護）。	3 豊臣秀吉、京都を出陣。六月に小田原陣中で伊達政宗を引見。7 小田原落城、北条氏滅亡。8 徳川家康、江戸入城。

【註】本書の関連事項の年月を示す（改元のある年は新元号で表記する）。「法制および関連事項」は序論・各章と参考文献で言及されている事項を中心に採録した。法の名称は原則として『中世法制史料集』・『中世政治社会思想』（本書凡例を参照）の表記を用い、適宜、名称を付けて典拠や内容を（ ）内に示した。「政治・社会」は序論・各章と参考文献や加藤友康・瀬野精一郎・鳥海靖・丸山雍成編『日本史総合年表［第三版］』（吉川弘文館、二〇一九年）などから、政治権力と民衆の動向やおもな合戦・災害などを採録した。

（松園潤一朗）

あとがき

室町・戦国時代を対象とした書物は多いが、本書は法をテーマとする点が大きな特色である。編者の私は勤務先の大学で、日本の法の歴史を扱う「日本法制史」を担当している。法制史学（法史学）とは、現在の法がどのように形成され、過去の法がいかなる構造や特質を有するかを問う学問である。

これまで日本法制史の通史や日本近代法史の概説書・入門書は多く刊行されているが、古代・中世・近世の各時代の法を一書として取り上げた書物は少ない。授業では前近代法を知りたいという学生向けに、通史での叙述よりも詳しく、史料なども取り上げた書物があればと思ってきた。

法の構造や特質を認識するためには比較の視点も必要と考える。現行法の源流をなす西欧法は、人びとの固有の権利を法として承認し、平等の原理にもとづく私人間の権利義務関係の法（私法）の存在などを特徴とする。法は政治などの社会制度や、習俗・道徳・宗教などの社会規範と緊密な関係を持ちながらも論理的に区別され、体系的に構築される。

しかし日本の前近代法は、その輪郭が必ずしも明瞭ではなく、政治的な支配と密接な関係を有する。そのため、法それ自体を独自に論じるよりも、法をさまざまな領域と関係づけて、政治・社会における機能を検証することが肝要であろう。

以上のような着想のもと、本書は室町・戦国時代の法について、多元的に存在した権力の法の形式・

内容などを論じる「諸権力の法」と、法を社会制度・隣接領域・社会状況との関係から論じる「法の諸領域」によって構成した。『中世法制史料集』や『中世政治社会思想』をもとに、法の概要や史料のあり方、研究史などを記した概説書・入門書とすること、また、この時代の法と社会の特質や、法の有する歴史的な多様性を提示することを意図した。これらの意味を込めて「法の世界」と題している。

本書の刊行にいたるきっかけは、二〇一九年の初夏に、とある研究会に参加した際の帰り道で日本史史料研究会研究員の神田裕理氏から同会の企画の打診を受けたことにあった。「歴史史料を調査・研究し、その成果を公開する」という会の趣旨を読んで自然と企画が思い浮かんだのは、上記の授業での経験ゆえかもしれない。そして、政治史や文化史などと比べて馴染みが薄いと思われる法の歴史をテーマにした書物を一般向けに企画できればと考えた。案を練って同会代表の生駒哲郎氏とお話し、吉川弘文館に紹介いただいた。同社からの刊行が確定したのは二〇二〇年の三月初めであった。

各章は対象とする権力や領域についての研究を牽引されている研究者に執筆いただいた。一橋大学の大学院生時代に経済学研究科の池享先生のゼミに出席を許されたことが機縁となりゼミ関係の皆様の多くに協力いただいたが、ご研究をもとに個々に執筆をお願いした。依頼に際しては企画をお伝えし、編者として調整も行ったが、具体的なテーマは執筆者にお任せした。各章とも専門の見地から多くの知見が盛り込まれているので、とくに初学者の方は勉強が進んだ段階で読み返してみていただきたい。

かくして成ったのが本書である。日本の前近代法について特定の時代の概説書や入門書として類書の少ない書物に仕上がったと思われる。ただし権力と領域の二面から法を考える構成は上記の私なりの着想にもとづく。取り上げるべき対象は提示したもの以外にも存在し、今後より多様に見出すことが可能であろう。ほかに編者の力量不足による不備もあると思うが、読者のご批評を賜りたい。

また、本書は室町・戦国時代の法自体を主題とするが、前後の時代や他の地域の法との比較などは今後の課題である。本書を契機に法制史への関心が一般にもより高まれば幸いである。

本書の出版の確定から刊行までは各地で新型コロナウイルス感染症の拡大が続いた。その状況にあって、出版社への紹介や出版に向けアドバイスをいただいた生駒氏と神田氏、本書の企画に賛同いただき、ご不便も多いなか充実したご論考を寄稿いただいた執筆者各位に厚く感謝申し上げたい。

最後に、本企画の趣旨を理解いただき、刊行をお引き受けいただいた吉川弘文館に御礼申し上げる。

二〇二一年五月四日　新緑に

松園潤一朗

執筆者紹介（生年、現職／主要著書・論文）――掲載順

松園潤一朗（まつぞの　じゅんいちろう）→別掲

藤井　崇（ふじい　たかし）

一九七八年生、聖徳大学・東海大学・立教大学・明治大学兼任講師・千葉大学・千葉経済大学非常勤講師

『室町期大名権力論』（同成社、二〇一三年）、『大内義隆―類葉武徳の家を称し、大名の器に載る』（ミネルヴァ書房、二〇一九年）

呉座勇一（ござ　ゆういち）

一九八〇年生、国際日本文化研究センター助教

『日本中世の領主一揆』（思文閣出版、二〇一四年）

平井上総（ひらい　かずさ）

一九八〇年生、藤女子大学文学部准教授

『長宗我部氏の検地と権力構造』（校倉書房、二〇〇八年）、『兵農分離はあったのか』（平凡社、二〇一七年）

久保健一郎（くぼ　けんいちろう）

一九六二年生、早稲田大学文学学術院教授

『戦国大名と公儀』（校倉書房、二〇〇一年）、『戦国時代戦争経済論』（校倉書房、二〇一五年）

水野智之（みずの　ともゆき）　一九六九年生、中部大学人文学部教授
『室町時代公武関係の研究』（吉川弘文館、二〇〇五年）、『名前と権力の中世史―室町将軍の朝廷戦略―』（吉川弘文館、二〇一四年）

小池勝也（こいけ　かつや）　一九八七年生、中京大学文学部歴史文化学科専任講師
「室町期鶴岡八幡宮寺における別当と供僧」（『史学雑誌』一二四編一〇号、二〇一五年）、「中世東国寺社別当職をめぐる僧俗の都鄙関係」（『歴史学研究』九八〇号、二〇一九年）

銭　静怡（せん　せいい）　一九七七年生、中国復旦大学歴史学系　准教授
『戦国期の村落と領主権力』（吉川弘文館、二〇一八年）

河内将芳（かわうち　まさよし）　一九六三年生、奈良大学文学部教授
『室町時代の祇園祭』（法藏館、二〇二〇年）、『信長が見た戦国京都―城塞に囲まれた異貌の都―』（法藏館文庫、二〇二〇年）

田中尚子（たなか　なおこ）　一九七二年生、愛媛大学法文学部教授
『三国志享受史論考』（汲古書院、二〇〇七年）、『室町の学問と知の継承　移行期における正統への志向』（勉誠出版、二〇一七年）

三枝暁子（みえだ　あきこ）　一九七三年生、東京大学大学院人文社会系研究科准教授
『比叡山と室町幕府―寺社と武家の京都支配―』（東京大学出版会、二〇一一年）、『京都　天神をまつる人びと―ずいきみこしと西之京―』（写真・西村豊、岩波

書店、二〇一四年）

菅原正子（すがわら　まさこ）

一九五九年生、学習院女子大学等非常勤講師
『中世の武家と公家の「家」』（吉川弘文館、二〇〇七年）、『日本中世の学問と教育』（同成社中世史選書15、同成社、二〇一四年）

川戸貴史（かわと　たかし）

一九七四年生、千葉経済大学経済学部教授
『戦国期の貨幣と経済』（吉川弘文館、二〇〇八年）、『中近世日本の貨幣流通秩序』（勉誠出版、二〇一七年）

則竹雄一（のりたけ　ゆういち）

一九五九年生、獨協中学高等学校教諭、明星大学非常勤講師
『戦国大名領国の権力構造』（吉川弘文館、二〇〇五年）、『古河公方と伊勢宗瑞』（動乱の東国史6、吉川弘文館、二〇一三年）

生駒哲郎（いこま　てつろう）

一九六七年生、東京大学史料編纂所図書部史料情報管理チーム
『畜生・餓鬼・地獄の中世仏教史―因果応報と悪道―』（吉川弘文館、二〇一八年）、「三上参次著『国史概説』と講義ノート―南北朝正閏問題と『国史概説』の編纂―」（『武蔵野大学教養教育リサーチセンター紀要』第一一号、二〇二一年）

西川広平（にしかわ　こうへい）

一九七四年生、中央大学文学部准教授
『中世後期の開発・環境と地域社会』（高志書院、二〇一二年）、『甲斐源氏　武士団のネットワークと由緒』（戎光祥出版、二〇一五年）

編者略歴
一九七九年、福岡県に生まれる
二〇一〇年、一橋大学大学院法学研究科博士後期課程修了
現在、一橋大学大学院法学研究科准教授、博士（法学）

〔主要編著書・論文〕
『法と国制の比較史―西欧・東アジア・日本―』（共編著、日本評論社、二〇一八年）
「室町幕府の安堵と施行―「当知行」の効力をめぐって―」（『法制史研究』六一号、二〇一二年）
「中世後期法制史研究―室町幕府法からみた中世後期の「法」の特質―」（秋山哲雄ほか編『増補改訂新版　日本中世史入門―論文を書こう―』所収、勉誠出版、二〇二一年）

室町・戦国時代の法の世界

二〇二一年（令和三）七月一日　第一刷発行

監修者　日本史史料研究会
編　者　松園潤一朗（まつぞのじゅんいちろう）
発行者　吉川道郎
発行所　株式会社　吉川弘文館
郵便番号一一三―〇〇三三
東京都文京区本郷七丁目二番八号
電話〇三―三八一三―九一五一〈代表〉
振替口座〇〇一〇〇―五―二四四番
http://www.yoshikawa-k.co.jp/
組版＝文選工房
印刷＝亜細亜印刷株式会社
製本＝株式会社ブックアート
装幀＝渡邉雄哉

Jun'ichirō Matsuzono 2021. Printed in Japan
ISBN978-4-642-08397-3

日本史史料研究会監修

鎌倉将軍・執権・連署列伝

細川重男編

A5判・二七二頁／二五〇〇円

鎌倉幕府政治の中心にあった将軍、そしてその補佐・後見役であった執権・連署、三五人の人物そのものに焦点を絞り、それぞれの立場での行動や事績を解説する。巻末には詳細な経歴表を付し、履歴を具体的に示す。

「王」と呼ばれた皇族

古代・中世皇統の末流

赤坂恒明著

四六判・二八六頁／二八〇〇円

日本の皇族の一員でありながら、これまで十分に知られることのなかった「王」。興世王、以仁王、忠成王など有名・無名のさまざまな「王」たちを、逸話も交えて紹介。皇族の周縁部から皇室制度史の全体像に初めて迫る。

（価格は税別）

吉川弘文館

日本史史料研究会監修

信長軍の合戦史 1560–1582

渡邊大門編

四六判・二一六頁／一八〇〇円

桶狭間の戦いから本能寺の変まで、天下布武をかかげ戦争を繰り広げた織田信長。信頼性の高い一次史料を用いて信長軍の合戦を解説。戦いの経過だけでなく、戦前・戦後の戦略的評価にも目を配り、信長の戦争の本質に迫る。

日本史を学ぶための 古文書・古記録訓読法

苅米一志著

四六判・二〇四頁／一七〇〇円

古代・中世の史料は「変体漢文」という独特な文章で綴られるが、これを読解する入門書は存在しなかった。史料の品詞や語法を正確に解釈するためのはじめての手引書。豊富な文例に訓読と現代語訳を配置。演習問題も付す。

（価格は税別）

吉川弘文館

将軍・執権・連署 鎌倉幕府権力を考える

日本史史料研究会編

四六判・一九二頁／二〇〇〇円

源頼朝が創始した鎌倉幕府のしくみは、どう理解すべきか。将軍が唯一の首長であるにもかかわらず、執権・連署を掌る北条氏が権力を握っていく。さまざまな切り口を示し、鎌倉将軍権力の実像を明らかにする道標となる書。

畜生・餓鬼・地獄の中世仏教史 因果応報と悪道

生駒哲郎著

（歴史文化ライブラリー）四六判・二四〇頁／一七〇〇円

中世人は、すべての人間が宿業を背負っていると考えていた。仏教の世界観である六道は三善道と三悪道とに別れ、殺生にも善悪の違いがあった。因果応報の歴史から中世人の思考を紐解き、知られざる中世仏教史を描く。

朝廷の戦国時代 武家と公家の駆け引き

神田裕理著

四六判・二八八頁／二四〇〇円

戦国時代、天皇や公家たちはいかなる存在であったのか。足利将軍や天下人が、天皇・公家たちと交渉を繰り広げ、互いに利用し合った実態を解明。朝廷の「武家の傀儡」イメージを覆し、天皇・公家の主体性を再評価する。